サクッとわかる

会計学

ビジネス教養

國貞克則 監修
有限会社 ボナ・ヴィータ
コーポレーション代表取締役

新星出版社

はじめに Prologue

収支計算書がわかる人なら会計はだれでも理解できる！

本書の目的は、会計の全体像と基本的な仕組みを、お小遣い帳や家計簿といった収支計算書を通して簡単に理解してもらうことです。

「会計は特殊な勉強をしなければ理解できない」と思っている人が多いのではないでしょうか。私自身も、昔はそう思っていました。会計の専門家に「会計を理解するにはどうしたらいいか」と聞くと、多くの専門家は「簿記や仕訳の勉強をしないと会計は理解できませんよ」と言います。

しかし、そうではありませんでした。本書で説明する「収支計算書を通して会計を学ぶ」という方法を使えば、簿記や仕訳の勉強をしなくても会計は簡単に理解できます。収支計算書がわかる人なら会計はだれでも理解できるのです。

本書の勉強法は、約20年前、私の顧問先の経営陣に「どうしたら会計を理解してもらえるだろうか」と必死に考え、たどり着いたものが原形となっています。その後、私はこの勉強法を使って、ビジネススクールなどで会計を教え続けています。本書では、この勉強法をさらにシンプルにわかりやすくして説明しています。

本書は、会計の勉強法に特徴があるというだけでなく、財務分析においても工夫を凝らしています。

人間は、デジタルデータよりアナログデータの方が直感的に多くのことを把握できます。例えば、デジタル時計だと4つの数字を読まないと時間はわかりませんが、アナログ時計だと長針と短針の傾きで瞬時に時間がわかります。

本書では、細かい数字が並んでいる財務諸表を使って財務分析を行うのではなく、財務諸表に少し手を加えて図にすることにより、直感的に会社の状況や戦略が読み取れるようにしています。

ビジネスパーソンにとっての会計学は、ビジネス教養としての学問にとどまらず、日々の仕事に必須のスキルです。本書で会計が理解できれば、仕事の現場で自信をもって会計の話ができるようになるでしょう。

会計の専門家ではない人向けの全く新しい会計勉強法で、会計の全体像と基本的な仕組みを理解し、現場での仕事に活かしていただきたいと思います。

國貞克則

目次 CONTENTS

はじめに　～収支計算書がわかる人なら会計はだれでも理解できる！～……2

会計とは……会社の事業の実態を正しく伝えるもの……8
会社の事業とは……どんな業種でも3つの活動を行っている……10
会社の3つの活動は……会計書類のPLとBSで表すことができる……12
会計書類は……お小遣い帳がわかれば理解することができる……14
これも重要！1　会計は2種類ある～財務会計と管理会計～……16

Chapter 1

まずは会計の全体像を知ろう

会計は事業に不可欠なもの……18
コーヒー事業ロードマップ……20
コーヒー事業の流れを収支計算書で追ってみる……22
収支計算書には限界がある……24
BSは会社の財産をまとめたもの……26
負債は借りたお金　純資産は株主からの資本金……30
PLは正しい利益を計算するためのもの……32

Chapter 2

収支計算書を使ってPLとBSを理解する

伝票を帳簿に記帳する方法は単式と複式の2種類がある …… 36
コーヒー事業を単式簿記、複式簿記で追ってみる …… 40
STEP1 資本金／STEP2 借入金／STEP4 仕入代金／STEP5 売上代金
複式簿記の帳簿は試算表　上下に分けるとBSとPLに …… 46
これも重要！2
会社がお金を集める方法は3つある …… 48
収支計算書もBS+PLも伝票を記帳したもの …… 50
収支計算書とPL、BSの4つの関係 …… 52
コーヒー事業ロードマップ2 …… 56
STEP1 資本金／STEP2 借入金／STEP3 設備購入
STEP4 仕入／STEP5 売上
買掛、売掛とは〝ツケ〟のこと …… 64
STEP6 買掛仕入／STEP7 売掛販売
借入金の返済は元金と利息を別々に記帳 …… 70
STEP8 借入金返済＋利息支払

何年も使う機器の費用は減価償却という方法で計上 …… 74
STEP 9 減価償却費
これも重要！ 3
勘定合って銭足らず PLの利益とBSの利益剰余金の関係 …… 78

Chapter 3

PLとBSで財務分析してみよう

財務分析とは事業の運営状況のチェック …… 80
3つの活動をもう少し分解してみよう …… 82
ROEは事業全体の効率を表している指標 …… 84
利益率は利益を生む効率を表している指標 …… 86
総資本回転率は資産の活用効率を表す …… 88
財務レバレッジは積極経営か安定経営かを示す …… 90
4指標は事業のプロセスを表しPLとBSの値で算出できる …… 92
ROEは3つの指標をかけ合わせたもの …… 94
PL、BSを図にすると会社の概況がわかる …… 96
PL、BSのグラフはまず4点をチェックしよう …… 102
2つの軸で比較すれば会社の状況を俯瞰できる …… 108

STAFF
デザイン……鈴木大輔・仲條世菜（ソウルデザイン）
イラスト……加納徳博
DTP……高八重子
編集……中澤広美（KWC）

CASE STUDY 1 NTTドコモとソフトバンク
CASE STUDY 2 JALとANA
これも重要！4 会社のPLとBSはどうやって手に入れる？……126

Chapter 4

財務諸表をもう少し詳しく見ていこう

PLの利益は5つある……128
PLの5つの利益は段階を追ったものになっている……130
BSの資産と負債は流動と固定に分かれている……134
会社がつくる収支計算書はキャッシュフロー計算書……138
CSのパターンは8つあり会社の状況を分析できる……142
CASE STUDY 1 NTTドコモとソフトバンク
CASE STUDY 2 ANA
財務3表は会社の3つの活動を表している……156
おわりに ～シンプルに考えれば会計は難しくはない！～……158

会計とは

会社の事業の実態を正しく伝えるもの

「会計」とは何でしょう。いろいろなとらえ方があるでしょうが、簡単に言うと、「会社の事業実態を正しく伝えるもの」です。

会社を見て「有名企業で、優秀な社員が多いから順調そう」「自社ビルが立派だから儲かっていそう」などと思うかもしれません。でも、会社

優秀な社員が
多いから順調？
事業の実態が
よくわかる！
銀行員、投資家、取引先…
消費者、会社員、学生…
会計書類

をただ眺めるだけでは、どんな事業を行い、どれだけ利益をあげているのかはわかりません。

それを示してくれるのが「会計」なのです。ビジネスの現場では、融資や投資の判断材料にしたり、取引先を検討したりと、様々な場面で用いられています。

業務で直接会計を使わない部署の人も、自社の状況確認や、取引先の理解を深めるのに重宝します。転職活動の際にチェックしてもいいでしょう。会計を学ぶと、わかることがたくさんあるのです！

会社の事業とは

どんな業種でも3つの活動を行っている

では、会計が示す「会社の事業」とは何でしょう。世の中には多くの会社があり、幅広い業種や業態があります。ただ、どんな会社も行っているのは3つの活動です。

それは、「お金を集める」「投資する」「利益をあげる」の3つです。

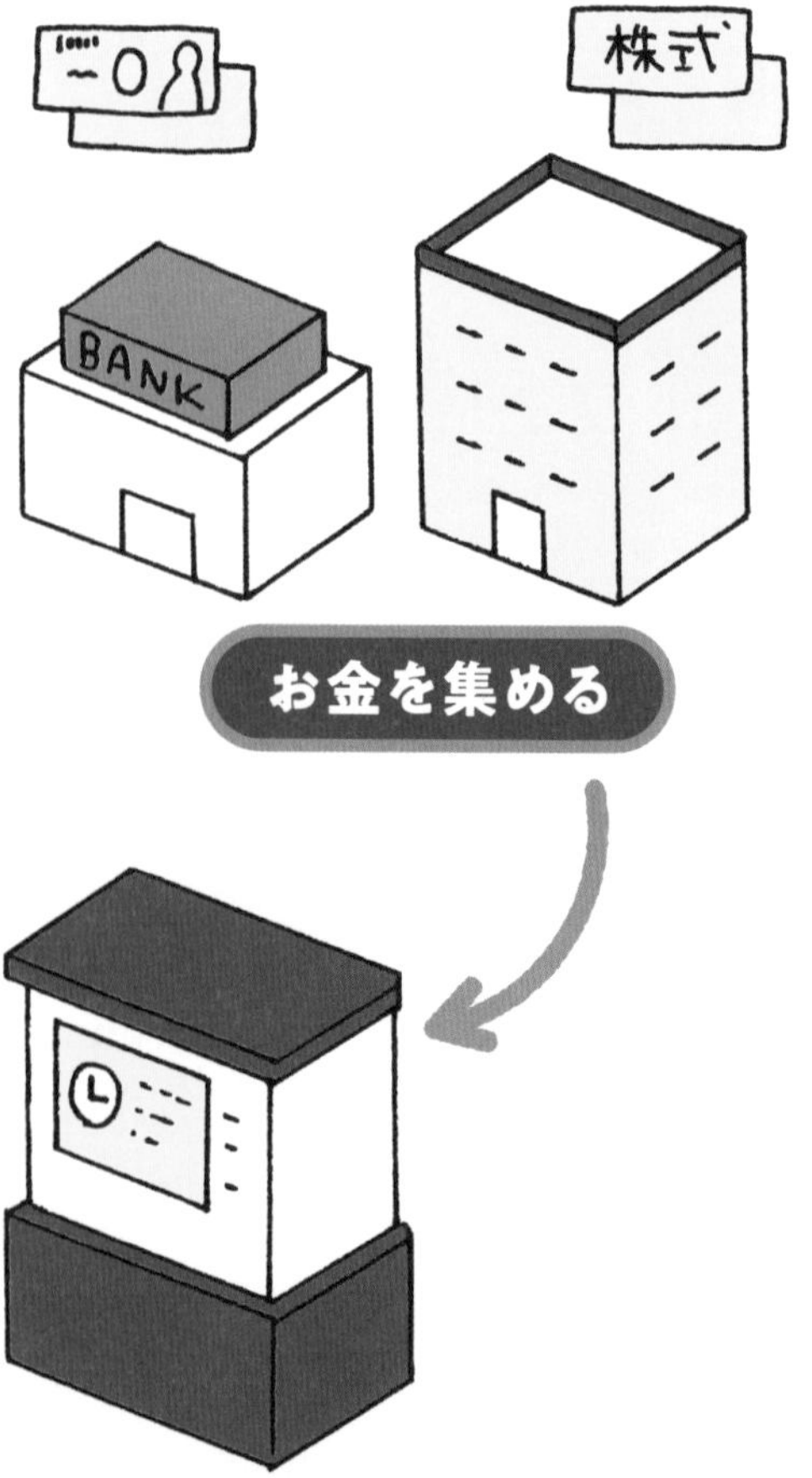

会社は、銀行から融資を受けたり、株式を発行したりしてお金を集めてきます。その集めてきたお金で、機械を購入したり、工場を建てたりします。そして、投資した機械や工場を使って利益をあげます。最終的に利益は、商品を売ったり、サービスを提供したりすることで得られます。

利益だけで会社を評価することはできません。利益をあげるためにどれだけの投資をし、投資のためにどのようにお金を集めているのか、という事業の全体像を知る必要があるのです。

会社の3つの活動は会計書類のPLとBSで表すことができる

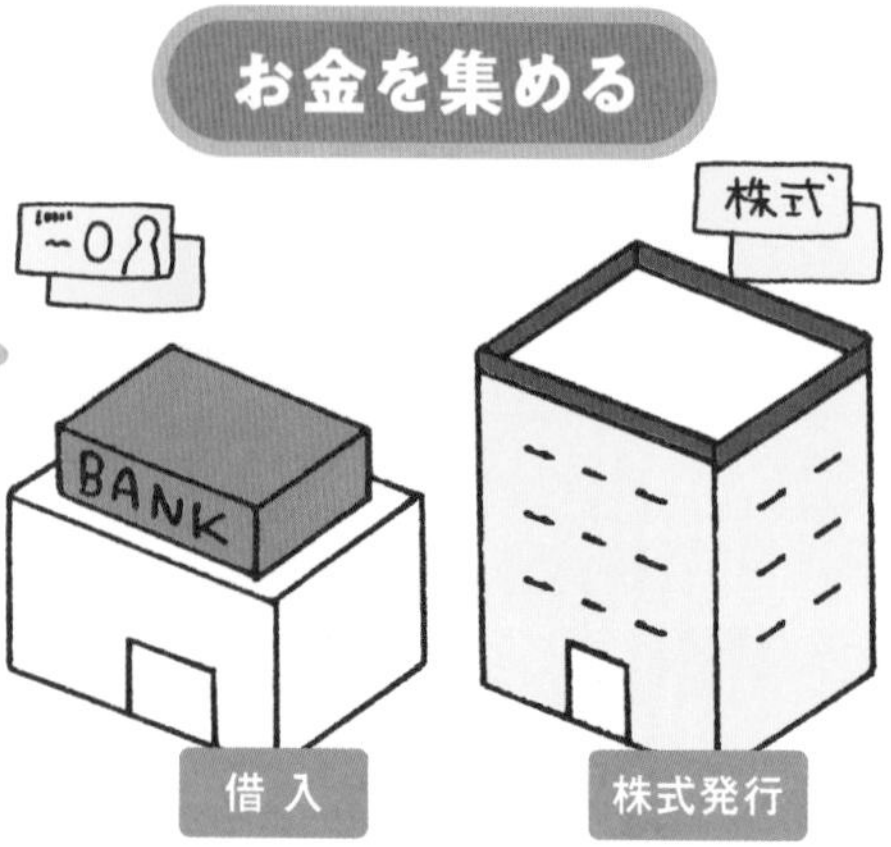

会社の3つの活動「お金を集める」「投資する」「利益をあげる」は、会計書類のBS(Balance Sheet、貸借対照表)とPL(Profit and Loss Statement、損益計算書)で表すことができます。

BSやPLの中身については本章で説明していきますので、まずは「BSとPLは会

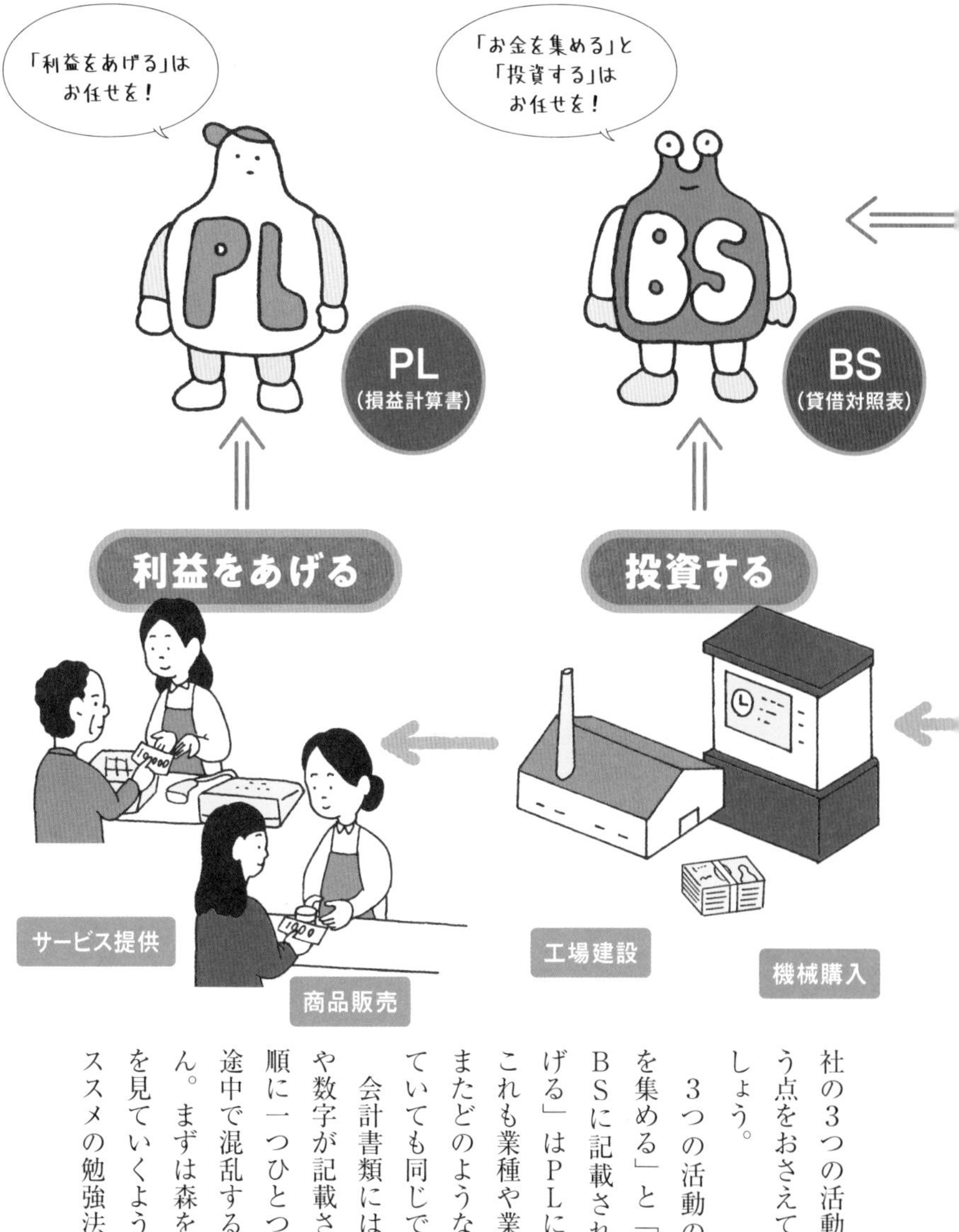
「利益をあげる」は
お任せを！
「お金を集める」と
「投資する」は
お任せを！
PL
（損益計算書）
BS
（貸借対照表）
利益をあげる
投資する
サービス提供
商品販売
工場建設
機械購入

社の3つの活動を表す」という点をおさえておくといいでしょう。

3つの活動のうち、「お金を集める」と「投資する」はBSに記載され、「利益をあげる」はPLに記載されます。これも業種や業態によらず、またどのような事業を手がけていても同じです。

会計書類には、多くの項目や数字が記載されています。順に一つひとつを見ていくと、途中で混乱するかもしれません。まずは森を見てから、木を見ていくようにするのがオススメの勉強法です。

会計書類は お小遣い帳がわかれば理解することができる

ここまで読んで、「やっぱり会計は難しそう」と思った人もいるかもしれません。

でもご安心を！　会計は「お小遣い帳」や「家計簿」がわかれば理解できるものです。

お小遣い帳や家計簿は、みなさんも見たことがあるでしょう。つけたことがある人も多いのではないでしょうか。

お小遣い帳は
わかる！

BSとPLも
ぐっと身近に！

お小遣い帳や家計簿は現金の動きを表すもので、「収支計算書」に区分されます。収支計算書は「収入」「支出」「残高」の3項目で構成され、団体の活動費を管理する際などにも使われています。

BSやPLを個別に勉強していくよりも、まずは収支計算書との共通点や違いから学んでいくのがオススメ。ハードルが低くなって会計がぐっと身近になり、理解も早まるはずです。

では、身近な収支計算書を入り口に、会計を勉強していきましょう。

これも重要！

1

会計は2種類ある
～財務会計と管理会計～

冒頭で「会計」と紹介しましたが、実は会計には「財務会計」と「管理会計」があります。

財務会計は、社外の関係者に会社の情報を提供するためのものです。管理会計は、社内の経営陣に経営管理に用いる情報を提供するためのもの。作成する目的も使用場面も異なります。

前者の財務会計については、作成方法が会計基準や会社法などで細かく規定されています。いわば、「ルール」や「文法」がある、ということです。会社ごとに作成や記載の方法が異なっていると、一社ごとに作成方法から確認しないと読み解けない煩雑なものになります。他社との比較も非常に困難になってしまいます。

一方の管理会計は、社外に公開するものではないため、経営陣のニーズや考えによって、会社ごとに異なります。例えば、中長期の事業計画、事業部や支社・支店の売上・利益の計画や管理などに用いられています。

本書では、財務会計について説明していきます。本書で「会計」と表記しているのは、財務会計のことだとご理解ください。

Chapter

1

まずは会計の全体像を知ろう

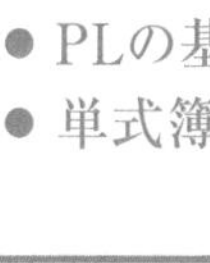

この章でわかること

- BSの基本的な構造がわかる!
- PLの基本的な構造がわかる!
- 単式簿記と複式簿記の違いがわかる!

会計は事業に不可欠なもの

会計は「事業の実態を正しく伝えるもの」と紹介しましたが、「事業に不可欠なもの」でもあります。

例えば、素敵なカフェを訪れ、「自分もコーヒーの事業をしたい」と思ったとしましょう。事業を始めると、豆を仕入れ、売り上げを把握して……とやるべきことがたくさん。これらを適切に管理するためには会計が欠かせません。

会計をマスターするには、実際に使うのが一番。そこで、コーヒー事業を通じて学んでいきましょう。

コーヒー事業を始めるには…

焙煎機は
何を買う？
そもそも
会社設立に
いくら必要？
どこから
いくらで
仕入れる？
売上管理は
どうしよう…

会計を使ってコーヒー事業を
シミュレーションしてみよう！

―事業
マップ

お金でコーヒー事業を
金で会社を設立して、
焙煎機を購入、コー
――という過程が、会
るのかを見ていく。

Start!

STEP1
資本金

資本金 100万円 で
会社を設立

STEP2
借入金

銀行から
50万円 を借入れ

焙煎機を
110万円 で購入

コーヒーロード

働いてコツコツ貯めた
始めたとしよう。資本
銀行から借入れをし、
ヒー豆を仕入れて販売
計書類にどう記載され

Be Continued

STEP5 売上代金

コーヒー豆が 30万円 で売れる

ありがとう ございます！
これ ください

STEP4 仕入代金

コーヒー豆を 15万円 で 仕入れる

STEP3 設備代金

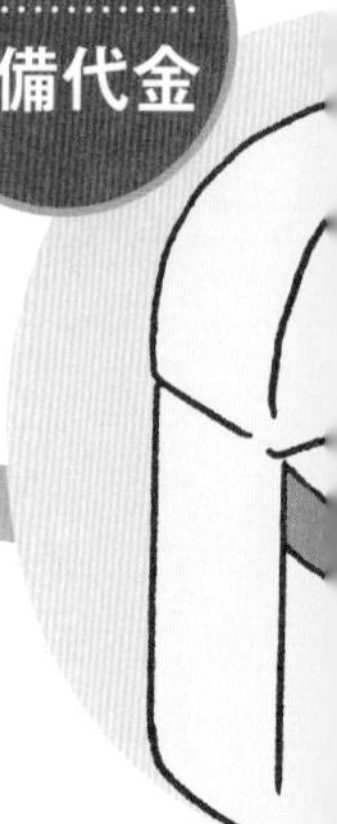

STEP お金が入ってくる
STEP お金が出ていく

コーヒー事業の流れを収支計算書で追ってみる

(単位：万円)

100
50
30
180
110
15
125
55

STEP1

会社を設立

会社にとって、資本金は会社のお財布に入るお金なので、「収入」欄に記載する。

STEP2

銀行から借入れ

銀行から借りたお金も会社のお財布に入るため、「収入」欄に記載。

STEP3

焙煎機を購入

会社からお金が出ていくので、「支出」欄に「設備代金」として記載する。

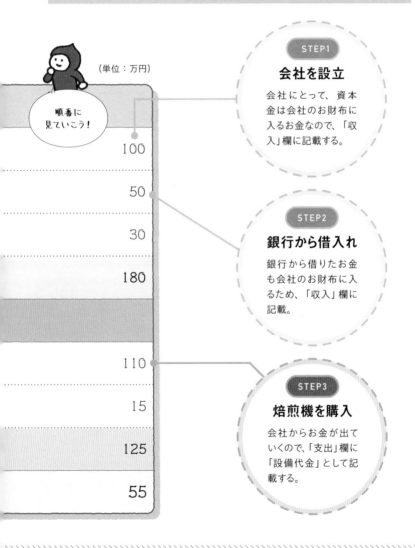

それでは、ＳＴＥＰ１〜５の項目や金額を、収支計算書で見ていきましょう。

お小遣い帳や家計簿と同様、お金が手元に入っていく場合は収入、出ていけば支出です。

収入は、ＳＴＥＰ１の資本金（１００万円）、ＳＴＥＰ２の借入金（50万円）、ＳＴＥＰ５の売上代金（30万円）。支出は、ＳＴＥＰ３の設備代金（１１０万円）、ＳＴＥＰ４の仕入代金（15万円）となります。

収入と支出の合計、残高も確認しておきましょう。

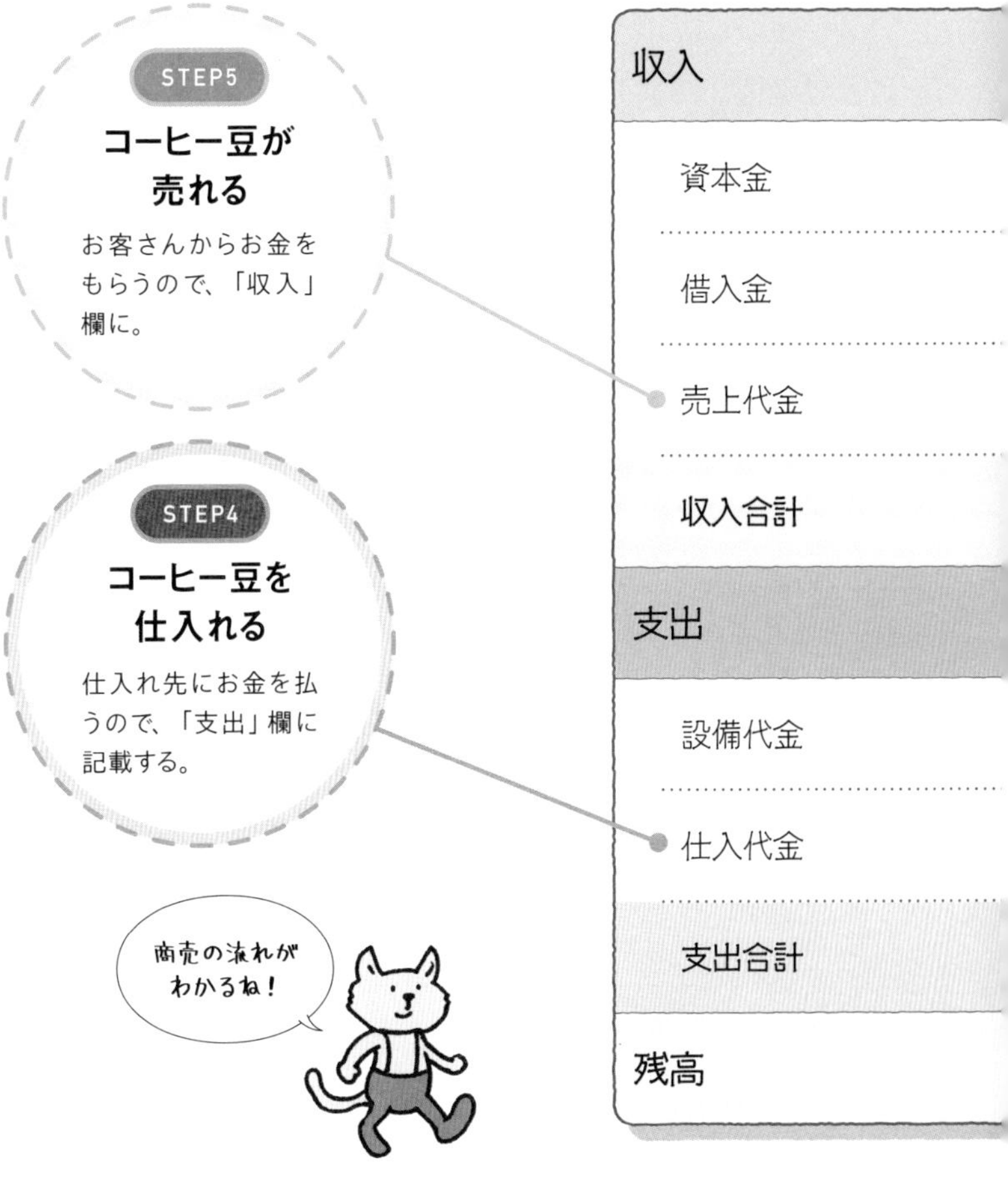
STEP5
コーヒー豆が売れる
お客さんからお金をもらうので、「収入」欄に。
STEP4
コーヒー豆を仕入れる
仕入れ先にお金を払うので、「支出」欄に記載する。
商売の流れがわかるね！
収入
資本金
借入金
売上代金
収入合計
支出
設備代金
仕入代金
支出合計
残高

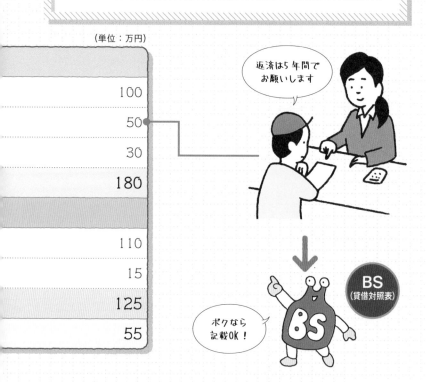

収支計算書には限界がある

（単位：万円）

100
50
30
180
110
15
125
55

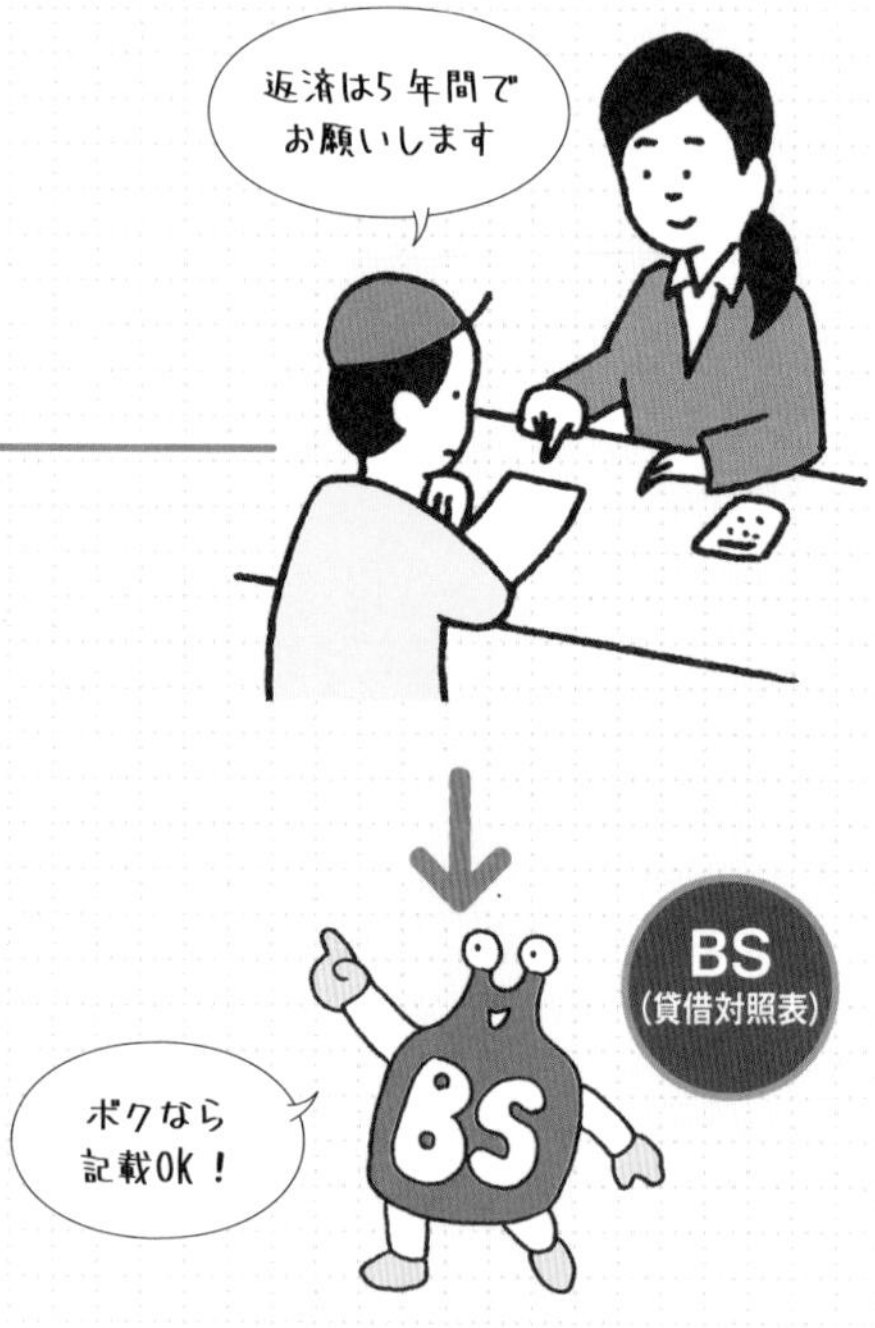
返済は5年間でお願いします
ボクなら記載OK！
BS
（貸借対照表）

コーヒー事業のＳＴＥＰ１〜５は、いずれも現金の動きを伴うものです。

会計書類は、基本的に１事業年度（通常1年）に１度作成します。毎年、収支計算書で事業の状態を伝えることはできないのでしょうか。

実は、収支計算書には限界があるのです。

現在50万円の借入金があります。例えば、元金を毎年10万円ずつ返済していくとします。10万円の返済額は、２年目以降の収支計算書に支出として記載されま

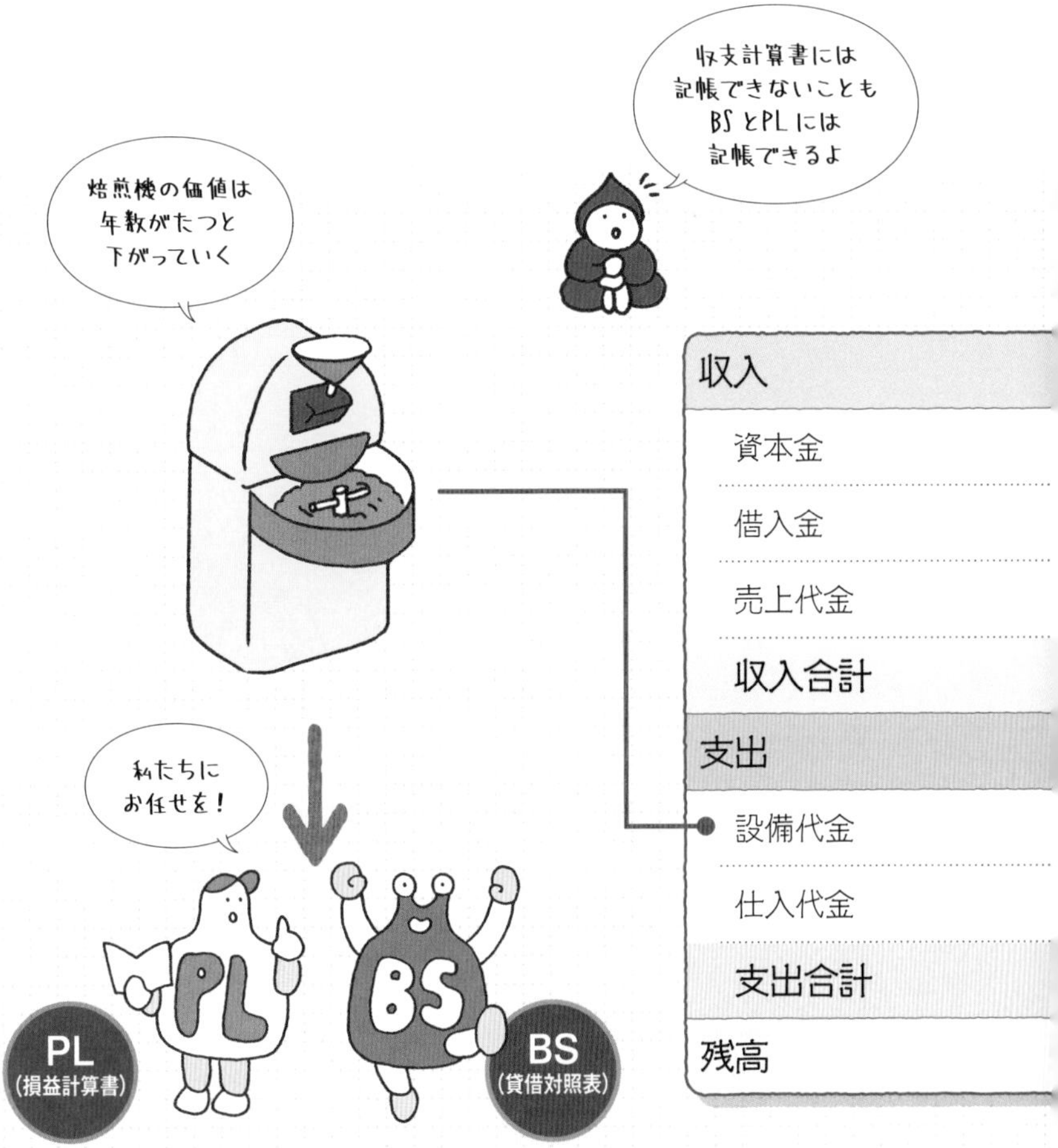
収支計算書には
記帳できないことも
BSとPLには
記帳できるよ
焙煎機の価値は
年数がたつと
下がっていく
収入
資本金
借入金
売上代金
収入合計
支出
設備代金
仕入代金
支出合計
残高
私たちに
お任せを！
PL
（損益計算書）
BS
（貸借対照表）

す。ただ、ある時点で借金の残高がいくらあるのかは、収支計算書だけではすぐにわかりません。

設備も同様です。初年度に１１０万円の焙煎機を購入したことは収支計算書に記載されています。焙煎機を何年も使う場合、その価値は時間と共に下がっていきます。

しかし、ある時点でどのくらいの価値の焙煎機を保有しているかは、収支計算書ではわからないのです。

これを解決するのが、ＢＳとＰＬです。

BSは会社の財産をまとめたもの

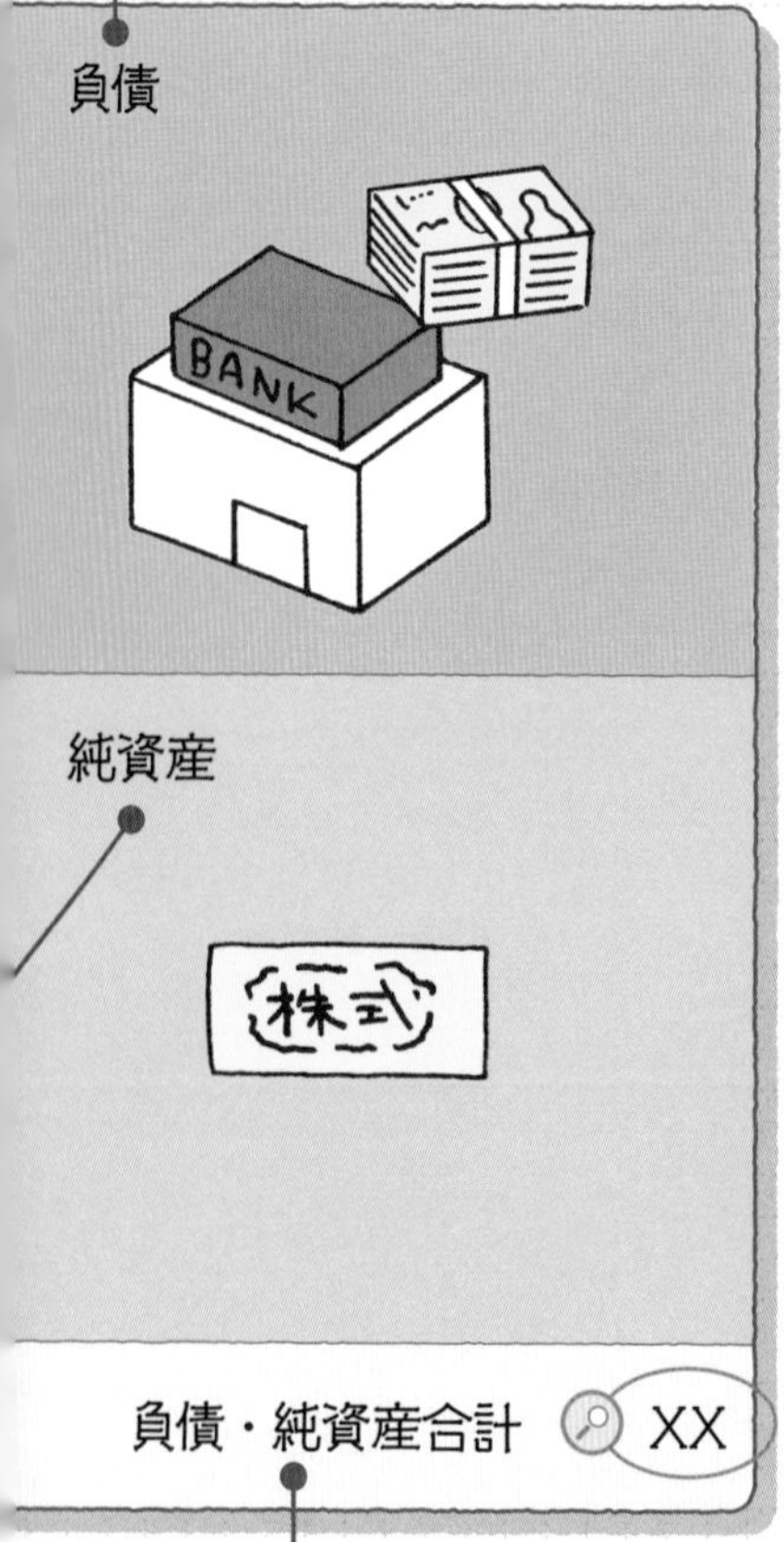
負債
BANK
純資産
株式
負債・純資産合計
XX

収支計算書の限界をボクが解決するよ！
BS

BSは貸借対照表の英語表記であるBalance Sheetの略

POINT 1

右はお金をどう集めてきたか 左はお金がどういう形になっているか

BSの右側は、借入金や資本金など「お金をどう集めてきたか」を示し、左側は現金や設備など、集めてきたお金が「どういう形になっているか」を表す。

POINT 2

「資産」「負債」「純資産」の3ブロック構成

BSは左側が資産、右側が負債と純資産。合計3ブロックで構成されている。

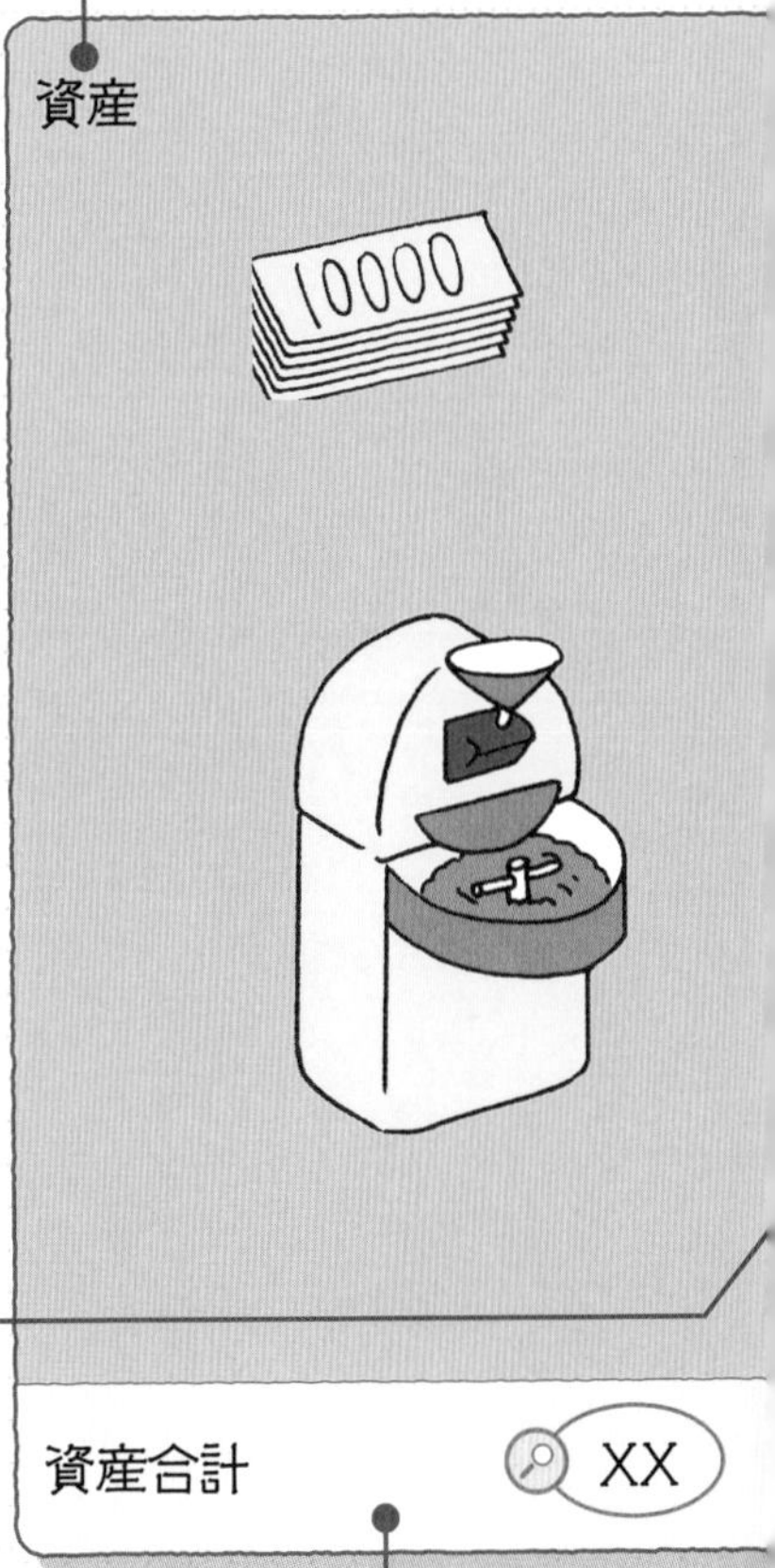

Pick Up

左右の合計は一致

右側はお金をどう集めてきたか、左側はそのお金がどういう形で会社に存在しているか、を表すので、左右の合計は必ず一致する。

POINT 1

右はお金をどう集めてきたか 左はお金がどういう形になっているか

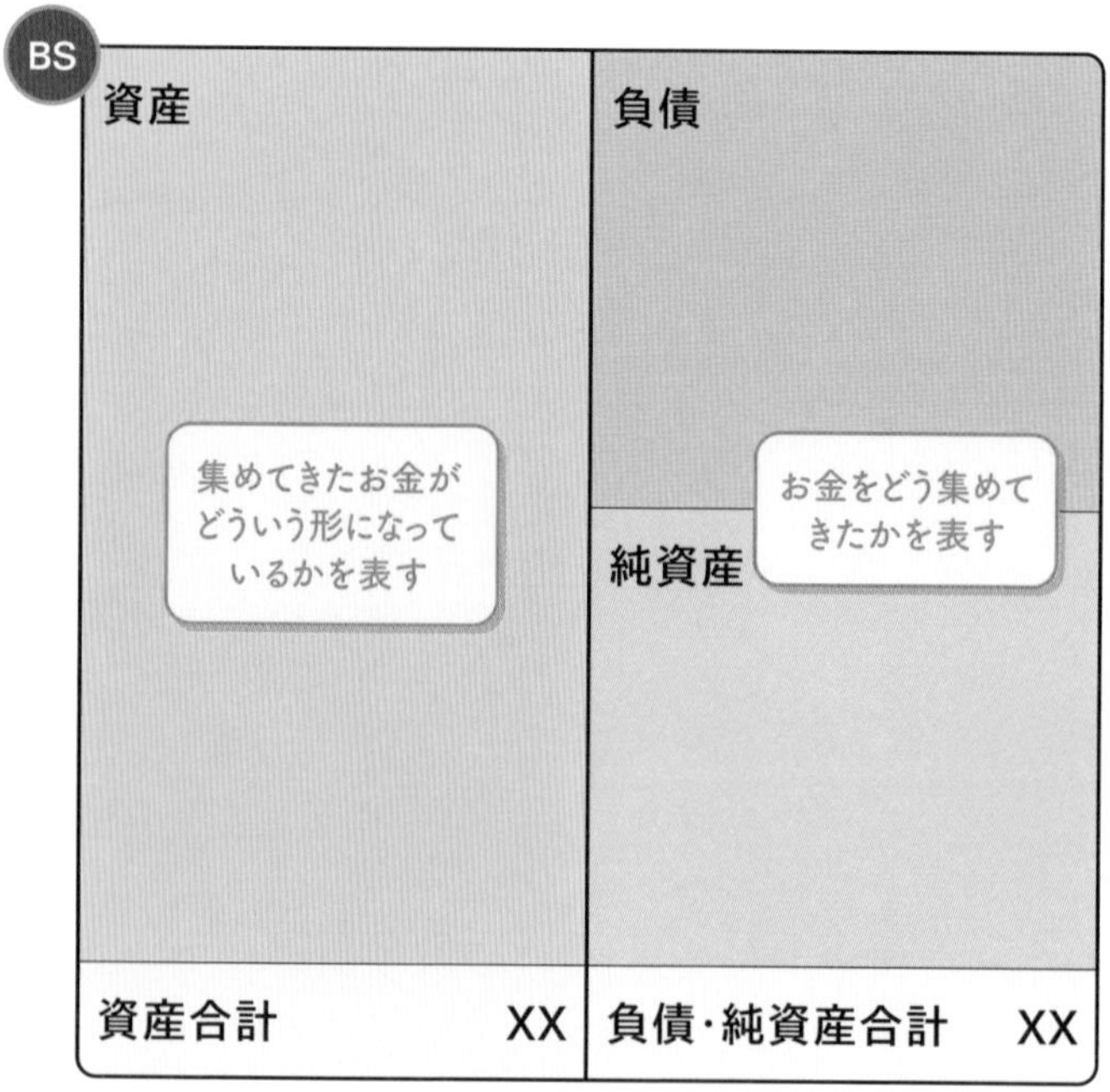
BS
資産
集めてきたお金がどういう形になっているかを表す
負債
お金をどう集めてきたかを表す
純資産
資産合計 XX
負債・純資産合計 XX

BSの特徴として、まず注目したいのは、左右に分かれているということ。左右で意味合いが異なるので、それぞれが表していることをおさえましょう。

右側が表すのは、企業や組織が「お金をどう集めてきたか」。例えば、資本金や借入金などです。

左側が表すのは、「集めてきたお金がどういう形になっているか」。会社には現金もあれば、設備や商品在庫になっている場合もあるでしょう。

付け加えると、Balance SheetのBalanceは「残高」を意味します。BSはある時点における会社の「財産残高一覧表」なのです。

POINT 2 「資産」「負債」「純資産」の3ブロック構成

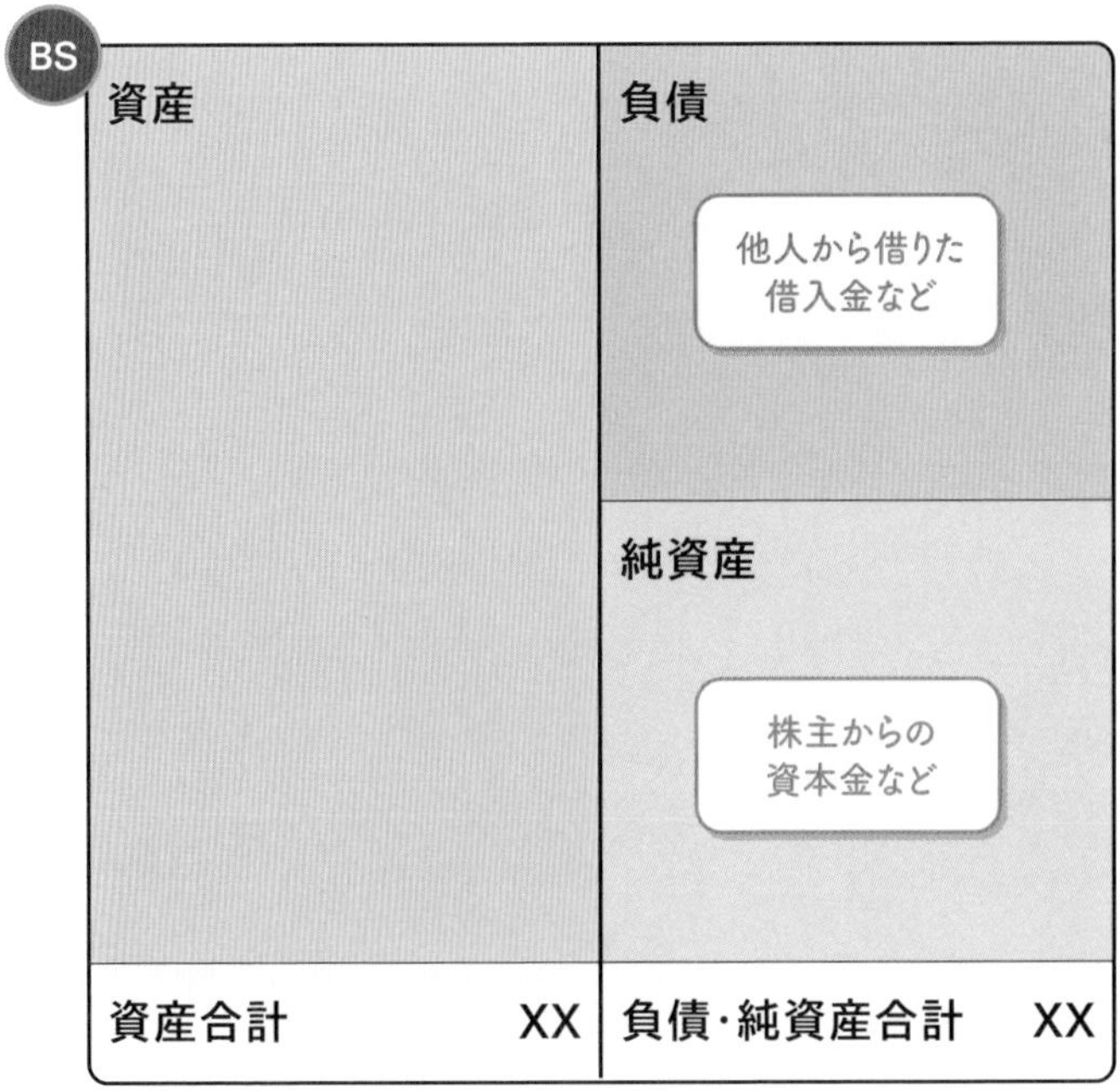
BS
資産
負債
他人から借りた借入金など
純資産
株主からの資本金など
資産合計 XX
負債・純資産合計 XX

BSをさらに詳しく見ると、左側の「資産」、右側の「負債」と「純資産」の計3ブロックで構成されています。

右側が2つに分かれているのは、負債と純資産ではお金の集め方が異なるからです。

ここで意識したいのは、会社は誰のものか、という点。資本主義の論理では、会社は株主のもの、となります。

会社の持ち主である株主自身が出資した資本金は、純資産に記載されます。

一方で、他人から借りてきた借入金などは、負債に記載されるのです。

負債は借りたお金
純資産は株主からの資本金

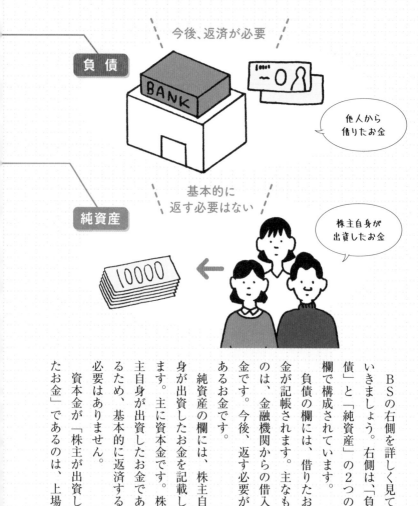

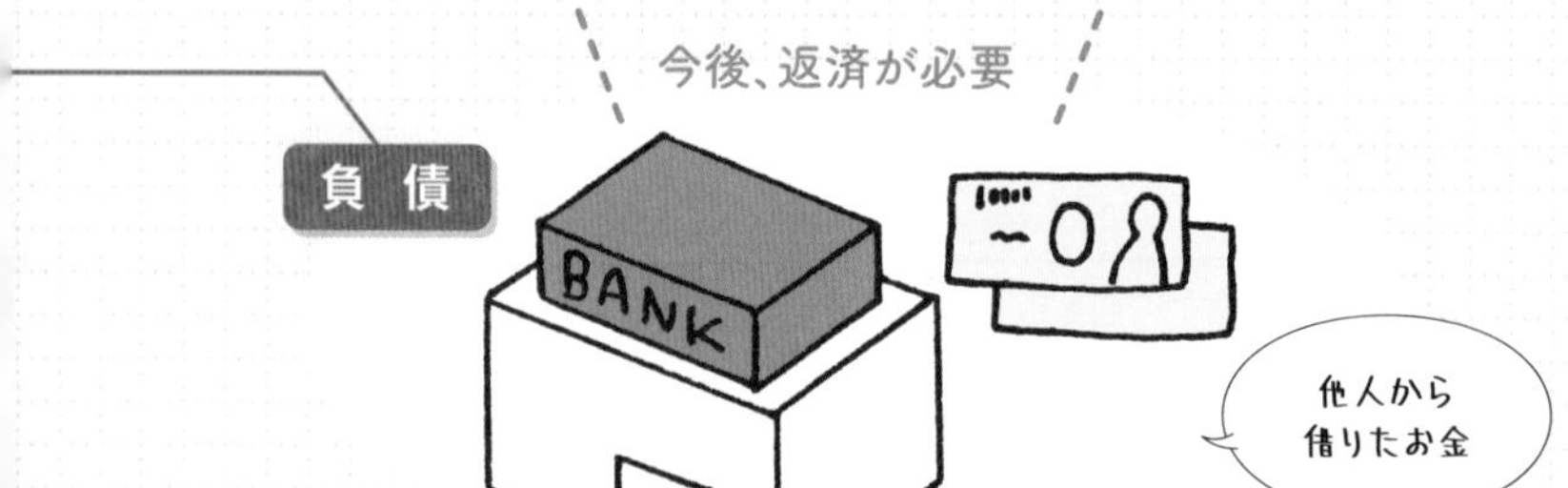

BSの右側を詳しく見ていきましょう。右側は、「負債」と「純資産」の2つの欄で構成されています。

負債の欄には、借りたお金が記帳されます。主なものは、金融機関からの借入金です。今後、返す必要があるお金です。

純資産の欄には、株主自身が出資したお金を記載します。主に資本金です。株主自身が出資したお金であるため、基本的に返済する必要はありません。

資本金が「株主が出資したお金」であるのは、上場

Pick Up

左側の合計は総資産、右側の合計は総資本ともいう

左側は資産の合計なので「総資産」ともいう。右側は、他人資本と自己資本の合計で「総資本」とも呼ばれている。

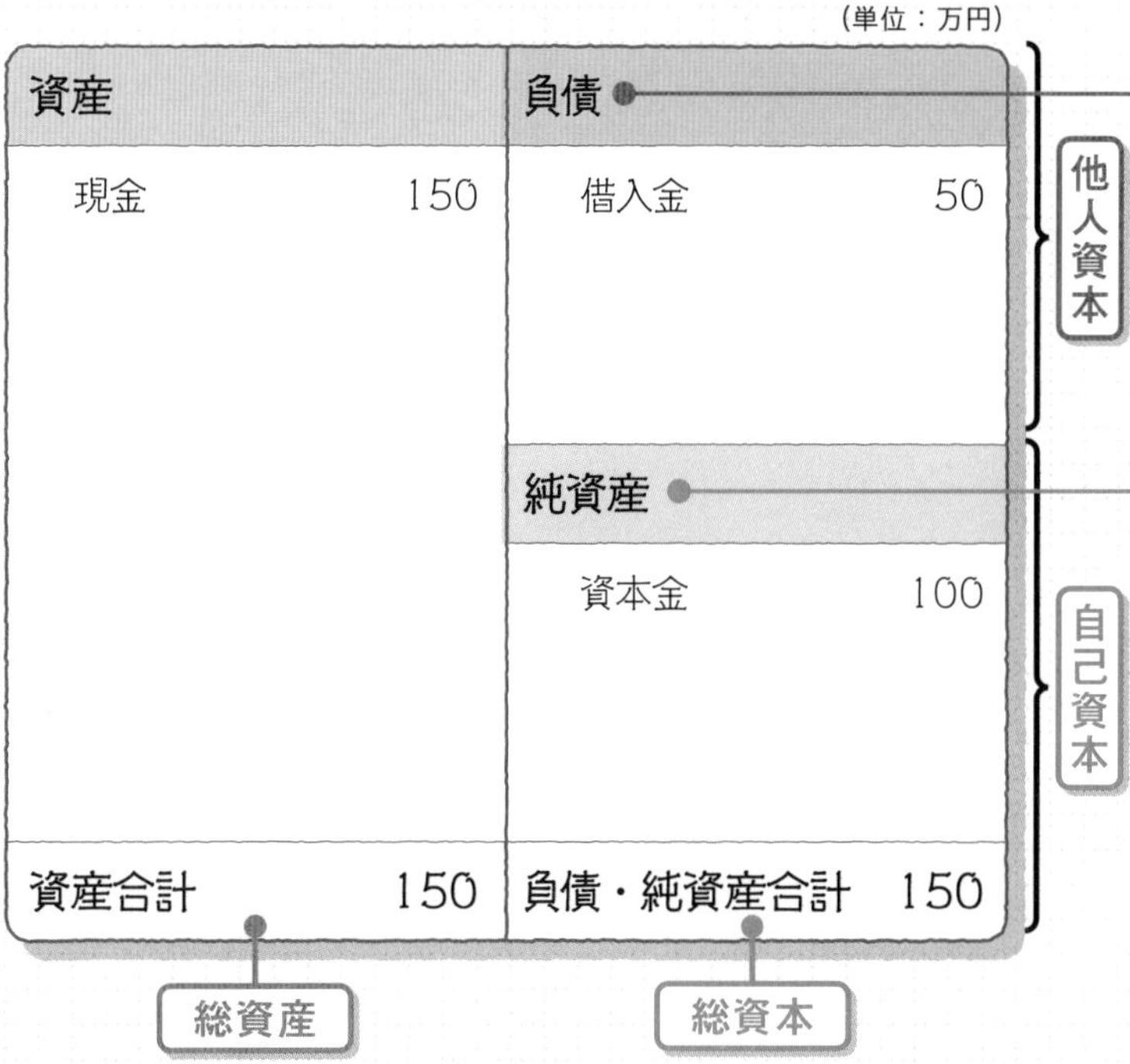

（単位：万円）

資産		負債		
現金	150	借入金	50	他人資本
		純資産		
		資本金	100	自己資本
資産合計	150	負債・純資産合計	150	

会社でも、上場していない会社でも同じです。

注意しなければならないのは、上場会社の株価は日々動きますが、株価とは市場での取引価格、ということ。資本金は、株主が会社に出資したお金なので、株価が変わっても資本金の額は変わりません。

ところで、負債のブロックは他人から借りたお金のことなので、「他人資本」とも呼ばれています。純資産のブロックは、株主自身が出資したお金なので「自己資本」ともいいます。

PLは正しい利益を計算するためのもの

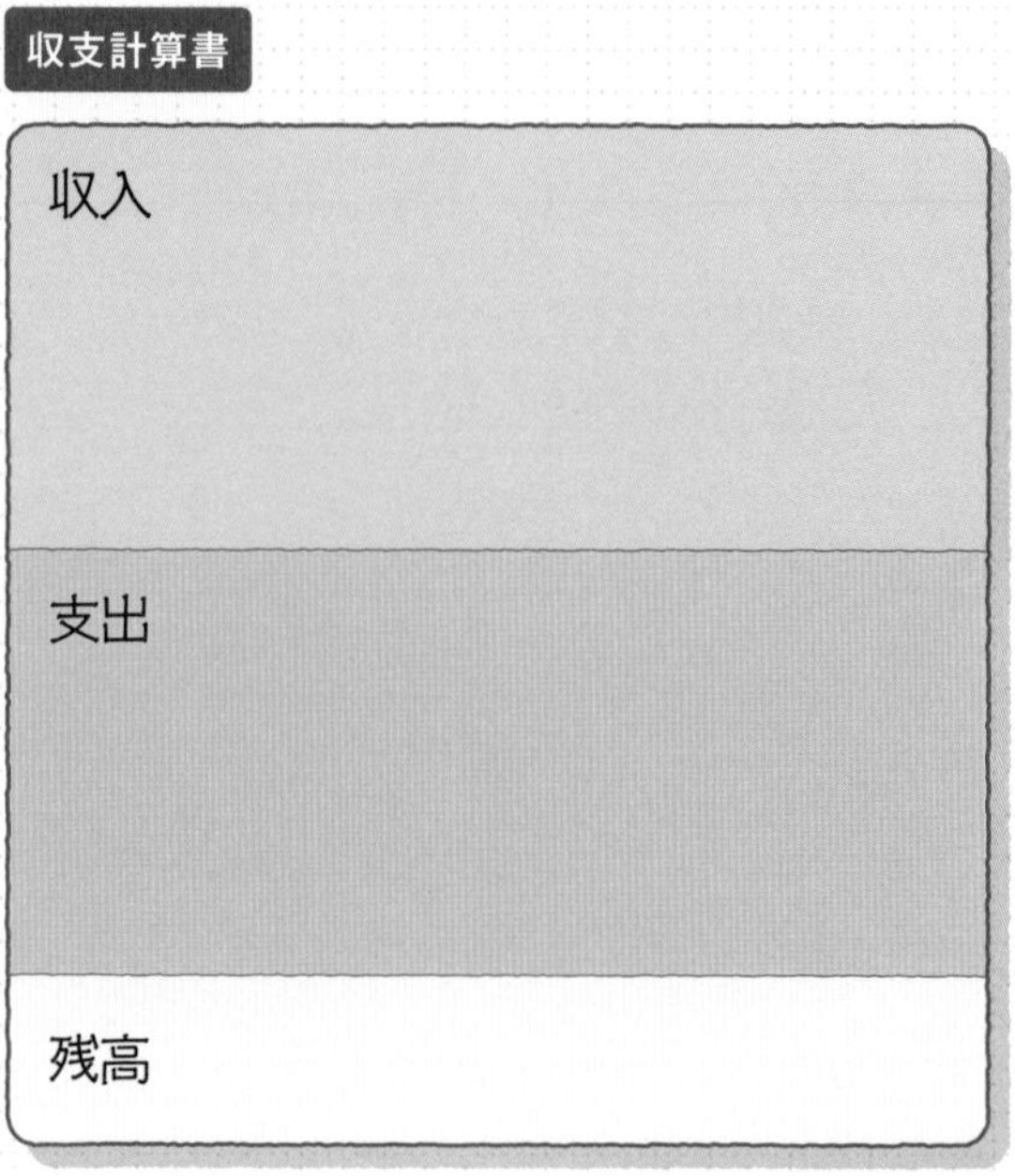
収支計算書
収入
支出
残高

異なる

な形だけど
いようにね！

POINT 1

収支計算書は現金の動きを表し PLは正しい利益を計算する

見た目は似ているが、内容は全く異なる。それぞれの役割をきちんとおさえることが大切だ。

POINT 2

PLに記載されるものは現金の動きを伴わないことも

PLの利益は、売上から費用を引いたもの。売上、費用はいずれも、現金の動きを伴わないこともある。

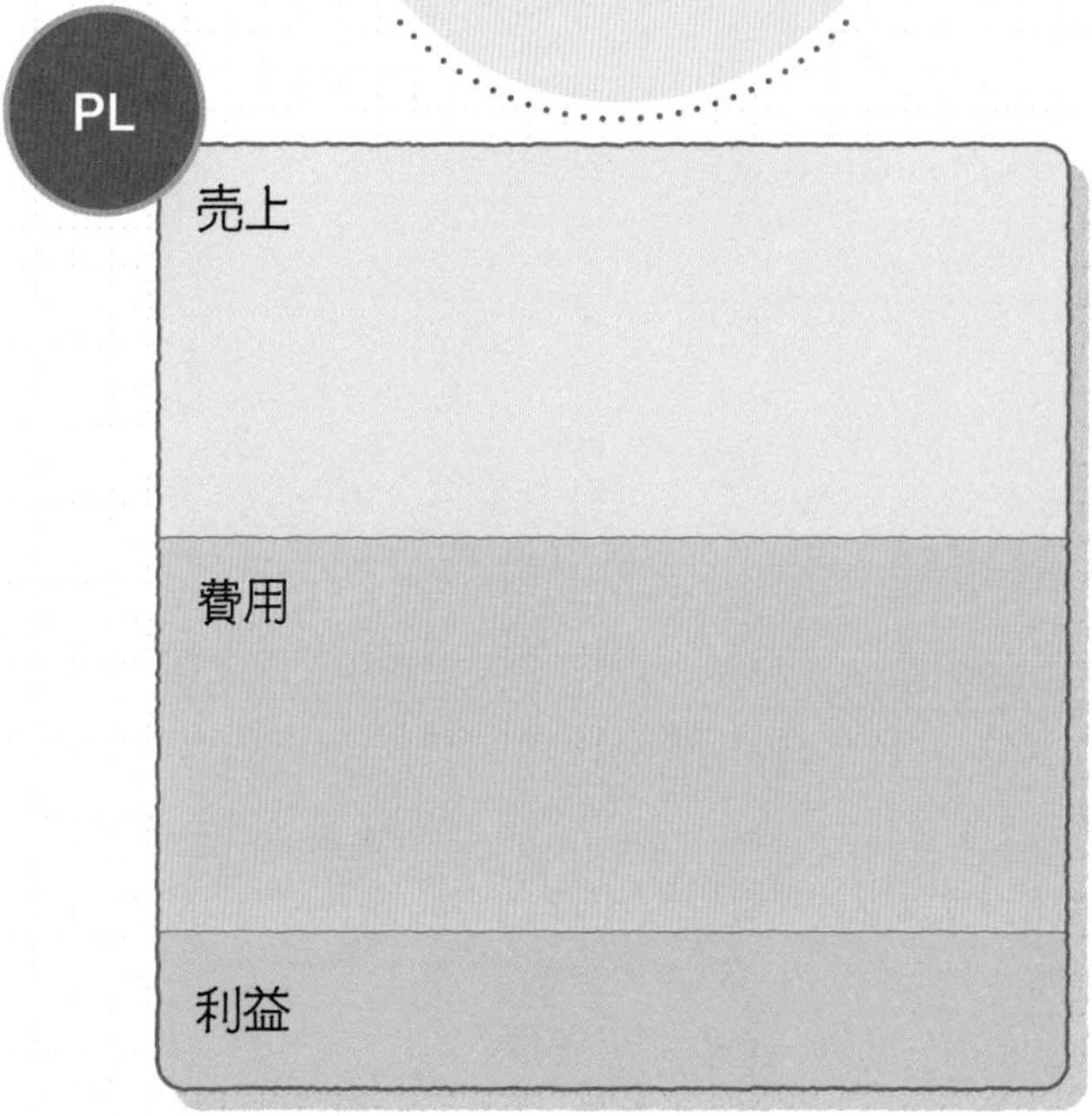
PL
売上
費用
利益

ここからはボクの出番！利益を計算するためには欠かせないんだよ

役割が
似たよう
混同しな

POINT 1

収支計算書は現金の動きを表し PLは正しい利益を計算する

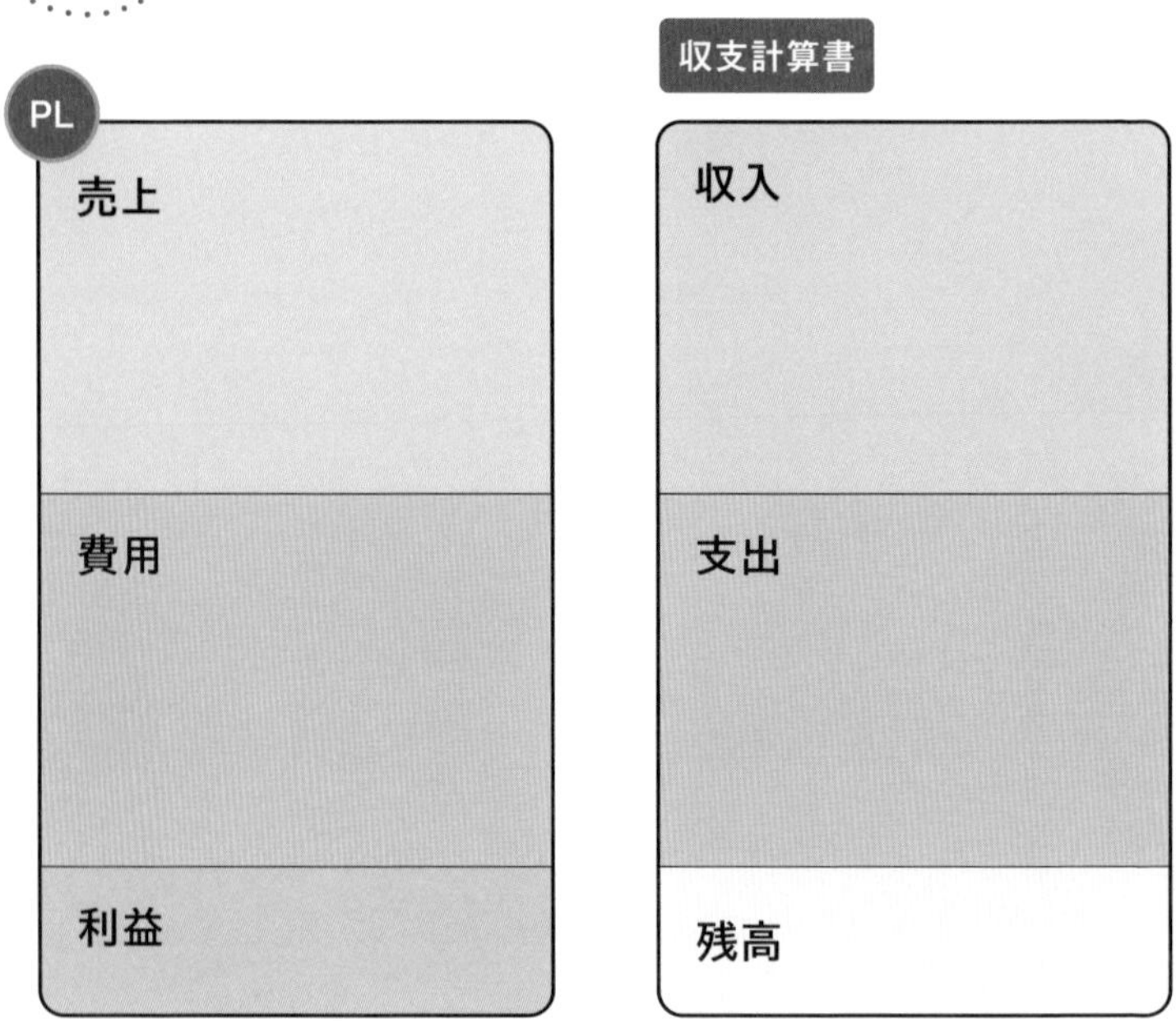

収支計算書とＰＬは、つくりは似ています。ただし、収支計算書は現金の動きを表し、ＰＬは正しい利益を計算する表で、役割が異なります。

そのため、記載項目も異なります。例えば、資本金や借入金は現金として入ってくるので、収支計算書の収入欄に記載されます。しかし、資本金や借入金によって売上があがるわけではないので、ＰＬには表れません。

また、販売した商品の代金が次の事業年度になって支払われるような場合、その事業年度に現金の動きはないので、その年の収支計算書には何も記載されません。

POINT 2

PLに記載されるものは現金の動きを伴わないことも

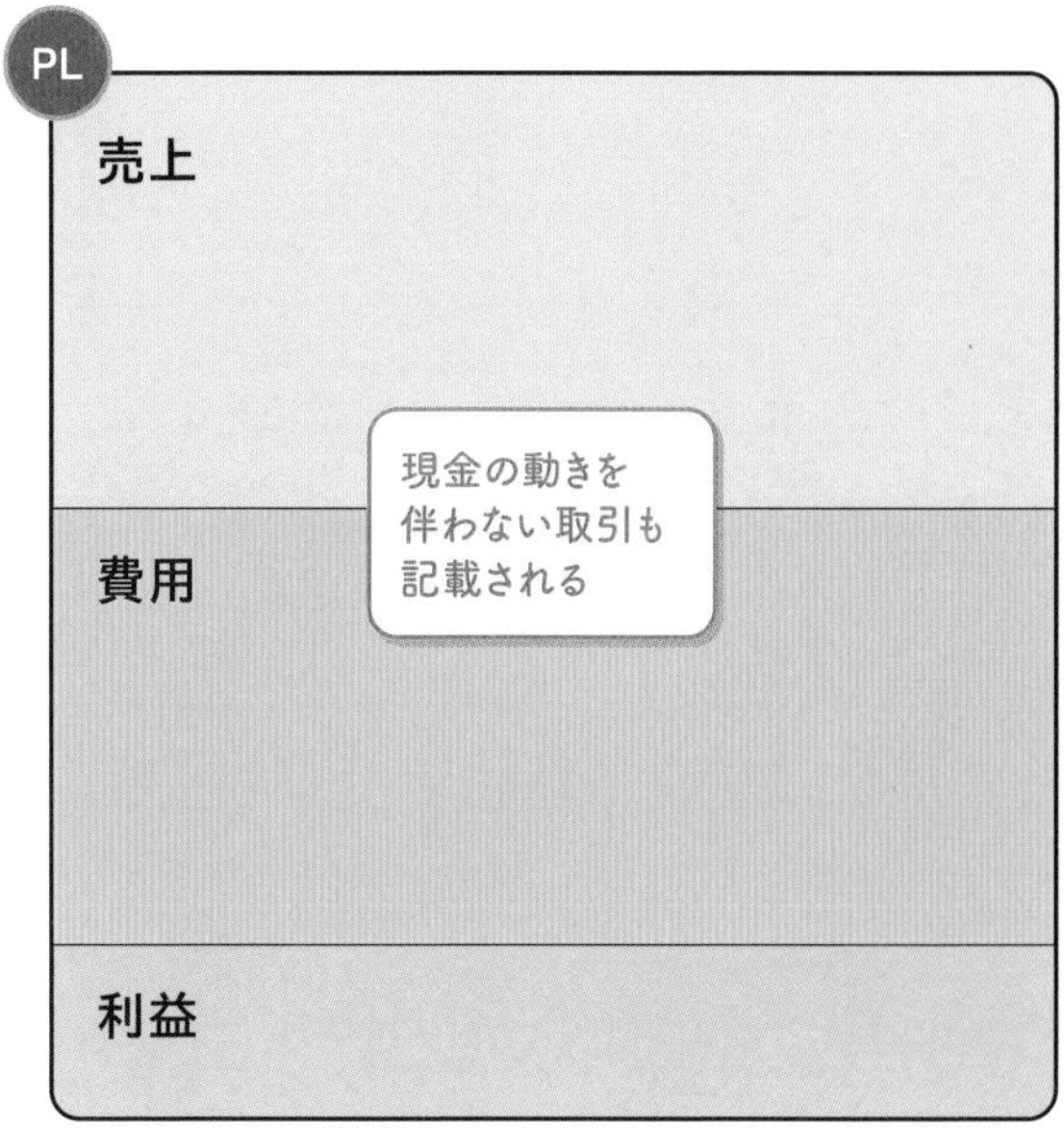

ＰＬは、その事業年度の正しい利益を計算するために、現金の受け渡し時ではなく商品の受け渡し時に、売上や費用を記帳するのが会計のルール。そのため、ＰＬには現金の動きを伴わない売上や費用が記載されるのです。

何年も使用する焙煎機にも注意が必要。収支計算書では、焙煎機の購入時に、購入代金全額を計上します。

ただ、焙煎機は購入した年だけでなく長く使います。そのため、ＰＬに焙煎機の毎年の「費用」を計上する場合は、収支計算書とは全く異なる方法が使われるのです（詳細はＰ74で説明）。

伝票を帳簿に記帳する方法は単式と複式の2種類がある

単式は1つ

単式簿記

100万円をみると…

資本金

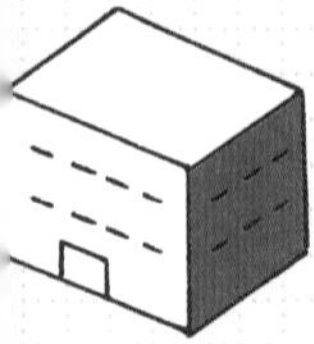

収入	
資本金	100
支出	
残高	100

POINT 1

取引を「現金の出入り」の1点で記帳するのが「単式簿記」

単式とは「1つ」のこと。単式簿記は、すべての取引を「現金の出入り」という1点で記帳する。

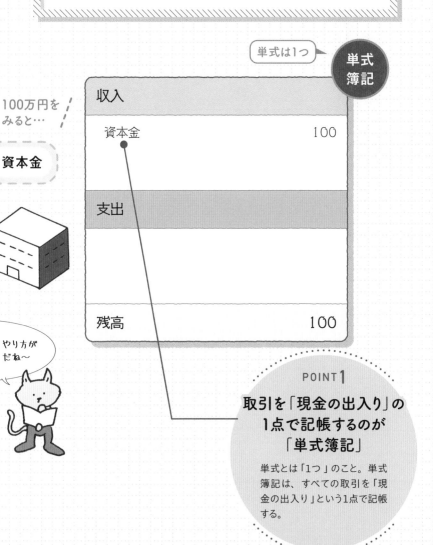

Pick Up

簿記とは

帳簿に記帳することを「簿記」という。企業は、すべての取引を記録しなければいけない。

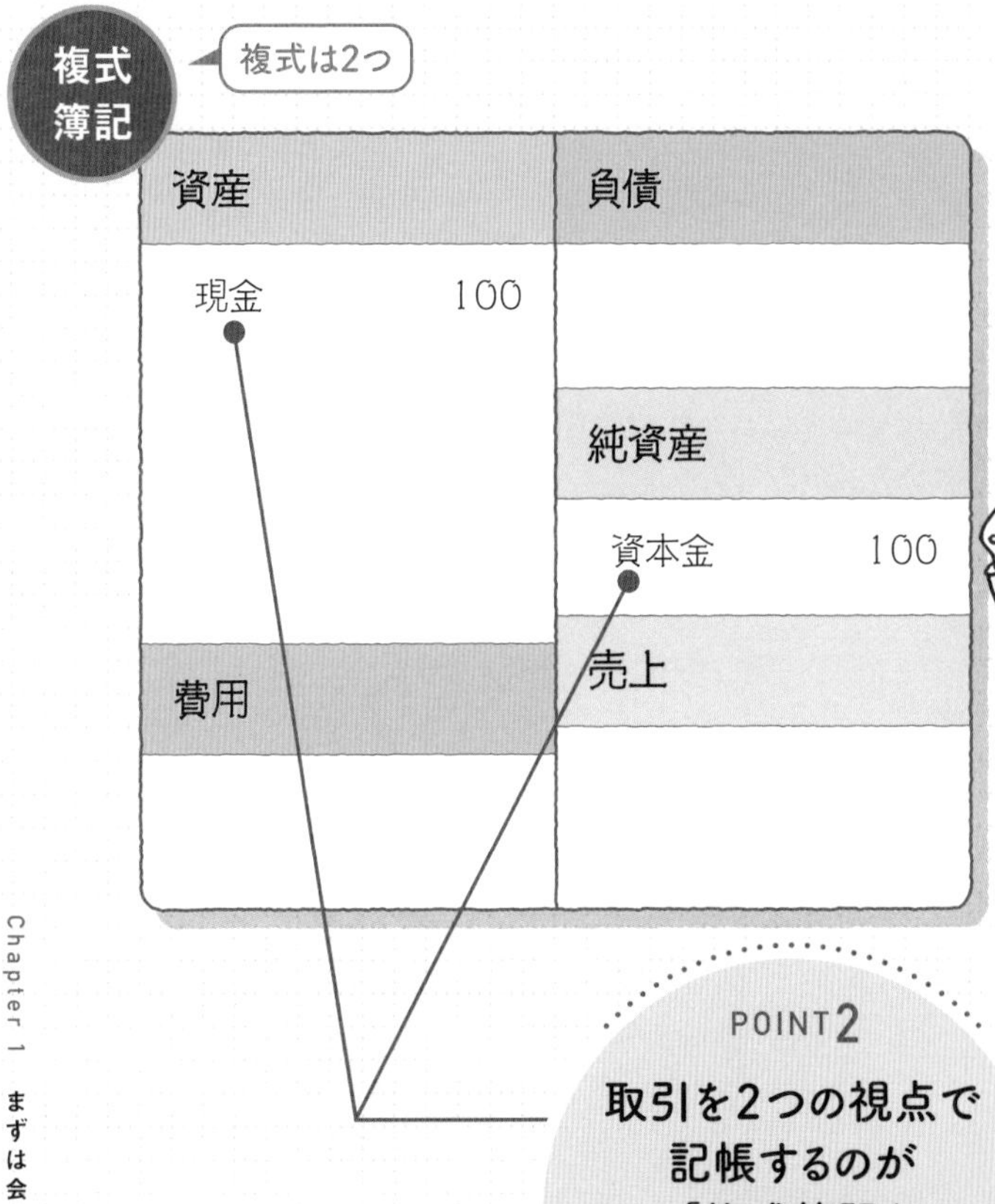

複式簿記
複式は2つ
資産
現金 100
負債
純資産
資本金 100
費用
売上

資本金
記入して
STEP1

2つの
あるん

POINT2

取引を2つの視点で記帳するのが「複式簿記」

複式とは「2つ」のこと。複式簿記は、すべての取引を2つの視点で記帳する。

POINT 1

単式簿記は取引を「現金の出入り」の1点で記帳

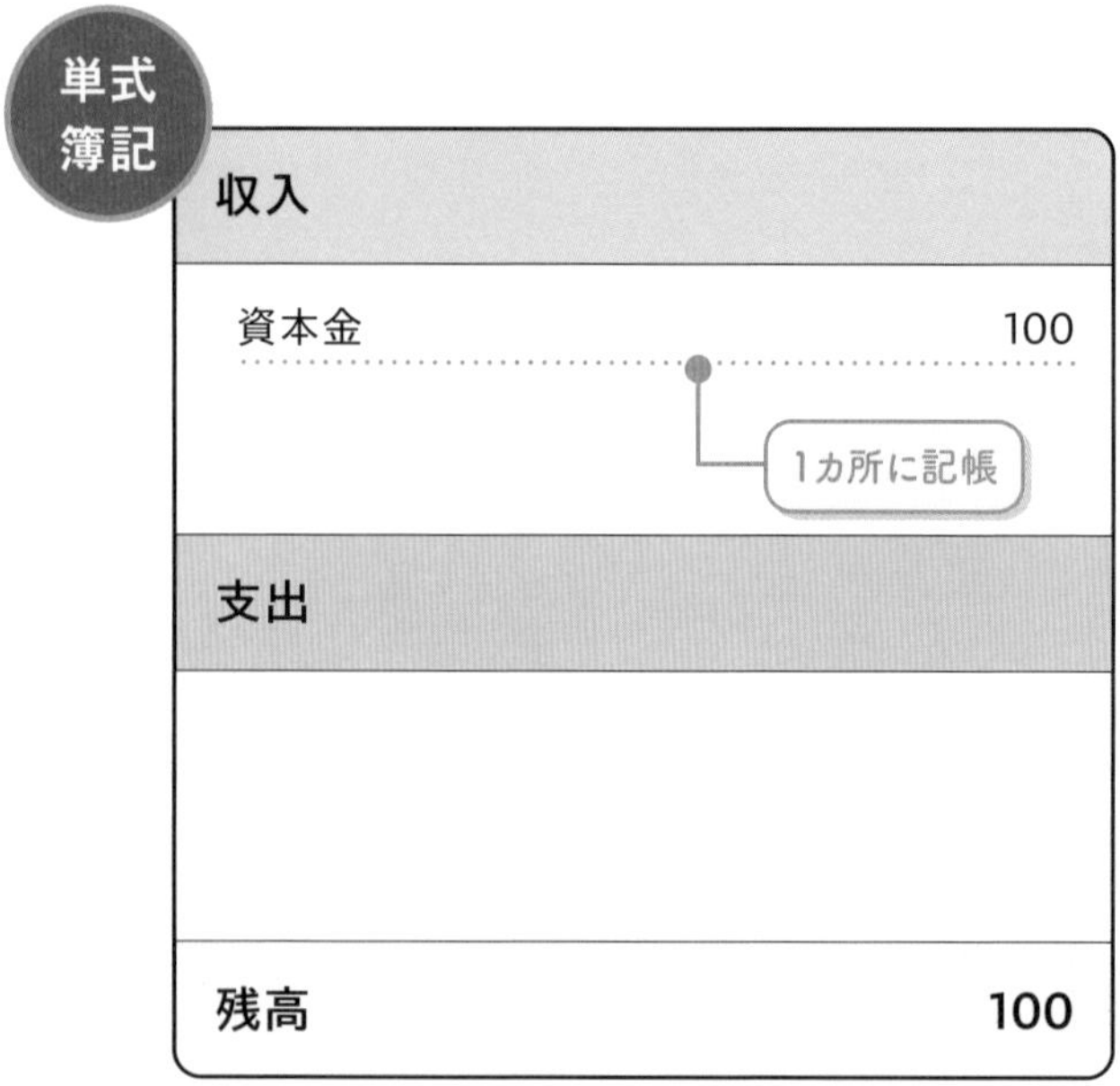

単式とは「１つ」のことです。すべての取引を「現金の出入り」という視点から帳簿に記帳するものが、単式簿記です。

例えば、コーヒー事業のＳＴＥＰ１の資本金を記帳してみましょう。「現金の出入り」という視点でみると、資本金は会社にお金が入ってくるので「収入」です。そこで、収入の欄に資本金１００万円と記載します。

この帳簿、どこかで見覚えがありませんか？

そう、既に見てきた収支計算書ですよね。単式簿記でつくられた表が、お小遣い帳や家計簿などの収支計算書なのです。

POINT 2

複式簿記は取引を2つの視点で記帳

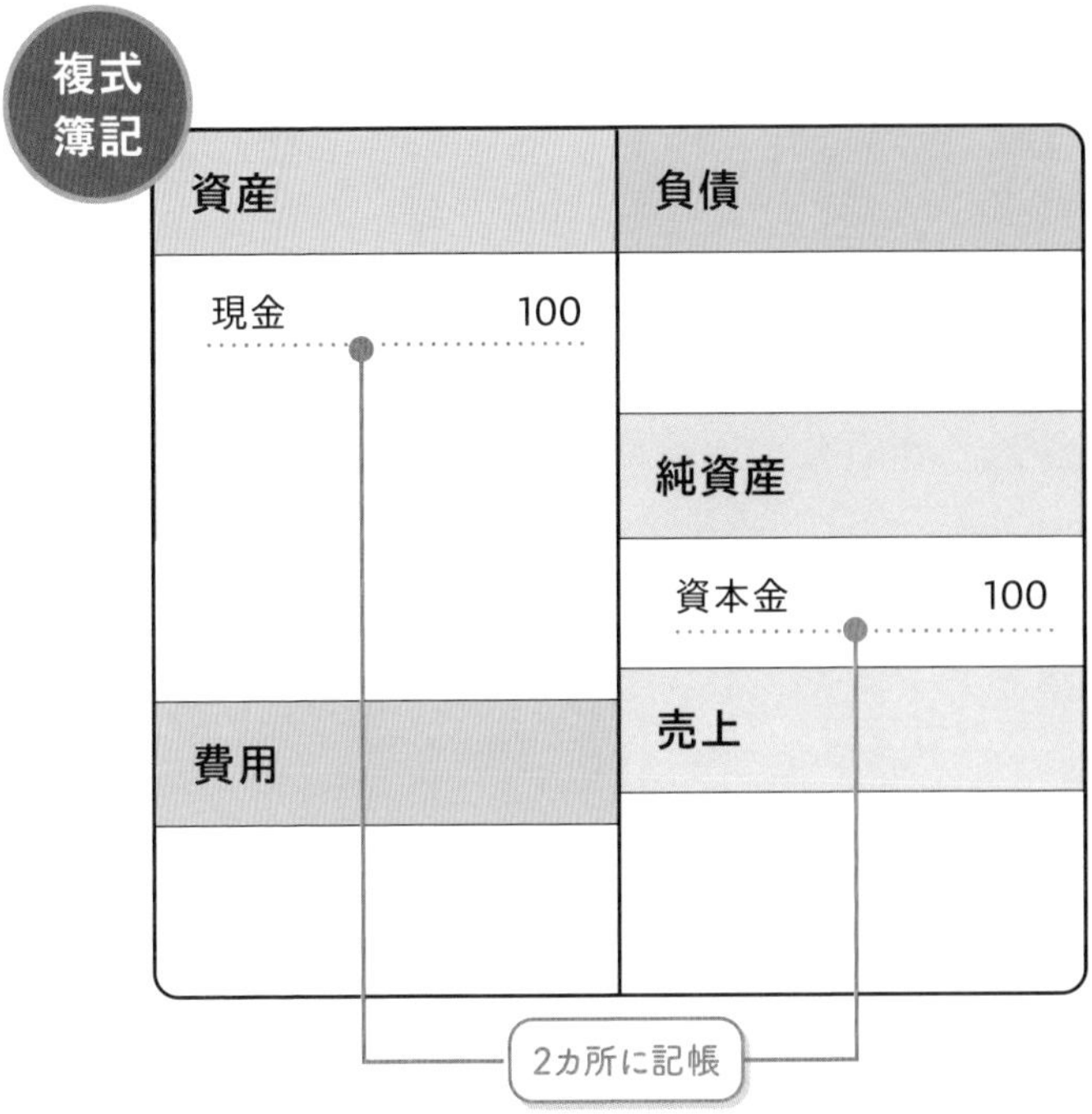

複式とは「2つ」のこと。すべての取引を、2つの視点でとらえて帳簿に記帳するものが複式簿記です。

複式簿記は、すべての取引を2つの視点でとらえて、「資産」「負債」「純資産」「費用」「売上」の5項目に分類して記帳します。

ところで、取引を2つの視点でとらえられるということは、「すべての取引は、5項目のうち2項目に該当する」ということでもあります。

ちなみに、複式簿記で資本金100万円は資産と純資産の2カ所に記帳されますが、この方法はP42で紹介します。

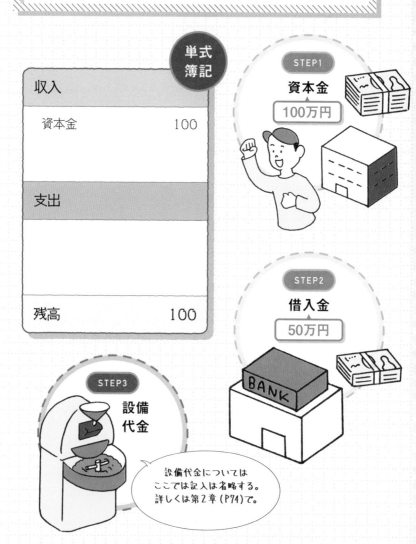

コーヒー事業を単式簿記、複式簿記で追ってみる

単式簿記

収入	
資本金	100
支出	
残高	100

STEP1
資本金
100万円

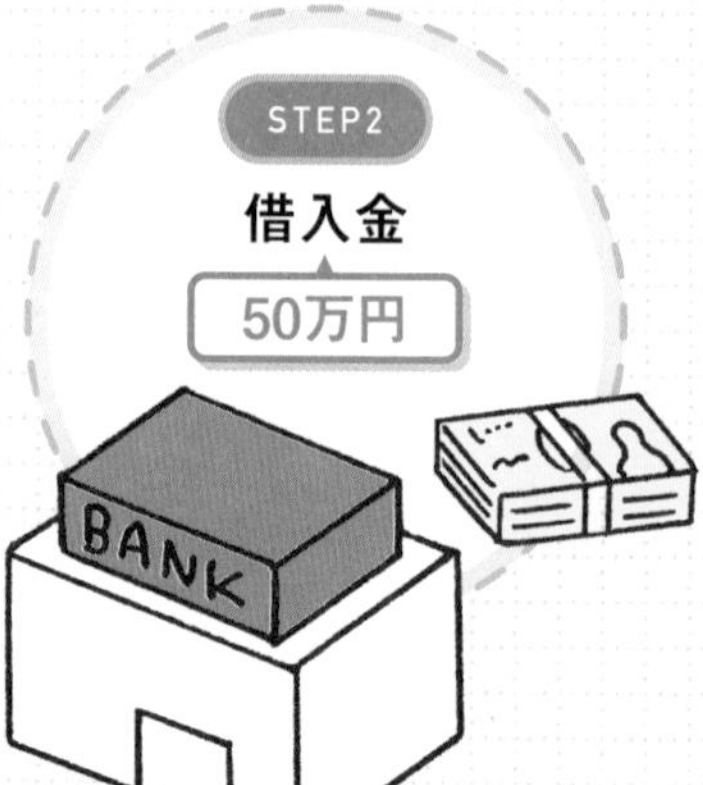

STEP2
借入金
50万円
BANK

STEP3
設備
代金
設備代金については
ここでは記入は省略する。
詳しくは第2章（P74）で。

次ページからは
各STEPの取引を記帳した
2つの帳簿を
見比べていこう

複式簿記

資産		負債	
現金	100		
		純資産	
		資本金	100
費用		**売上**	

STEP5
売上代金
30万円

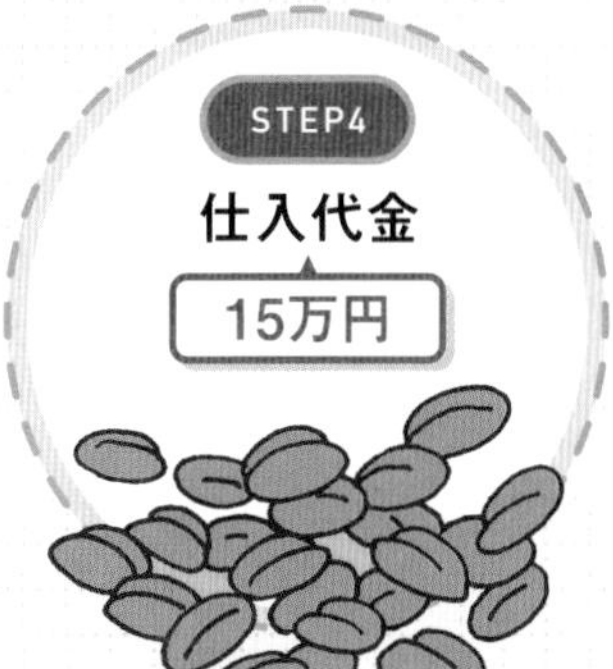
STEP4
仕入代金
15万円

STEP 1

資本金（100万円）

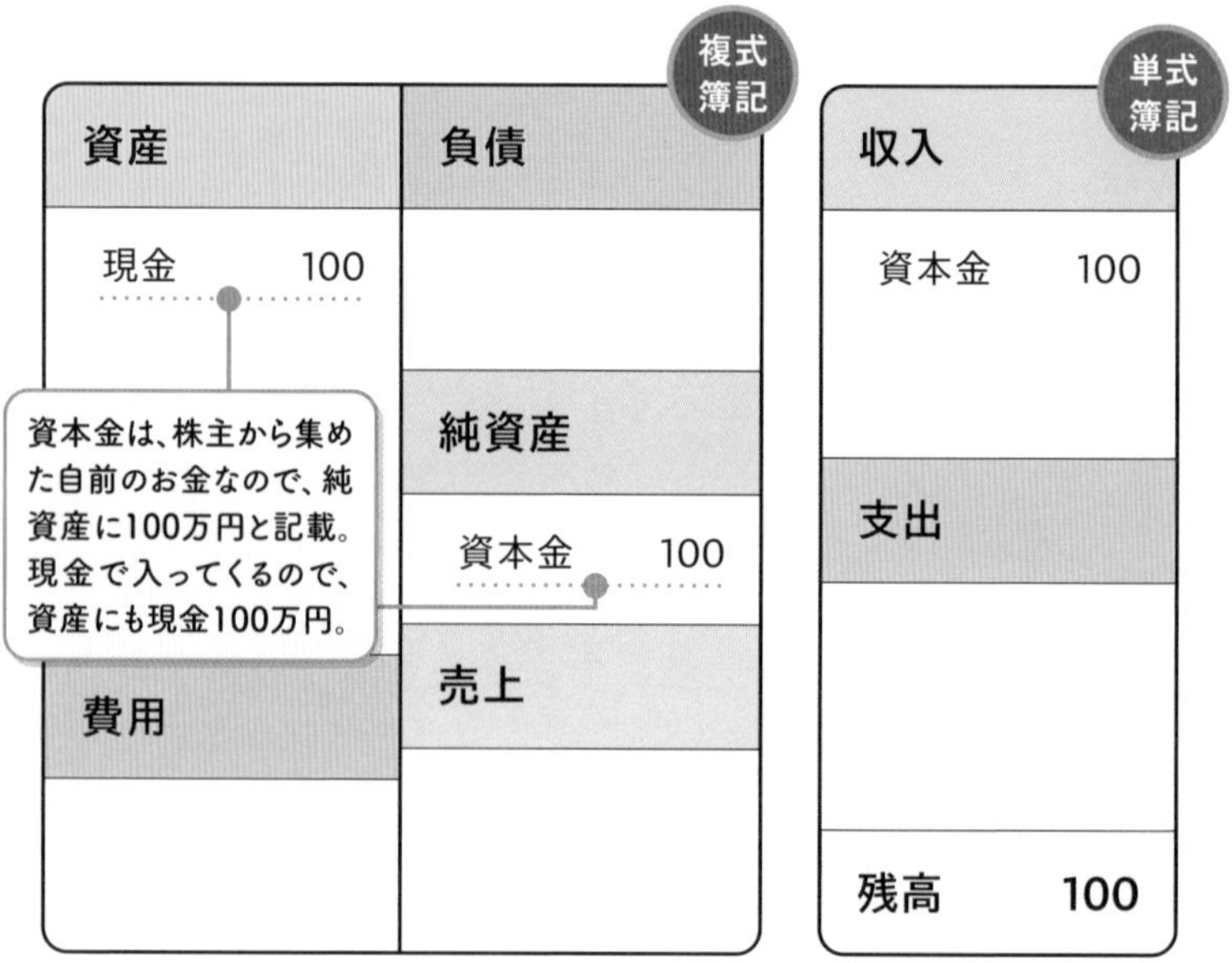

複式簿記
資産
現金 100
負債
資本金は、株主から集めた自前のお金なので、純資産に100万円と記載。現金で入ってくるので、資産にも現金100万円。
純資産
資本金 100
費用
売上
単式簿記
収入
資本金 100
支出
残高 100

まずは、ＳＴＥＰ1の資本金。

単式簿記についてはＰ38で紹介したように、「収入」の欄に資本金１００万円と記載します。残高も１００万円になります。

次に複式簿記です。資本金を２つの視点でとらえると、株主から集めた「純資産」であり、会社に現金として入ってくる「資産」でもあります。

純資産は、自前のお金を記入する欄なので「資本金１００万円」となります。

この資本金は、現金として会社に入ってくるので、資産の欄にも「現金１００万円」と記載します。これで完了です。

STEP 2

借入金（50万円）

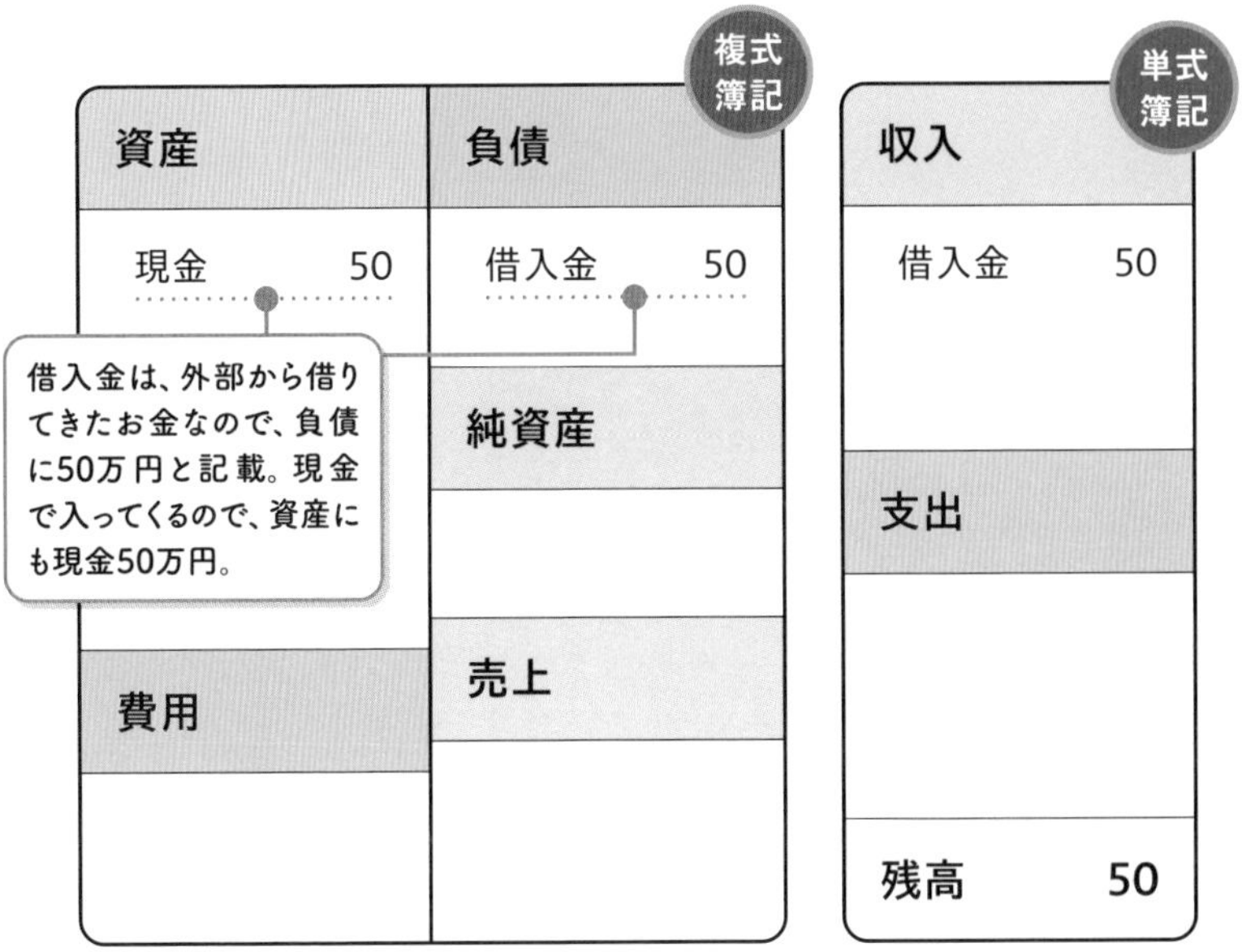
複式簿記
資産
現金 50
負債
借入金 50
借入金は、外部から借りてきたお金なので、負債に50万円と記載。現金で入ってくるので、資産にも現金50万円。
純資産
費用
売上
単式簿記
収入
借入金 50
支出
残高 50

STEP2は、銀行からの借入れ50万円ですね。

単式簿記は、「収入」の欄に借入金50万円と記載します。支出はないので、差し引きして残高は50万円になります。

複式簿記については、まずは借入金がどの2項目になるか、考えてみてください。借入金は名前が示す通り借りてきたお金なので、P30などで説明したように「負債」ですね。またこれは、銀行から会社に現金として入ってくる資産でもあります。

記帳は、負債の欄に「借入金50万円」、資産の欄に「現金50万円」となります。

STEP 4

仕入代金（15万円）

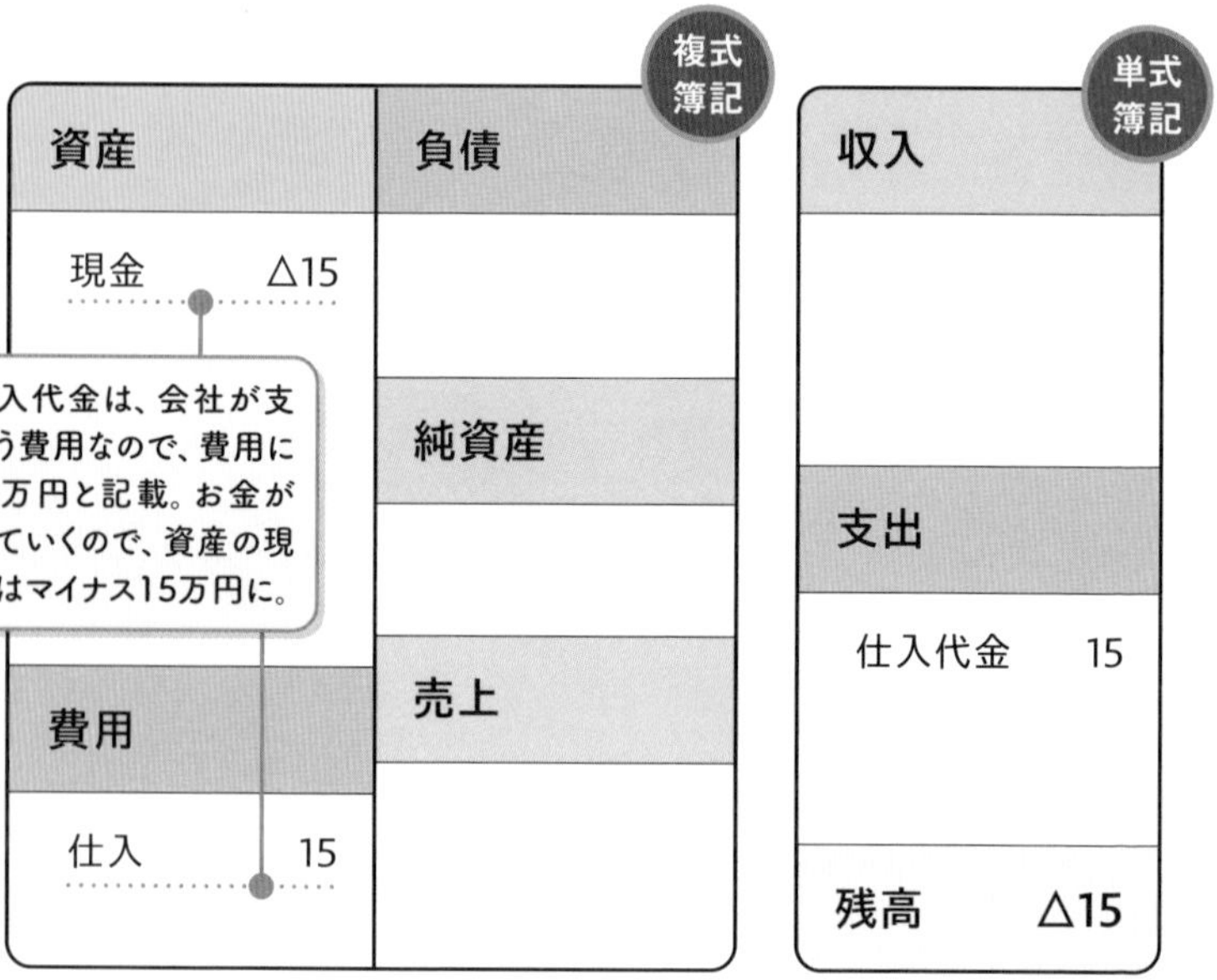
仕入代金は、会社が支払う費用なので、費用に15万円と記載。お金が出ていくので、資産の現金はマイナス15万円に。

STEP3は飛ばし、次はSTEP4のコーヒー豆の仕入れ15万円です。

単式簿記は、「支出」の欄に「仕入れ代金15万円」と記載。残高はマイナス15万円ですが、記載には注意が必要です。会計においてマイナスの金額は、数字の前に「－」ではなく「△」を付けることが一般的で、「△15万円」となります。

複式簿記では、仕入代金は事業を行うための「費用」であり、お金を払ったことで現金という「資産」が減る、ととらえます。

記帳は、費用の欄は「仕入15万円」。資産の欄は「現金△15万円」となります。

STEP 5

売上代金（30万円）

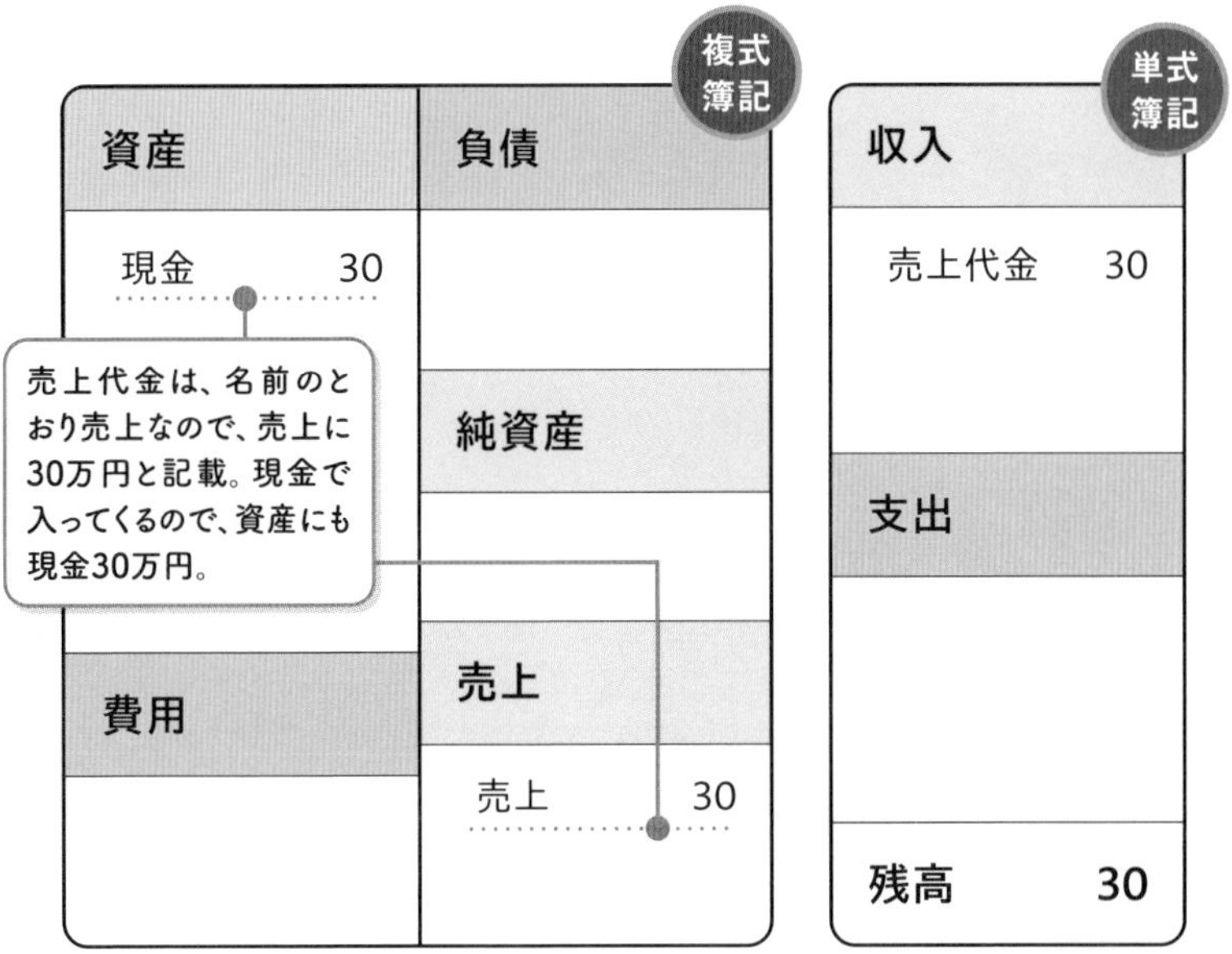
複式簿記
資産
現金 30
負債
純資産
費用
売上
売上 30
売上代金は、名前のとおり売上なので、売上に30万円と記載。現金で入ってくるので、資産にも現金30万円。
単式簿記
収入
売上代金 30
支出
残高 30

STEP5は、コーヒー豆の売上30万円。

単式簿記は、「収入」の欄に「売上代金30万円」と記載します。

売上代金は、複式簿記のどの2項目でしょうか。1つは簡単。「売上」の項目がある通り、「売上」ですね。もう1つは、商いによって現金が入ってくるので、会社の「資産」になります。

記帳は、売上の欄に「売上30万円」、資産の欄に「現金30万円」となります。

ここまでのところでは、単式簿記と複式簿記の違い、複式簿記の5項目について、ざっくりおさえられれば、それで大丈夫です。

複式簿記の帳簿は試算表
上下に分けるとBSとPLに

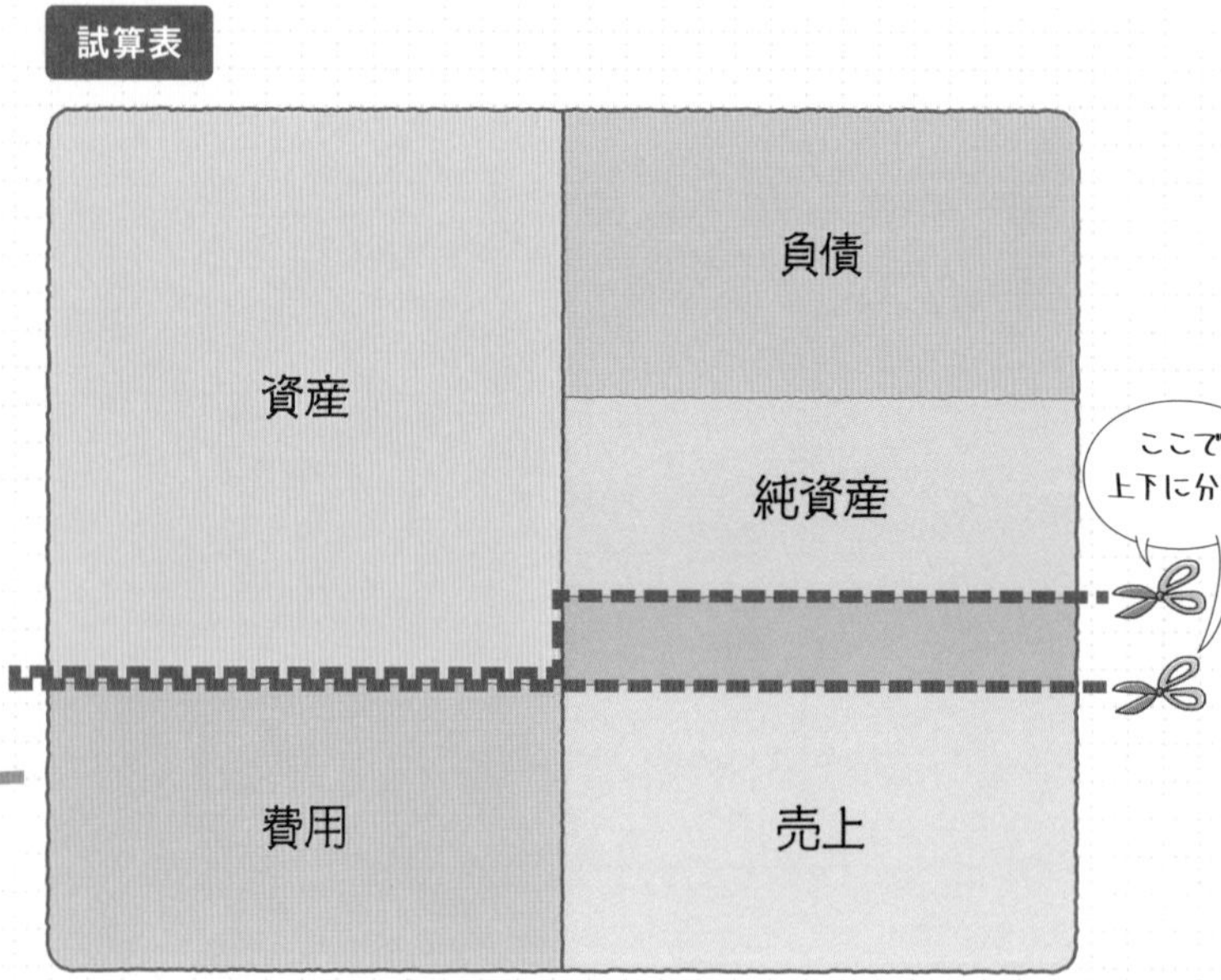
試算表
負債
資産
純資産
ここで
上下に分割
費用
売上

ここまで見てきた複式簿記の帳簿は、「試算表」といいます。会社のすべての取引、お金の動きをまとめた表で、上下に分けるとBSとPLになります。

つまり、PLとBSの2つの表を作成したいがために、会社などは複式簿記で試算表を作成するのです。

試算表の下部の「費用」と「売上」に着目してください。売上が費用を上回っていれば、飛び出た部分がPLの「利益」です。この部分はBSでは、会社が稼いだお金として「利益剰余

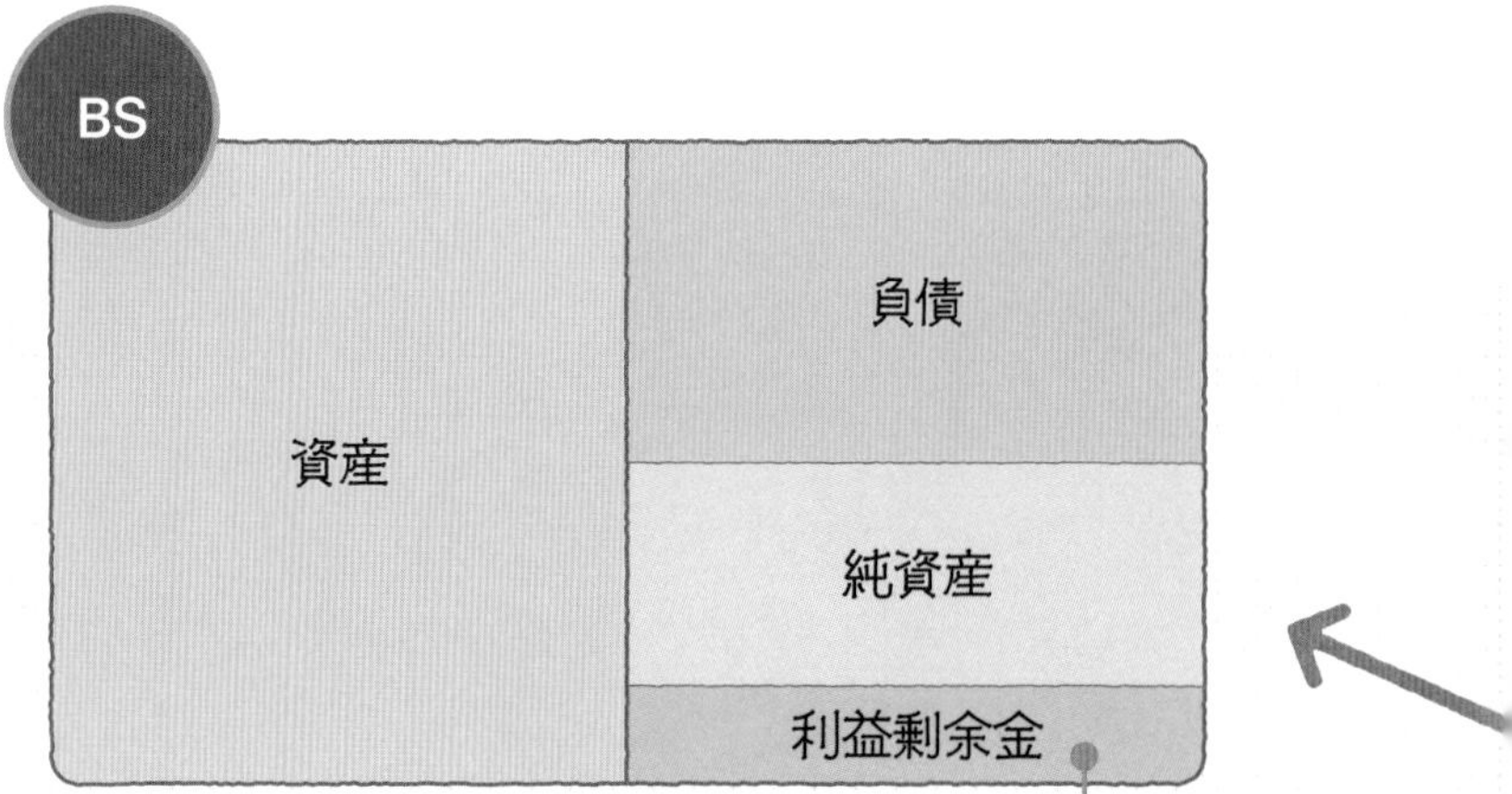
BS
資産
負債
純資産
利益剰余金

PICK UP

利益剰余金

会社が稼ぎ出した利益が社内に積み上がったお金のこと。

PL
費用
利益
売上

試算表から
ボクたちはつくられるよ

金」となります。

ＢＳとＰＬはもともと試算表という１つの表であり、ＢＳとＰＬにはつながりがあるということは、会計を理解するうえで非常に重要なポイントなので、ぜひ覚えておいてください。

これも重要！

2

会社がお金を集める方法は3つある

P26で、ＢＳの右側は「お金をどう集めてきたか」を表している、と紹介しました。またP30で、ＢＳの右側の負債は「他人から借りた他人資本」、純資産は「株主自身が出資した資本金」と紹介しました。

ここまで学ぶと、会社がお金を集める方法は他人資本と資本金の２つだと思ってしまう人もいることでしょう。実はもうひとつ、会社がお金を集める方法があります。

P47で紹介したように会社の利益は、ＢＳの利益剰余金とつながっています。利益剰余金は、会社が稼いだ利益が積み上がったものです。これも、会社がお金を集める方法で、自己資本に含まれます。

ここでＢＳについてまとめると、ＢＳが表しているのは、「他人から借りたお金」「株主に出資してもらったお金」「会社が稼いだお金」の３つのお金が、どういう形になって会社に存在しているか、ということなのです。

ところで、会社が稼いだお金が会社内部に積み上がっているものを、ニュースなどで「内部留保」ということもあります。「内部留保」は会計的に明確な定義がある言葉ではありませんが、「内部留保＝利益剰余金」と考えておいて大きな問題はないでしょう。

Chapter

2

収支計算書を使ってPLとBSを理解する

この章でわかること

- PLとBSの基本的な仕組みがわかる!
- 収支計算書とPL + BSのつながりがわかる!
- 掛け商売や減価償却の考え方がわかる!

収支計算書もBS+PLも伝票を記帳したもの

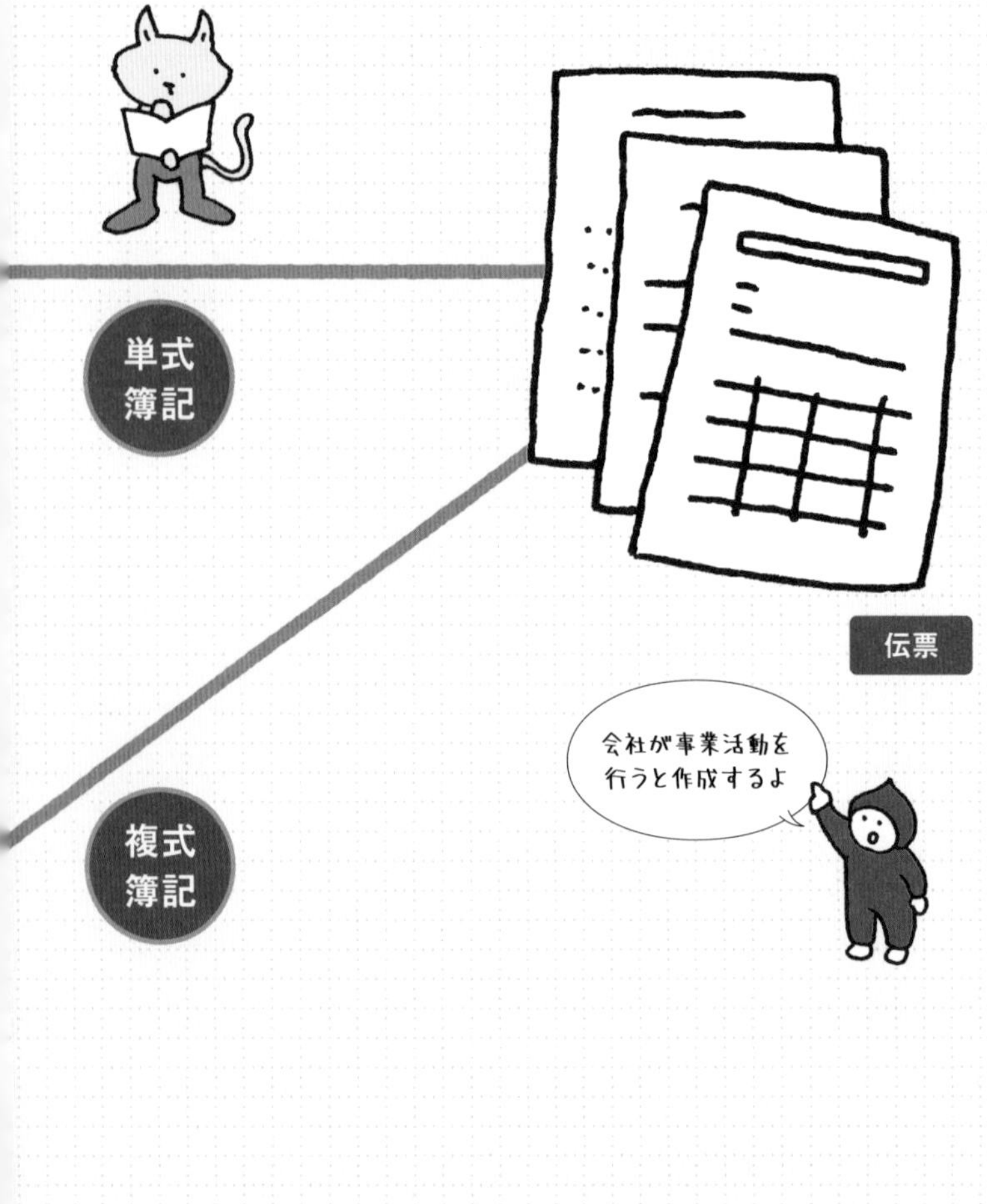

単式簿記
複式簿記
伝票
会社が事業活動を行うと作成するよ

2章では、ＢＳとＰＬを詳しく見ていきましょう。

最初におさらいですが、単式簿記の収支計算書、複式簿記の試算表では、記帳方法が異なります。収支計算書は現金の出入りという1点で記帳し、試算表は2つの視点で記帳します。

ただ、「伝票を記帳する」ことは共通しています。つまり、収支計算書も、試算表を分割したＢＳとＰＬも、取引を記帳した帳簿という点では一緒。そのため、収支計算書を通してＢＳとＰＬを学ぶのがオススメなのです。

まずは、3つの表の関係を見ていきましょう。

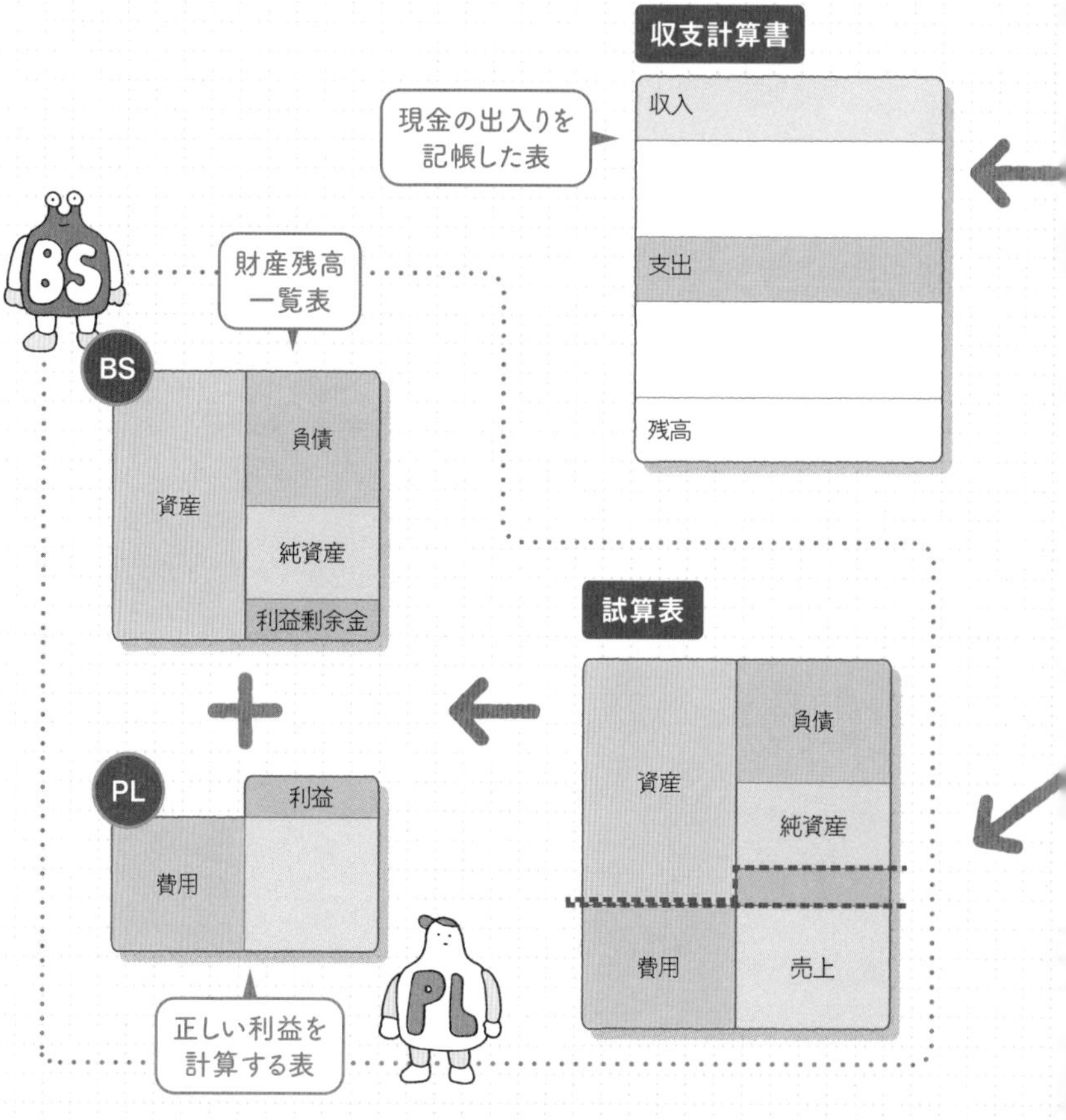

収支計算書
現金の出入りを記帳した表
収入
支出
残高
試算表
資産
負債
純資産
費用
売上
財産残高一覧表
BS
資産
負債
純資産
利益剰余金
PL
費用
利益
正しい利益を計算する表

収支計算書とPL、BSの4つの関係

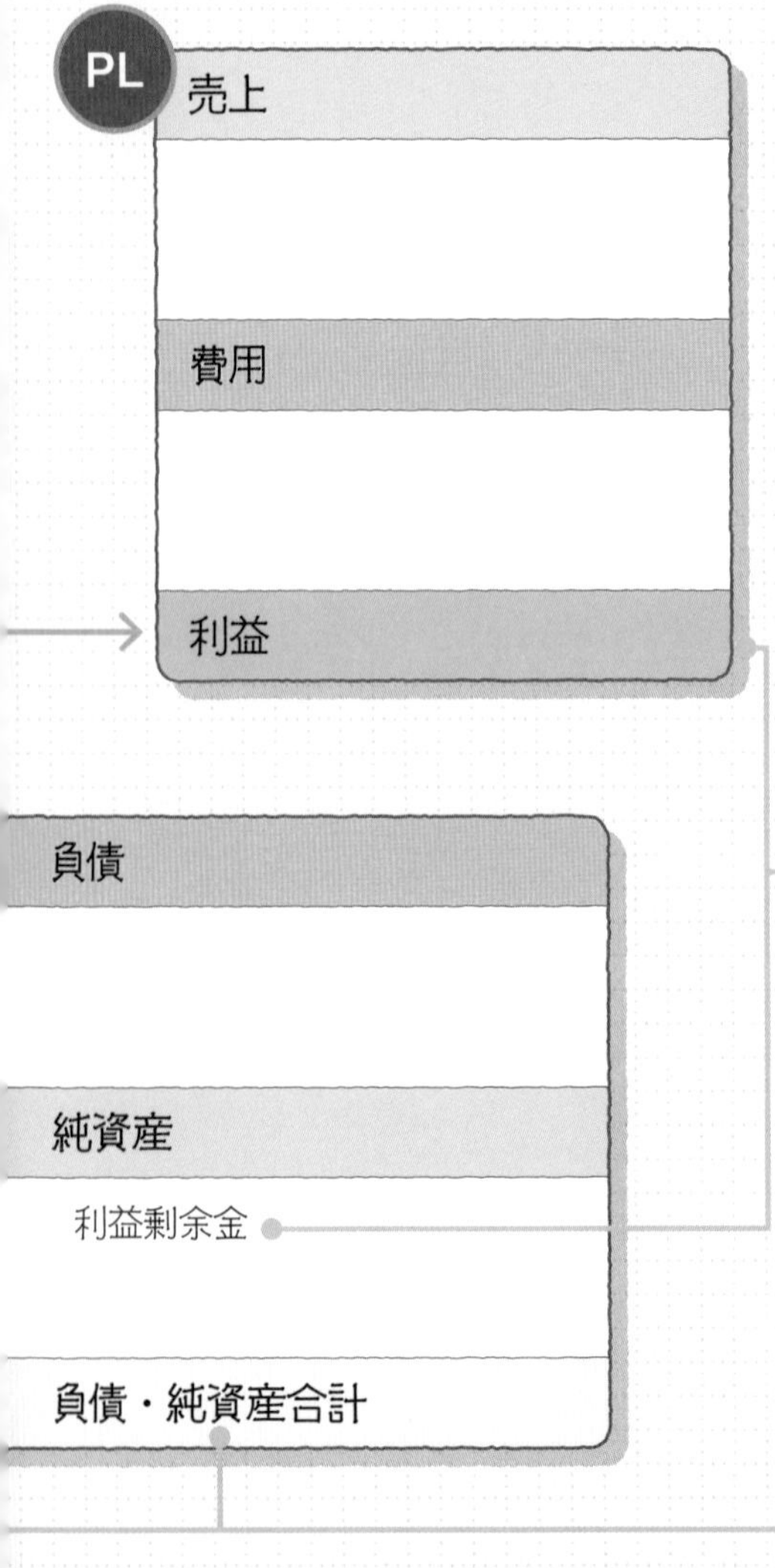
PL
売上
費用
利益
負債
純資産
利益剰余金
負債・純資産合計

CHECK1

PLの利益とBSの利益剰余金はつながっている

PLの利益とBSの利益剰余金は、試算表の重なる部分。PLの利益が積み上がったものが、BSの利益剰余金になる(P47参照)。

これは既に説明ずみ!

CHECK2

BSの左右の合計金額は一致

BSの右側はお金をどう集めてきたか、左側は集めてきたお金がどういう形になっているかを表し、左右の合計金額は一致する(P26参照)。

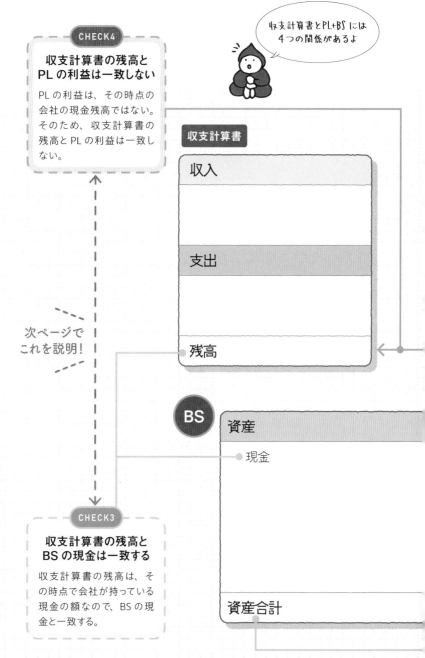

CHECK4

収支計算書の残高とPLの利益は一致しない

PLの利益は、その時点の会社の現金残高ではない。そのため、収支計算書の残高とPLの利益は一致しない。

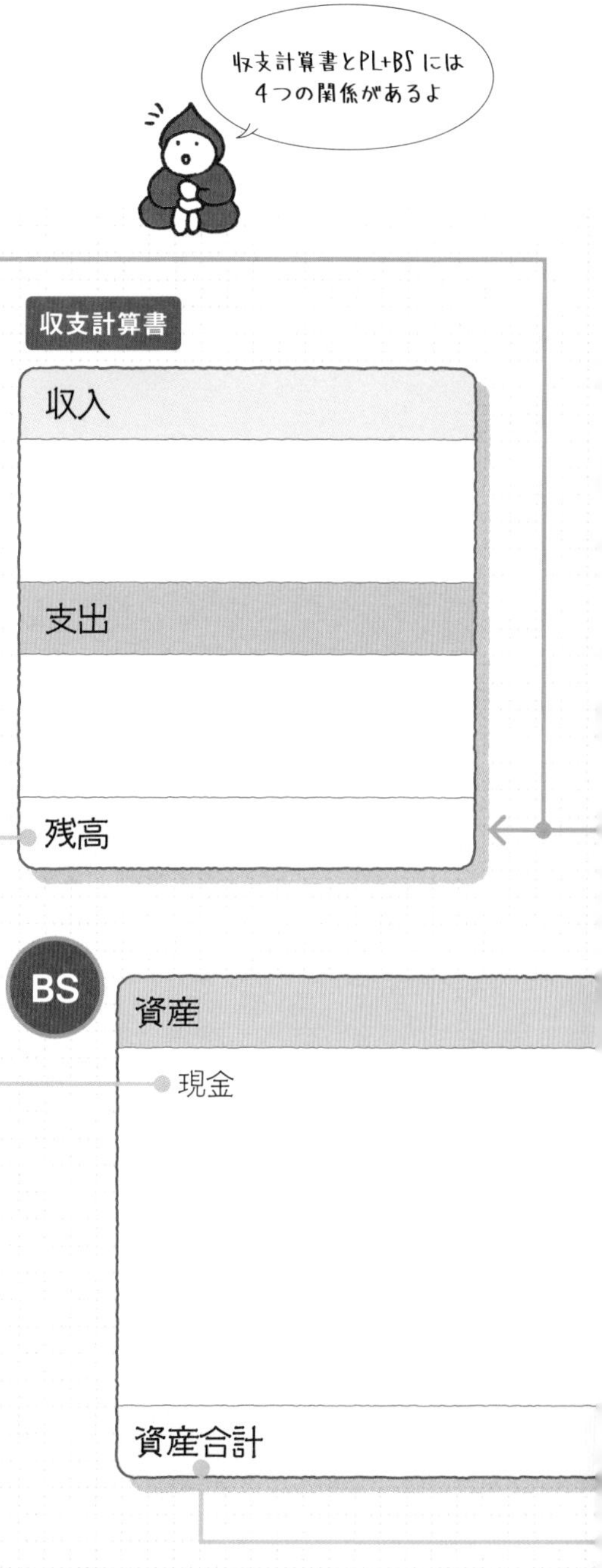
収支計算書とPL+BSには4つの関係があるよ
収支計算書
収入
支出
残高
BS
資産
現金
資産合計

次ページでこれを説明!

CHECK3

収支計算書の残高とBSの現金は一致する

収支計算書の残高は、その時点で会社が持っている現金の額なので、BSの現金と一致する。

CHECK 3

収支計算書の残高とBSの現金は一致する

収支計算書
収入
支出
残高
PL
売上
費用
利益
一致
BS
資産
現金
資産合計
負債
純資産
負債・純資産合計

CHECK1と2は1章で説明ずみなので、CHECK3と4を説明しましょう。

まずはCHECK3です。収支計算書の「残高」は、「収入」から「支出」を引いた額。その時点で会社が持っている現金の額です。

BSの左側は、会社の「資産」です。資産には機械設備や不動産など、投資した結果のものもありますが、投資などに使っていないお金、つまり現金も含まれます。BSの「現金」とは、会社がその時点で「現金の形で持っている資産」です。

そのため、収支計算書の残高とBSの現金は一致するのです。

CHECK 4

収支計算書の残高とPLの利益は一致しない

収支計算書
収入
支出
残高
収入－支出＝残高
PL
売上
費用
利益
売上－費用＝利益
一致しない！
BS
資産
負債
純資産
資産合計
負債・純資産合計

会計を勉強し始めたばかりの人の中には、収支計算書とPLを混同してしまう人が時々見受けられます。形が似ているうえに、収支計算書にはなじみがあるもののPLは見慣れないため、仕方がないかもしれません。

ここで再確認したいのは、収支計算書は「現金の出入りを記帳した表」であり、PLは「正しい利益を計算する表」と、その役割が異なることです。

収支計算書の残高は、収入から支出を引いた「現金残高」であり、PLは売上から費用を引いた「利益」です。意味合いが異なるので、両者の値は一致しません。

STEP1
資本金
100万円
STEP2
借入金
50万円
BANK
STEP3
設備代金
110万円
STEP4
仕入代金
15万円
STEP5
売上代金
30万円
事業が軌道に
乗ってきた！

ー事業マップ2

に進み、顧客が増えてきた。
で仕入れや販売をすること
の借金も返済。事業年度
費用の会計処理も行う。

STEP6
買掛仕入
代金後払いで
150万円 の仕入れ
代金後払いで
300万円 の販売
頑張って
売るぞ〜

コーヒーロード

コーヒー事業は順調
大口注文も入り、ツケ
に。その後、起業時
が終わり、焙煎機の

GOAL!
STEP9
減価償却

一事業年度
終わった！

今年度の
焙煎機の費用
11万円 を計上

STEP8
借入金返済
銀行に起業時の
借入金 50万円 を返済し
利息 5万円 を支払う
BANK

利息も支払う

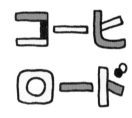

STEP7
売掛販売
いつも
ありがとう
ございます！

POINT

3つの表の4つの「つながり」

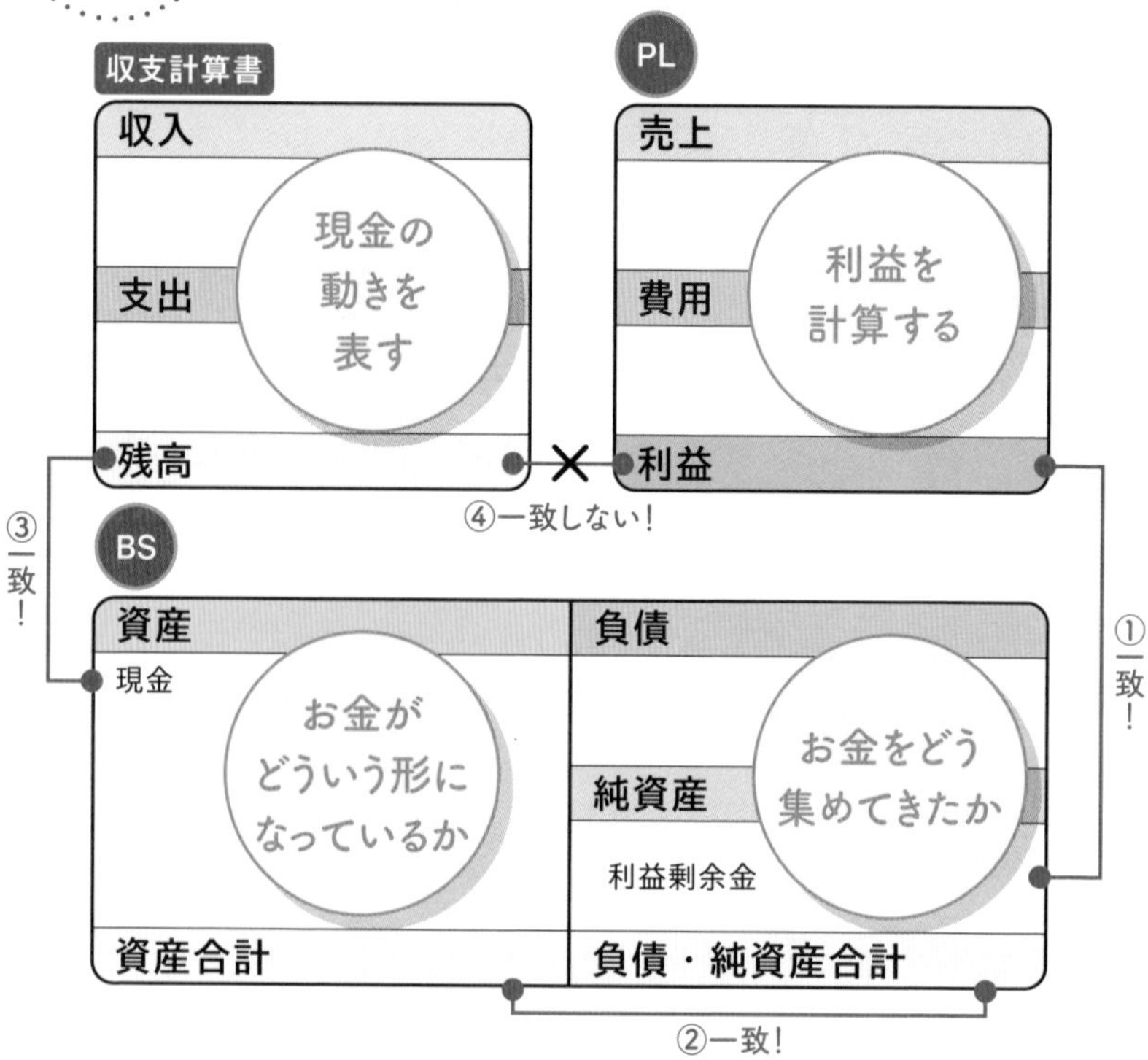
収支計算書
収入
現金の動きを表す
支出
残高
PL
売上
利益を計算する
費用
利益
④一致しない!
③一致!
BS
資産
現金
お金がどういう形になっているか
資産合計
負債
お金をどう集めてきたか
純資産
利益剰余金
負債・純資産合計
①一致!
②一致!

ここからは、STEP1〜9の取引を記載した収支計算書とPLとBSを見ていきましょう。

収支計算書は現金の動きを表していますが、PLは正しい利益を計算する表です。

そして、BSの右側は「お金をどう集めてきたか」を表し、BSの左側は「集めてきたお金がどういう形になっているか」を表しています。

さらに、3つの表には①〜④の4つの「つながり」があります。

3つの表の意味と4つの「つながり」を意識しながら数字を追っていけば、収支計算書を通してPLとBSが理解できます。

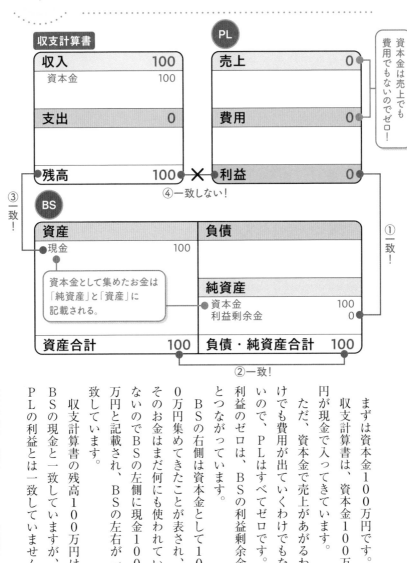

STEP 1

資本金（100万円）

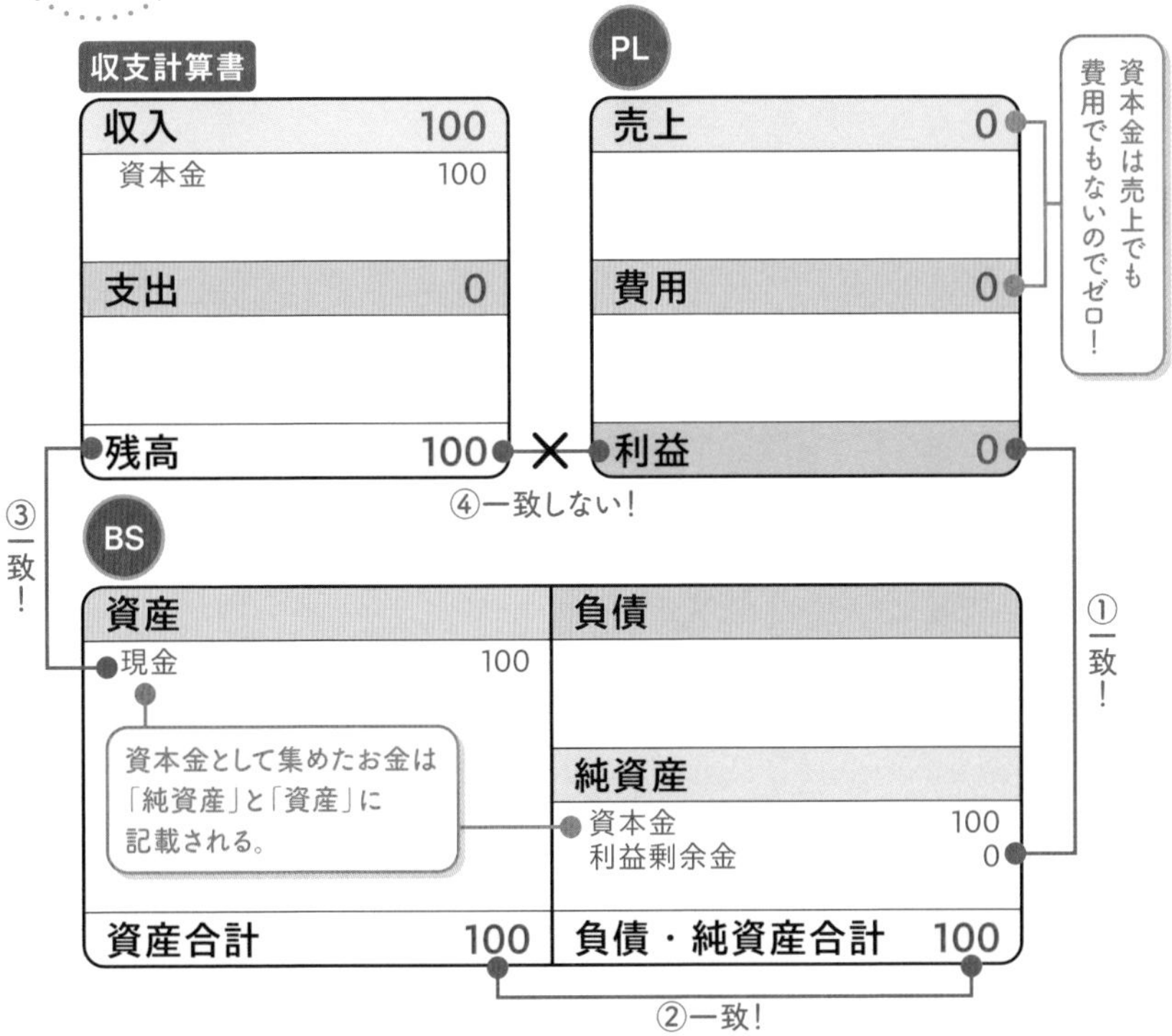

収支計算書
収入 100
資本金 100
支出 0
残高 100
PL
売上 0
費用 0
利益 0
資本金は売上でも費用でもないのでゼロ！
④一致しない！
③一致！
BS
資産
現金 100
資本金として集めたお金は「純資産」と「資産」に記載される。
負債
純資産
資本金 100
利益剰余金 0
資産合計 100
負債・純資産合計 100
①一致！
②一致！

まずは資本金100万円です。

収支計算書は、資本金100万円が現金で入ってきています。

ただ、資本金で売上があがるわけでも費用が出ていくわけでもないので、PLはすべてゼロです。利益のゼロは、BSの利益剰余金とつながっています。

BSの右側は資本金として100万円集めてきたことが表され、そのお金はまだ何にも使われていないのでBSの左側に現金100万円と記載され、BSの左右が一致しています。

収支計算書の残高100万円はBSの現金と一致していますが、PLの利益とは一致していません。

STEP 2

借入金（50万円）

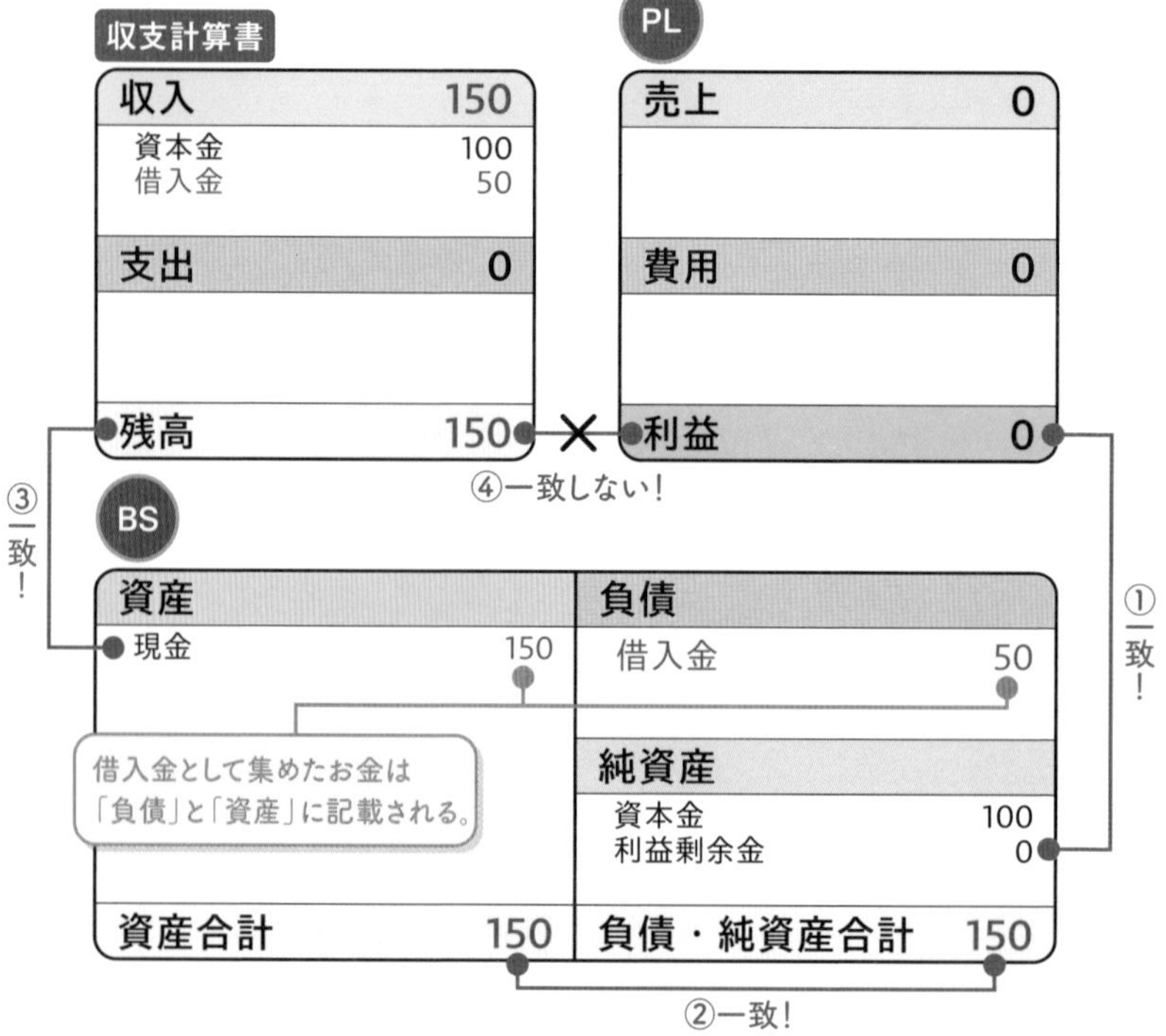

収支計算書
PL
収入 150
資本金 100
借入金 50
支出 0
残高 150
売上 0
費用 0
利益 0
④一致しない！
③一致！
BS
資産
現金 150
負債
借入金 50
借入金として集めたお金は「負債」と「資産」に記載される。
純資産
資本金 100
利益剰余金 0
資産合計 150
負債・純資産合計 150
①一致！
②一致！

次は借入金50万円です。

収支計算書は、借入金50万円が現金で入ってきています。

借入金も資本金と同じように、売上にも費用にも関係ないので、PLはすべてゼロのままです。利益のゼロは、BSの利益剰余金とつながっています。

BSの右側は借入金として50万円集めてきたことが表され、BSの左側は、資本金の１００万円に借入金の50万円が加わって、現金の合計は１５０万円になり、BSの左右が一致しています。

収支計算書の残高１５０万円はBSの現金と一致していますが、PLの利益とは一致していません。

STEP 3

設備購入（110万円）

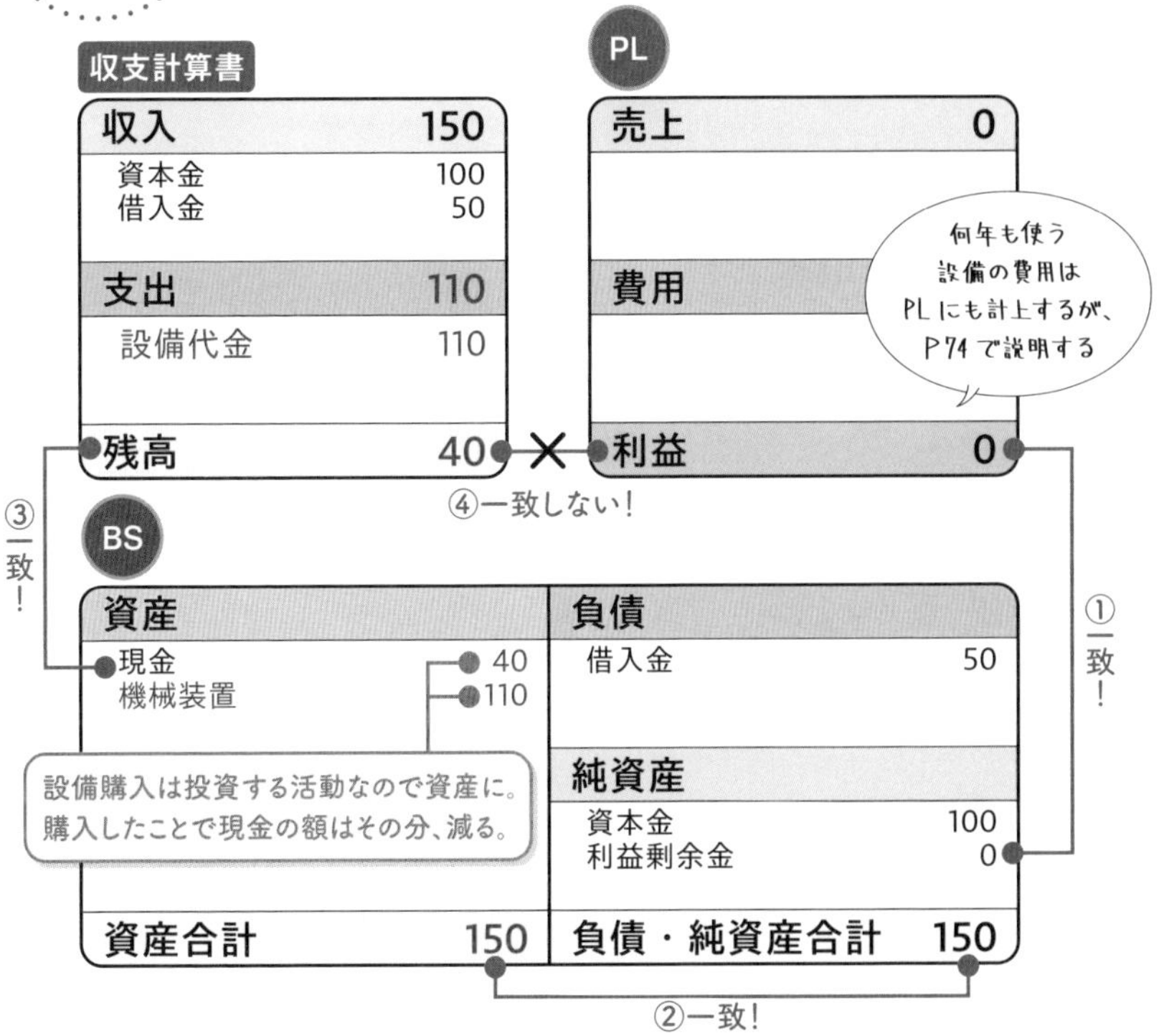

収支計算書
収入 150
資本金 100
借入金 50
支出 110
設備代金 110
残高 40
PL
売上 0
費用
利益 0
何年も使う
設備の費用は
PLにも計上するが、
P74で説明する
④一致しない！
③一致！
BS
資産
現金 40
機械装置 110
設備購入は投資する活動なので資産に。
購入したことで現金の額はその分、減る。
資産合計 150
負債
借入金 50
純資産
資本金 100
利益剰余金 0
負債・純資産合計 150
①一致！
②一致！

次は設備購入１１０万円です。

収支計算書は、設備代金として１１０万円の現金が出ていき、残高は40万円になっています。

設備の費用はＰＬにも計上しますが、扱いがやや複雑なので、後ほどＰ74で詳しく説明します。

ＢＳの右側に変化はありません。

ＢＳの左側は、元々１５０万円あった現金のうちの１１０万円が機械装置になっていることが表されています。設備購入代金１１０万円を支払ったので残りの現金は40万円になっています。

収支計算書の残高40万円はＢＳの現金と一致していますが、ＰＬの利益とは一致していません。

STEP 4

仕入（15万円）

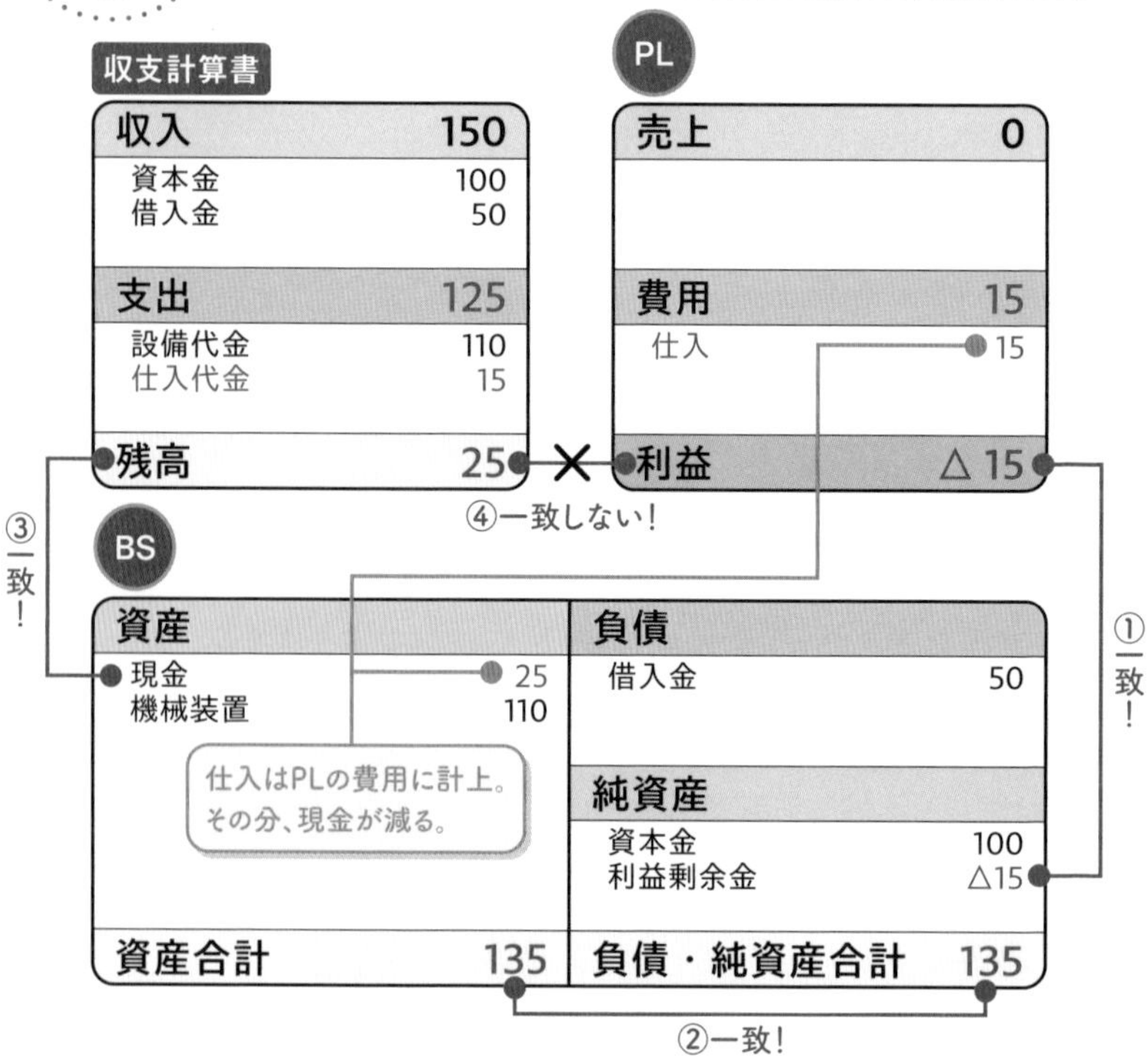

収支計算書
収入 150
資本金 100
借入金 50
支出 125
設備代金 110
仕入代金 15
残高 25
PL
売上 0
費用 15
仕入 15
利益 △15
④一致しない！
③一致！
①一致！
BS
資産
現金 25
機械装置 110
負債
借入金 50
純資産
資本金 100
利益剰余金 △15
仕入はPLの費用に計上。
その分、現金が減る。
資産合計 135
負債・純資産合計 135
②一致！

次は仕入15万円です。

収支計算書は、仕入代金として15万円の現金が出ていき、残高は25万円になっています。

仕入は利益を計算するうえでの費用ですから、PLに15万円が計上されています。売上はまだゼロなので、利益はマイナス15万円になっています。それがBSの利益剰余金とつながっています。

BSの左側は、元々40万円の現金から仕入代金15万円を支払ったので残りの現金は25万円になっています。

収支計算書の残高25万円はBSの現金と一致していますが、PLの利益とは一致していません。

STEP 5

売上（30万円）

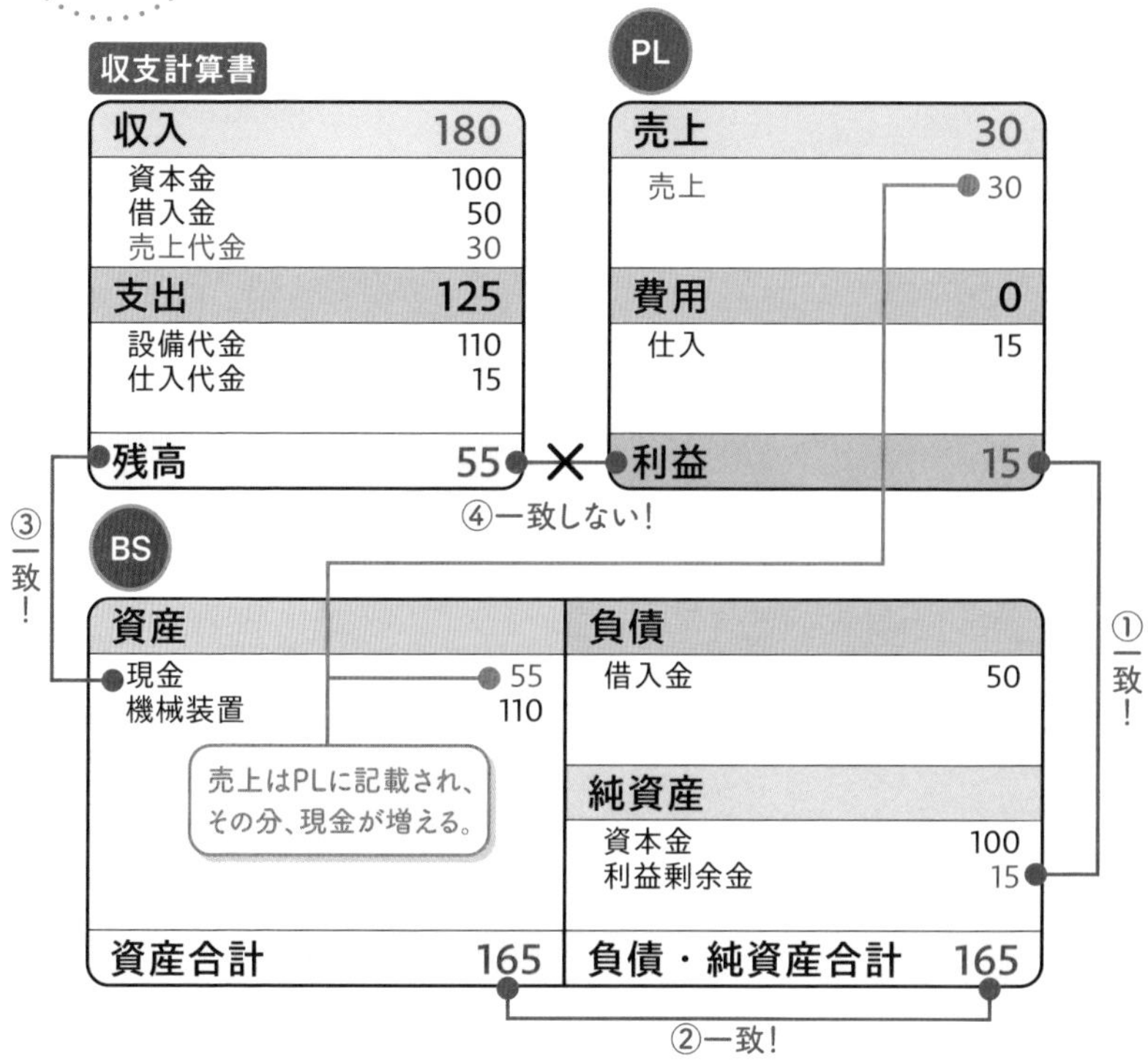

収支計算書
収入 180
資本金 100
借入金 50
売上代金 30
支出 125
設備代金 110
仕入代金 15
残高 55
PL
売上 30
売上 30
費用 0
仕入 15
利益 15
④一致しない！
③一致！
①一致！
BS
資産
現金 55
機械装置 110
売上はPLに記載され、その分、現金が増える。
資産合計 165
負債
借入金 50
純資産
資本金 100
利益剰余金 15
負債・純資産合計 165
②一致！

次は売上30万円です。

収支計算書は、売上代金として30万円の現金が入ってきて、残高は55万円になっています。

売上の30万円はPLに計上されています。費用は15万円ですから、利益は15万円になっています。それがBSの利益剰余金とつながっています。

BSの左側は、元々25万円の現金に売上代金の30万円が加わって、現金は55万円になり、BSの左右の合計が165万円で一致しています。

収支計算書の残高55万円はBSの現金と一致していますが、PLの利益とは一致していません。

買掛、売掛とは“ツケ”のこと

お金は
後払いで買う
買掛

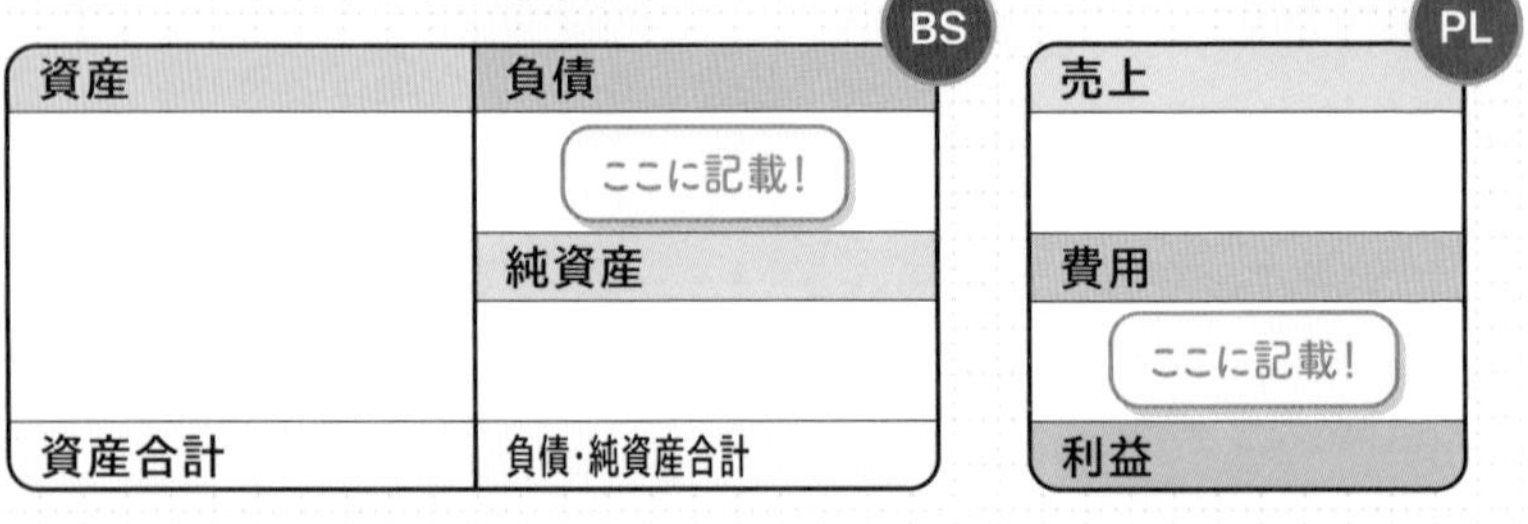

BS
資産
負債
ここに記載!
純資産
資産合計
負債・純資産合計
PL
売上
費用
ここに記載!
利益

BS、PLと収支計算書との大きな違いのひとつは、現金の動きを伴わない取引も記載されることです。

現金の動きを伴わない取引でまずおさえたいのは「買掛」と「売掛」。買掛はお金は後払いで先に商品を受け取る取引、売掛は先に商品を渡してお金を後で受け取る取引のことです。

飲食店などでのツケも同様。例えば食事代の支払いを後日にすることは、客にとっては買掛、店にとっては売掛です。

BSとPLは、現金が動

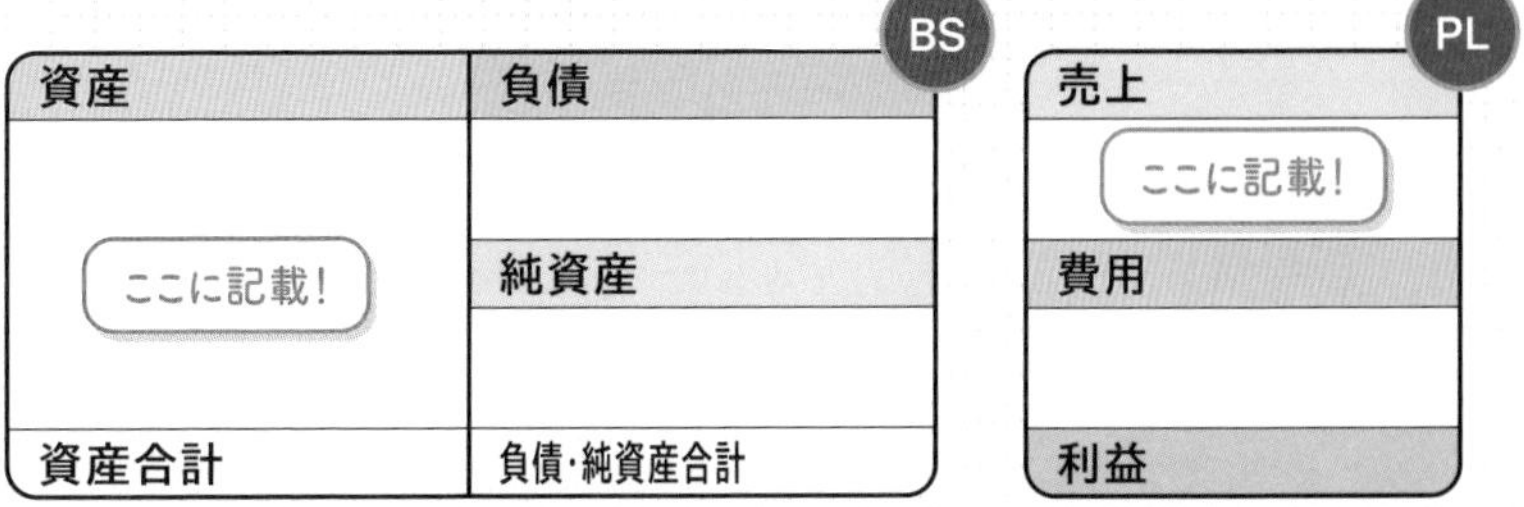

くときではなく、商品やサービスの提供時に計上するんでしたね。PLには、買掛は「費用」、売掛は「売上」として記帳されます。

ちょっと難しいのがBS。買掛と売掛はどの欄に記入すべきでしょう。

買掛は今後、支払うべきお金です。返す必要があるお金なので、「負債」の欄に買掛金として記載します。売掛は今後お金を支払ってもらえる権利という「資産」であり、資産の欄に売掛金として記帳されます。

STEP 6 買掛仕入（150万円）のみを行った場合

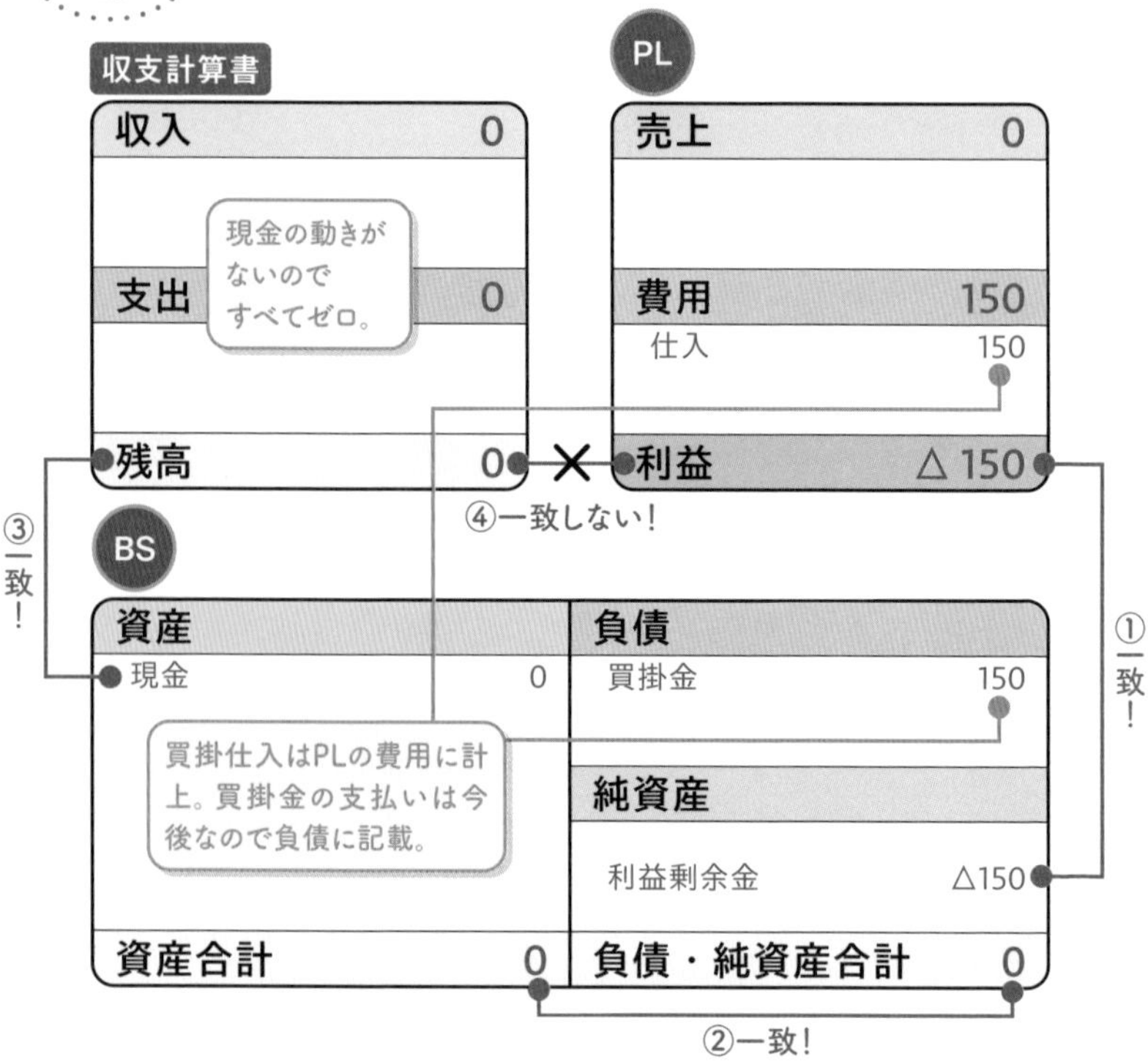

収支計算書
収入 0
現金の動きがないのですべてゼロ。
支出 0
残高 0
PL
売上 0
費用 150
仕入 150
利益 △150
④一致しない!
③一致!
BS
資産
現金 0
買掛仕入はPLの費用に計上。買掛金の支払いは今後なので負債に記載。
資産合計 0
負債
買掛金 150
純資産
利益剰余金 △150
負債・純資産合計 0
①一致!
②一致!

ここでは一旦ＳＴＥＰ１〜５を忘れ、仮に買掛仕入だけを行った場合の帳簿を見ていきましょう。

まずは収支計算書。現金の動きがないので、収入、支出ともに何も動きがありません。

ＰＬは、お金の支払いはないものの取引を行ったため、「費用」に「仕入１５０万円」が計上され、利益がマイナス１５０万円になり、それがＢＳの利益剰余金とつながっています。

次はＢＳ。買掛金は、将来支払うべきお金なので、「負債」に１５０万円が記載されています。

ＢＳの左右の合計は共にゼロで一致しています。

STEP 7

売掛販売（300万円）のみを行った場合

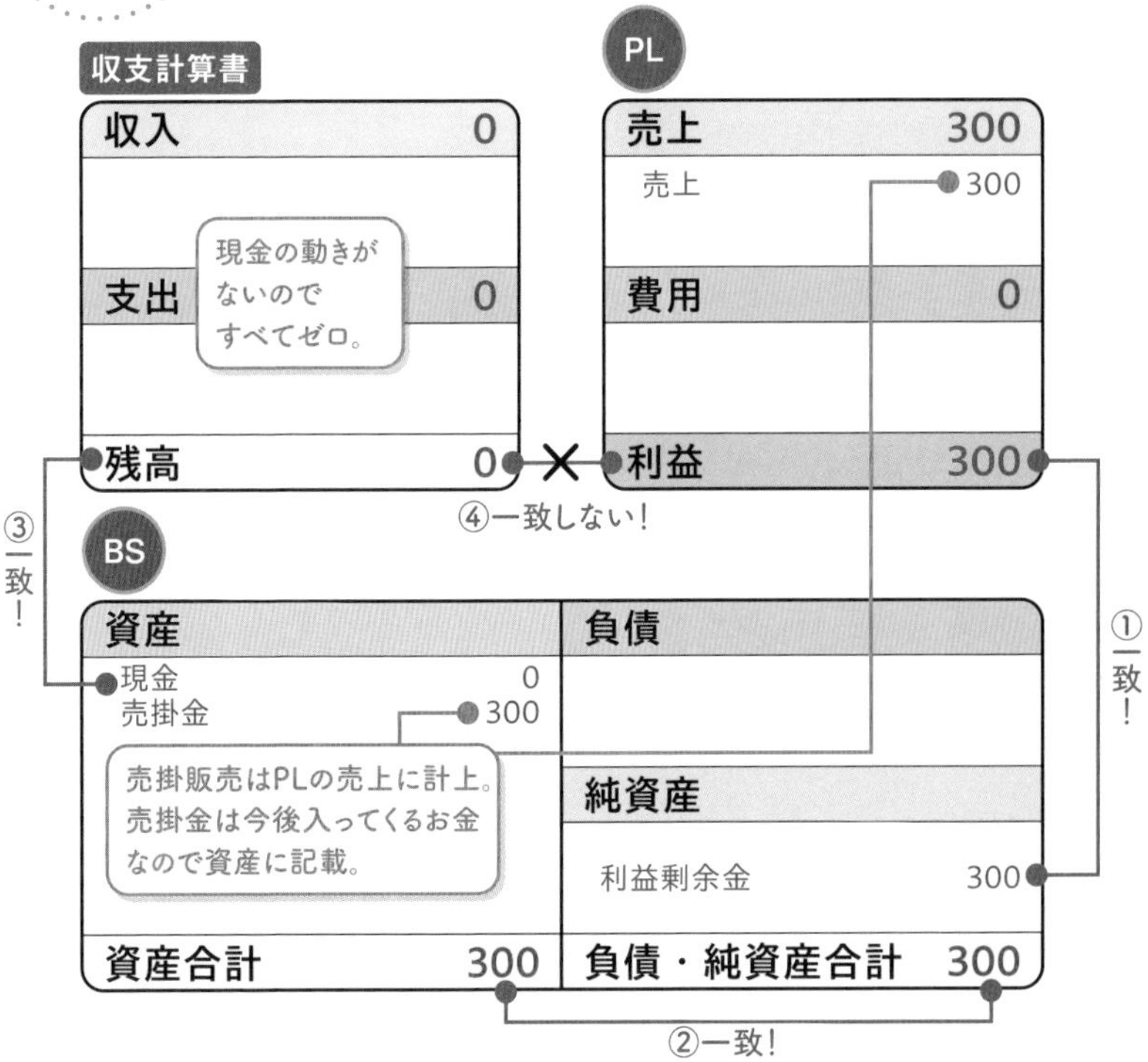

収支計算書
収入 0
現金の動きがないのですべてゼロ。
支出 0
残高 0
PL
売上 300
売上 300
費用 0
利益 300
④一致しない！
③一致！
①一致！
BS
資産
現金 0
売掛金 300
売掛販売はPLの売上に計上。売掛金は今後入ってくるお金なので資産に記載。
負債
純資産
利益剰余金 300
資産合計 300
負債・純資産合計 300
②一致！

次に、売掛販売だけを行った場合の帳簿を見ていきましょう。

収支計算書は、STEP6と同様に現金の動きがないので何も動きがありません。

PLは、現金の動きはないものの取引を行ったため、売上300万円が計上され、利益が300万円になり、それがBSの利益剰余金とつながっています。

次はBS。売掛金は今後支払ってもらえる権利なので、「資産」に売掛金として300万円が記載されます。

BSの左右の合計は共に300万円で一致しています。

STEP 6+7

買掛仕入（150万円）＋売掛販売（300万円）

PL

売上	**330**
売上	330
費用	**165**
仕入	165
利益	**165**

売上 330 ← STEP5 現金売上 30万円 ＋ STEP7 売掛販売 300万円

仕入 165 ← STEP4 現金仕入 15万円 ＋ STEP6 買掛仕入 150万円

しない！

負債	
買掛金	150
借入金	50
純資産	
資本金	100
利益剰余金	165
負債・純資産合計	**465**

買掛金 150 ← STEP6

①一致！

②一致！

一気にそれらしく
なってきたねえ
PL
BS

では、ＳＴＥＰ５までを記載した帳簿に、ＳＴＥＰ６の買掛仕入とＳＴＥＰ７の売掛販売を記帳します。

収支計算書は、買掛仕入・売掛販売により現金の動きはないため、P63のＳＴＥＰ５から変動はありません。

次はPLです。「売上」は、ＳＴＥＰ５の現金の売上の30万円、ＳＴＥＰ７の売掛販売３００万円を足した３３０万円となります。「費用」は、ＳＴＥＰ４の現金の仕入の15万円、ＳＴＥＰ６の買掛仕入１５０万円を合算して１６５万円となります。差し引きし、利益は１６５万円です。

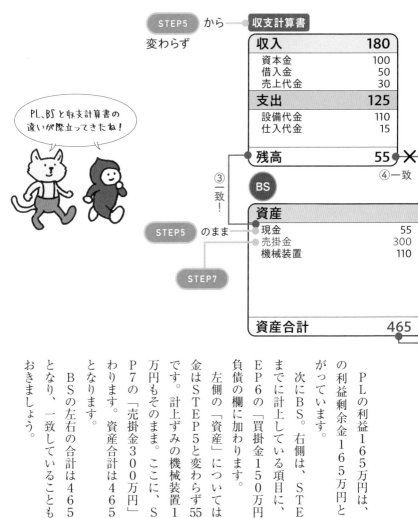

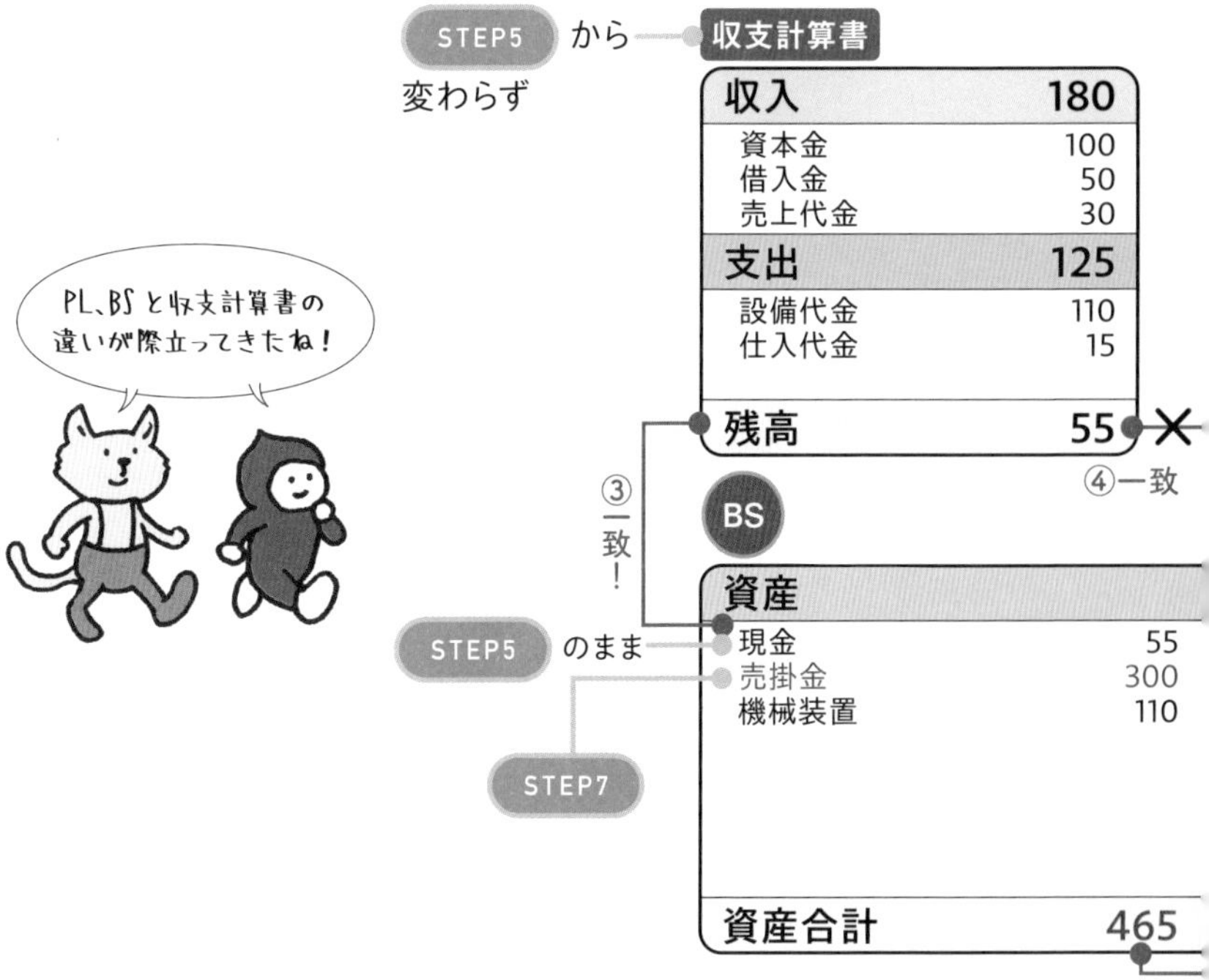
STEP5
から
収支計算書
変わらず
収入 180
資本金 100
借入金 50
売上代金 30
支出 125
設備代金 110
仕入代金 15
残高 55
③一致！
④一致
BS
資産
STEP5
のまま
現金 55
売掛金 300
機械装置 110
STEP7
資産合計 465
PL、BSと収支計算書の
違いが際立ってきたね！

ＰＬの利益１６５万円は、ＢＳの利益剰余金１６５万円とつながっています。

次にＢＳ。右側は、ＳＴＥＰ５までに計上している項目に、ＳＴＥＰ６の「買掛金１５０万円」が負債の欄に加わります。

左側の「資産」については、現金はＳＴＥＰ５と変わらず55万円です。計上ずみの機械装置１１０万円もそのまま。ここに、ＳＴＥＰ７の「売掛金３００万円」が加わります。資産合計は４６５万円となります。

ＢＳの左右の合計は４６５万円となり、一致していることも見ておきましょう。

借入金の返済は
元金と利息を別々に記帳

STEP2のみを
行った場合

借入

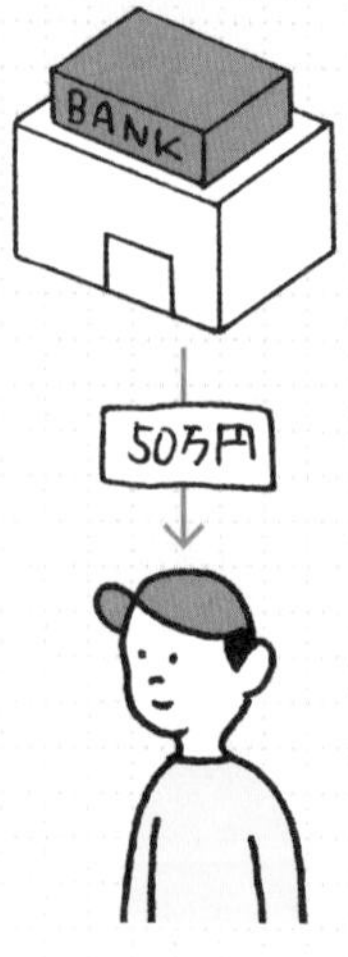

収支計算書

収入	50
借入金	50
支出	**0**
残高	**50**

PL

売上	0
費用	**0**
利益	**0**

BS

資産		負債	
現金	50	借入金	50
		純資産	
資産合計	**50**	**負債・純資産合計**	**50**

現金という資産、
借入金という負債
が増える

起業時の借入金を返済することになりました。

まず、STEP2の借入のみを行った帳簿と、借入とSTEP8の借入金返済と利息支払を行った帳簿を見ていきましょう。

借入のみの帳簿は、P60で説明したとおりです。

次に返済時。収支計算書は借入金返済と利息支払で55万円が出ていっています。

PLは、元金と利息を別々に考えることがポイント。元金について、借入が「利益をあげる」活動ではないため記載しなかったの

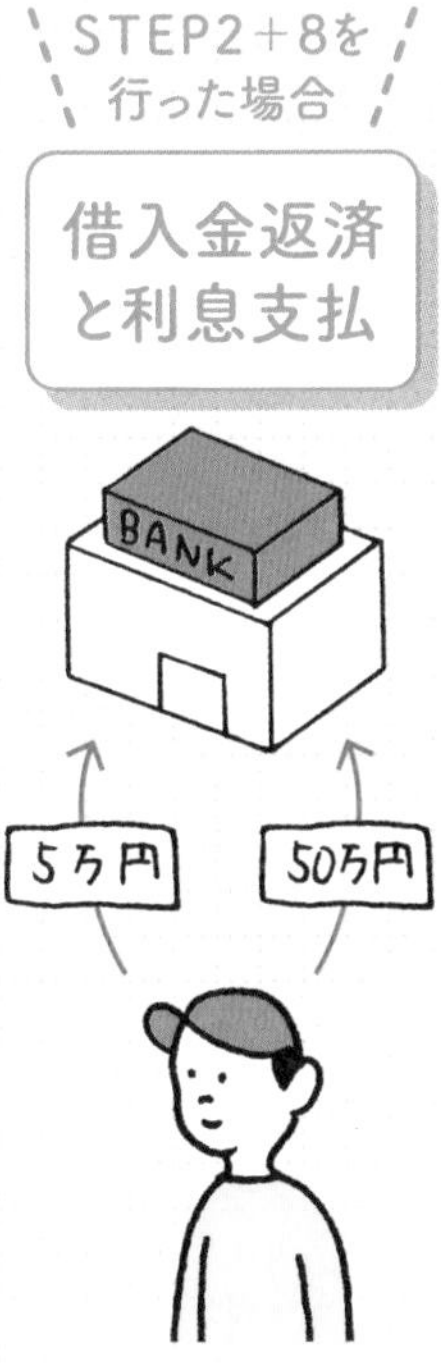

収支計算書

収入	50
借入金	50
支出	**55**
借入金返済と利息支払	55
残高	**△5**

PL

売上	0
費用	**5**
支払利息	5
利益	**△5**

BS

資産		負債	
現金	△5	借入金	0
		純資産	
		利益剰余金	△5
資産合計	**△5**	**負債・純資産合計**	**△5**

と同様、返済時も記載しません。

利息は、ちょっと注意が必要です。お金を借りるのは、事業活動を行うためですよね。利息は、事業活動を行う費用ととらえ、PLの「費用」欄に支払利息5万円を計上します。

BSについては、「利益剰余金」はPLの「利益」と同じマイナス5万円となります。「借入金」は、返済したのでゼロに。「現金」は、借入金の元金50万円と利息5万円が出ていき、マイナス5万円になります。

STEP 8

借入金返済（50万円）＋利息支払（5万円）

PL

売上	330
売上	330
費用	**170**
仕入	165
支払利息	5
利益	**160**

しない！

①一致！

負債	
買掛金	150
借入金	0
純資産	
資本金	100
利益剰余金	160
負債・純資産合計	**410**

借金を返し終わって
良かった!?

ではSTEP8の借入金返済を、事業の流れで見ていきましょう。P68のSTEP7からの続きになります。

収支計算書は、借入金の元金50万円と利息5万円の計55万円が出ていっています。

PLには、「費用」として支払利息5万円が入ります。差し引きし、利益は160万円になり、それがBSの利益剰余金160万円とつながっています。

BSの右側は、元金を返済したことによって、負債の欄の借入金がゼロになります。その他の項目は、STEP7終了時点から変わりません。

収支計算書

収入	180
資本金	100
借入金	50
売上代金	30
支出	**180**
設備代金	110
仕入代金	15
借入金返済と利息支払	55
残高	**0**

③一致！

④一致

BS

資産	
現金	0
売掛金	300
機械装置	110
資産合計	**410**

②一致！

PICK UP

現金がゼロ!?

PLの利益は160万円。利益は出ているのに、借入金を返済すると現金はゼロになってしまった!? この状況についてはP78で説明します。

次に、左側の「資産」です。現金はＳＴＥＰ７終了時に55万円ありましたが、借入金の元金50万円と利息５万円の計55万円が出ていくので、ゼロになります。ただ、機械装置や売掛金があるので、合計額は４１０万となります。

左右の合計額は４１０万円で一致します。

ここで注目すべきは、現金の残高がゼロになっていることです。事業は順調で利益が出ているにもかかわらず、手元に現金がないことを疑問に思うかもしれませんね。実際のビジネス現場ではたびたび起こる状況なのですが、これについてはＰ78で説明します。

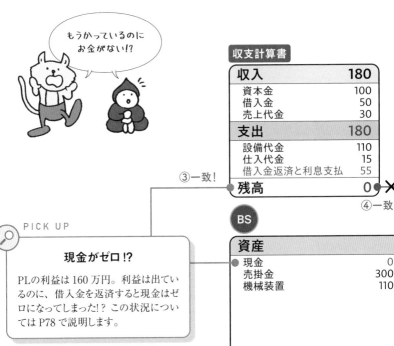

何年も使う機器の費用は減価償却という方法で計上

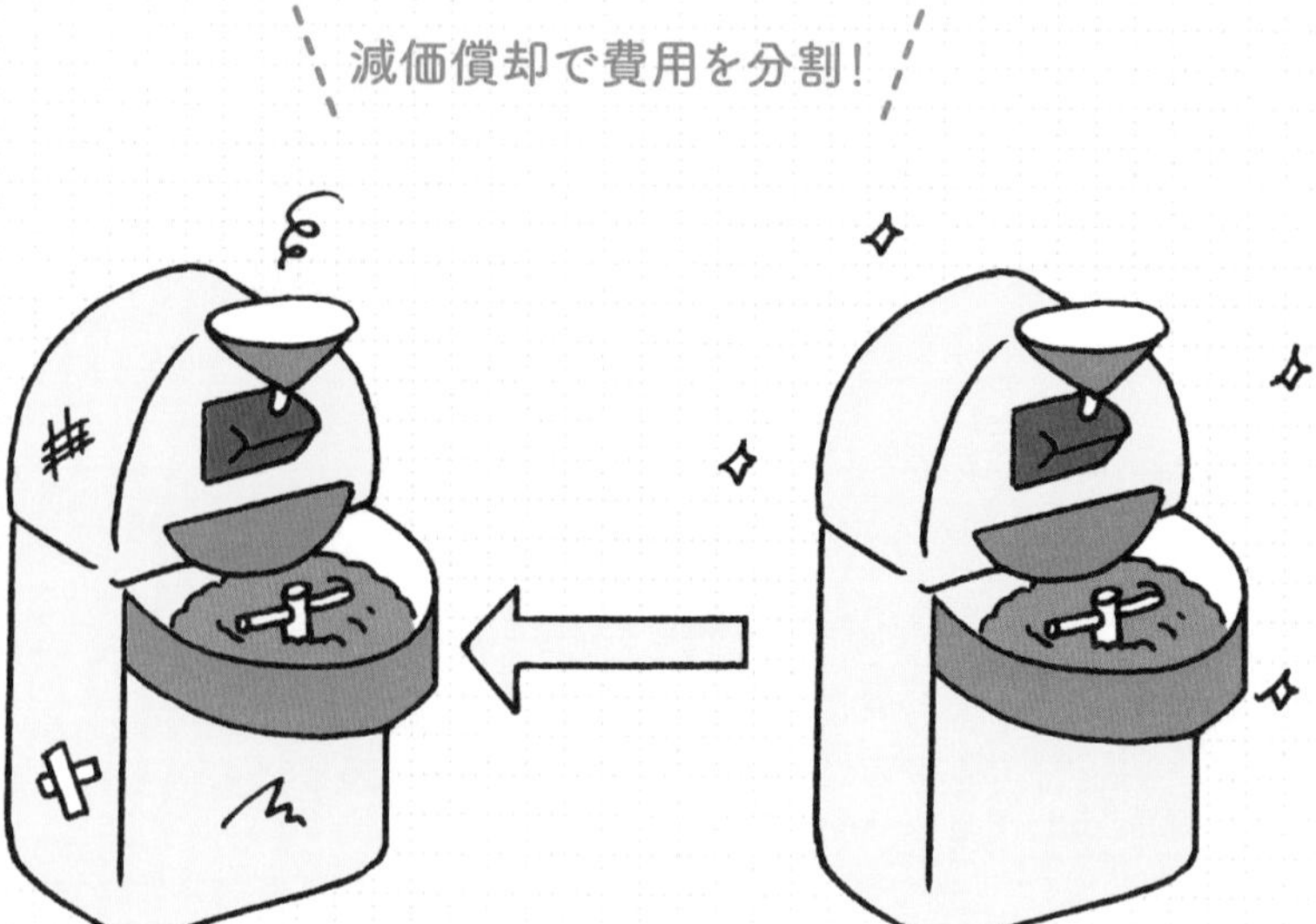

収支計算書とPLの記帳の仕方で大きく違うものに「減価償却」があります。

減価償却とは、何年も使う機械装置の会計処理の方法です。何年も使う機械装置を買った場合、購入した年のPLに全額を「費用」として計上してしまうと、その年の利益だけ極端に低くなってしまいます。

例えば、コーヒーの焙煎機を1年で買い替えるお店や会社はほとんどないでしょう。機械装置は買った年だけではなく、その後何年も使うので、使用期間に

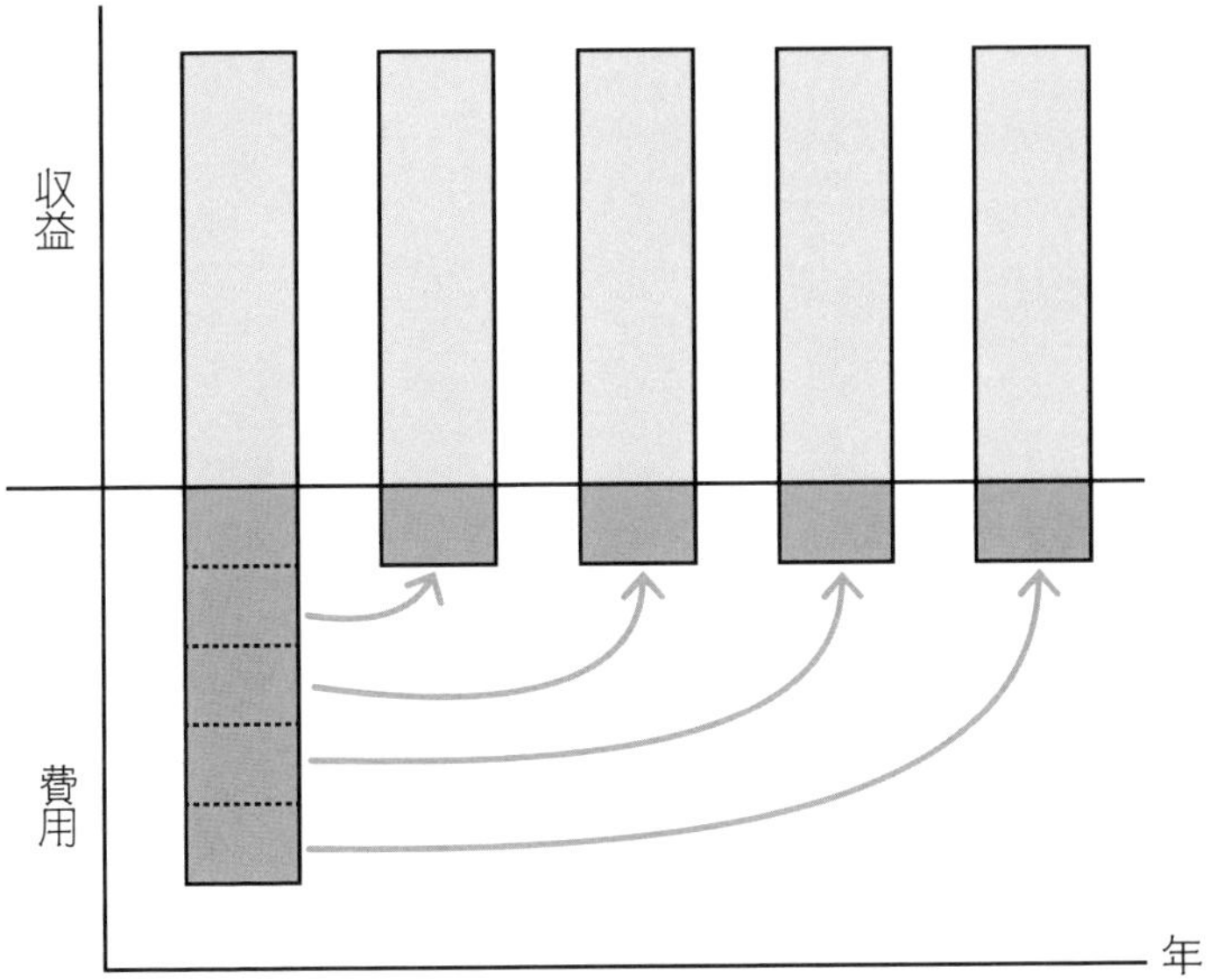

分割して複数年、費用計上するのです。

機械装置を一括で購入しても、購入額を買った年のPLの費用に全額計上するのではなく、複数年に分割して計上することで、事業年度ごとの「正しい利益」を算出するのです。

またBSについても、機械装置の資産価値は、費用を計上した分だけ減る、というとらえ方をします。そのため、BSの資産の欄の機械装置の額は、PLで費用計上した分だけ減額した額になります。

STEP 9

減価償却費（11万円）

PL

売上	330
売上	330
費用	**181**
仕入	165
減価償却費	11
支払利息	5
利益	**149**

購入金額110万円÷10年
＝11万円

しない！

①一致！

負債	
買掛金	150
借入金	0
純資産	
資本金	100
利益剰余金	149
負債・純資産合計	**399**

減価償却の費用
を計上するのは、
事業年度が終わる
タイミングだよ

最後に、減価償却を行った帳簿を紹介しましょう。

ここでは、焙煎機の耐用年数を10年間だとします。なお、減価償却の会計処理をするのは事業期間が終わるタイミング。月次決算を行っていない会社は、基本的には年に1度の記載となります。

まずは収支計算書。焙煎機は購入時にお金を支払っていますので、何も変化しません。減価償却によって、お金が動くわけではないからです。

ＰＬの費用には、購入金額１１0万円÷耐用年数10年間＝11万円を計上します。差し引きして、利益は１４９万円になり、それがＢ

収支計算書

収入	**180**
資本金	100
借入金	50
売上代金	30
支出	**180**
設備代金	110
仕入代金	15
借入金返済と利息支払	55
残高	**0**

④一致

③一致！

BS

資産	
現金	0
売掛金	300
機械装置	99
資産合計	**399**

購入金額110万円－11万円＝99万円

②一致！

Sの利益剰余金149万円とつながっています。

BSの左側の機械装置の額は、PLに「費用」を計上した11万円を減額した99万円になります。

BSは、これだけです。減価償却の処理で、現金を減額してしまう人が見受けられますが、これは間違い。焙煎機は既に購入しているので、現金の動きは一切ありません。

ただ、PLに費用計上したということは、資産の価値がその分減るので、BSの資産の額も変わる、というのが減価償却の考え方なのです。

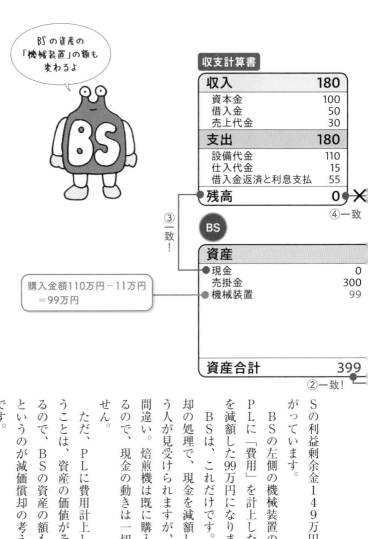

これも重要！

3

勘定合って銭足らず PLの利益と BSの利益剰余金の関係

ここでは、期末に関する２つのトピックスを紹介します。

まずは「勘定合って銭足らず」。利益が出ているのに、現金不足の状態を意味します。

P72で、借入金を返済したところ、手持ちの現金がなくなってしまいました。しかし、ＰＬを見ると、利益は160万円出ています。このような、利益が出ているのに現金がないという状況は、実際のビジネス現場で時々あります。その理由は、実際の取引とお金の動きの時期がずれるから。主なものはP64の掛け商売（買掛、売掛）と、P74の減価償却です。

仮にこの状態で期末を迎えたら、利益が出ているため、税金を払う必要があります。しかし、原資がありません。そのため、税金を払うために借金をすることになる場合もあるのです。

２つ目は、ＰＬの利益とＢＳの利益剰余金の関係です。ＰＬやＢＳは決算期ごとに作成しますが、利益と利益剰余金が一致するのは会社設立１年目のみです。利益剰余金は会社がこれまでに稼いだ利益が積み上がったものなので、２年目の利益剰余金は、１年目と２年目の利益の合算となります。３年目以降も同様で、PLの利益とBSの利益剰余金は２年目以降、一致しなくなるのです。

Chapter

3

PLとBSで財務分析してみよう

この章でわかること

- 財務分析の基本的な考え方がわかる!
- PLとBSを図にした際に見るべきポイントがわかる!
- 実在する企業の事業効率や経営姿勢がわかる!

財務分析とは
事業の運営状況のチェック

これまで学んだことを
駆使して財務分析する!!
BS
PL

1、2章で、会計の基本がマスターできたと思います。3章では、実際に、PLとBSを使って実在する会社の財務分析をしていきましょう。

財務分析とは、ざっくり言うと、会社の事業がどのように運営されているのか、会計を使ってチェックしていくことです。利益をあげる効率はどうなのか、成長しているのか、安全なのか、リスクをとっているのかどうか……。これらを判断できます。

実際に会社が作成するP

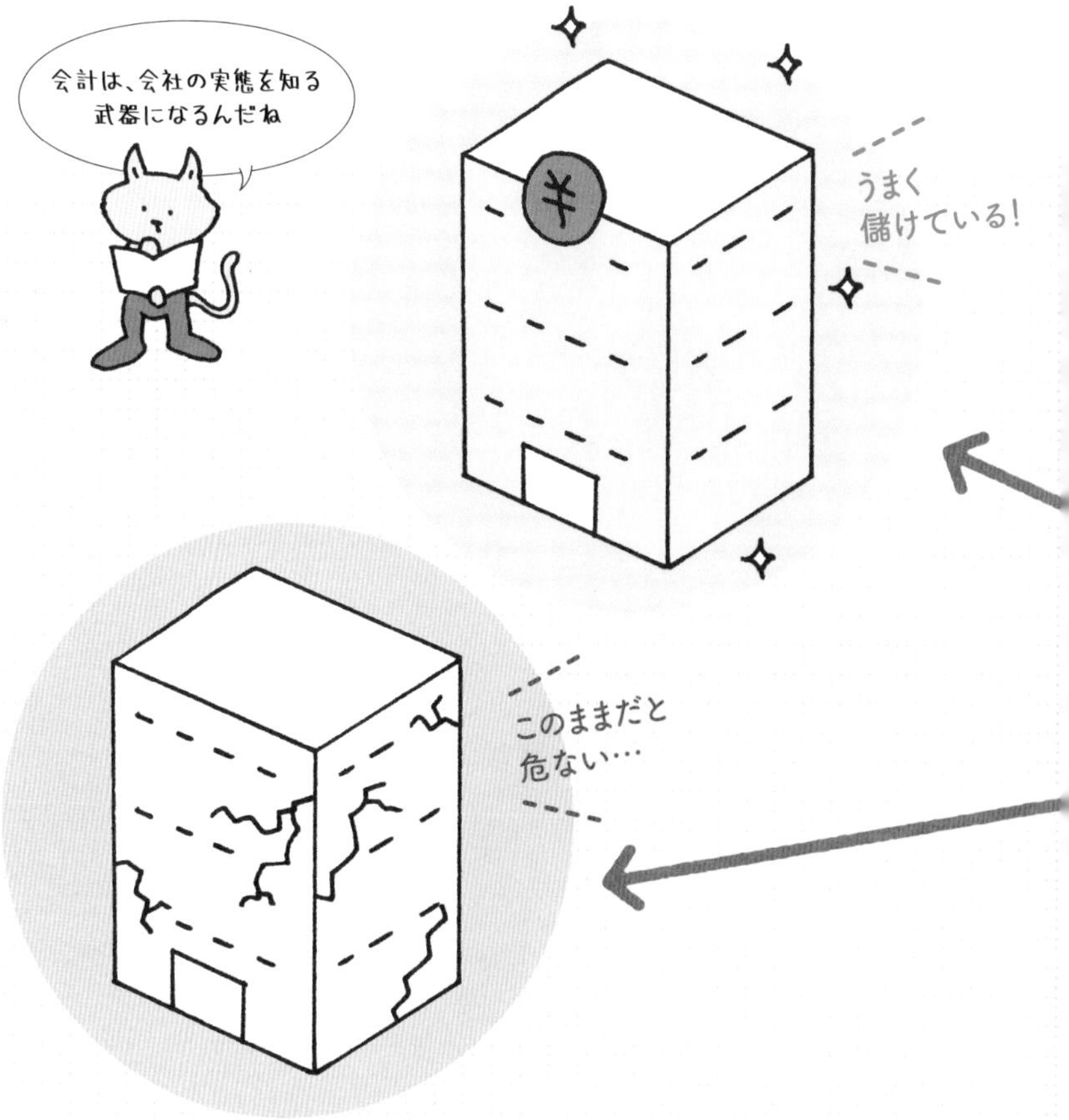
会計は、会社の実態を知る武器になるんだね
うまく儲けている!
このままだと危ない…

LやBSには、本書でまだ紹介していない項目も並んでいます。

ただ、PLやBSのすべてをマスターしなくてもOK。本書でこれまでに学んだ内容を駆使すれば、その会社の事業実態や経営姿勢などを把握できるのです。

財務分析においても、最初から細かい項目や数字を見ていくのではなく、まずは全体像や重要なポイントをおさえる方が早道です。

財務分析により、会計の面白さを体感してもらえるのではないでしょうか。

3つの活動をもう少し分解してみよう

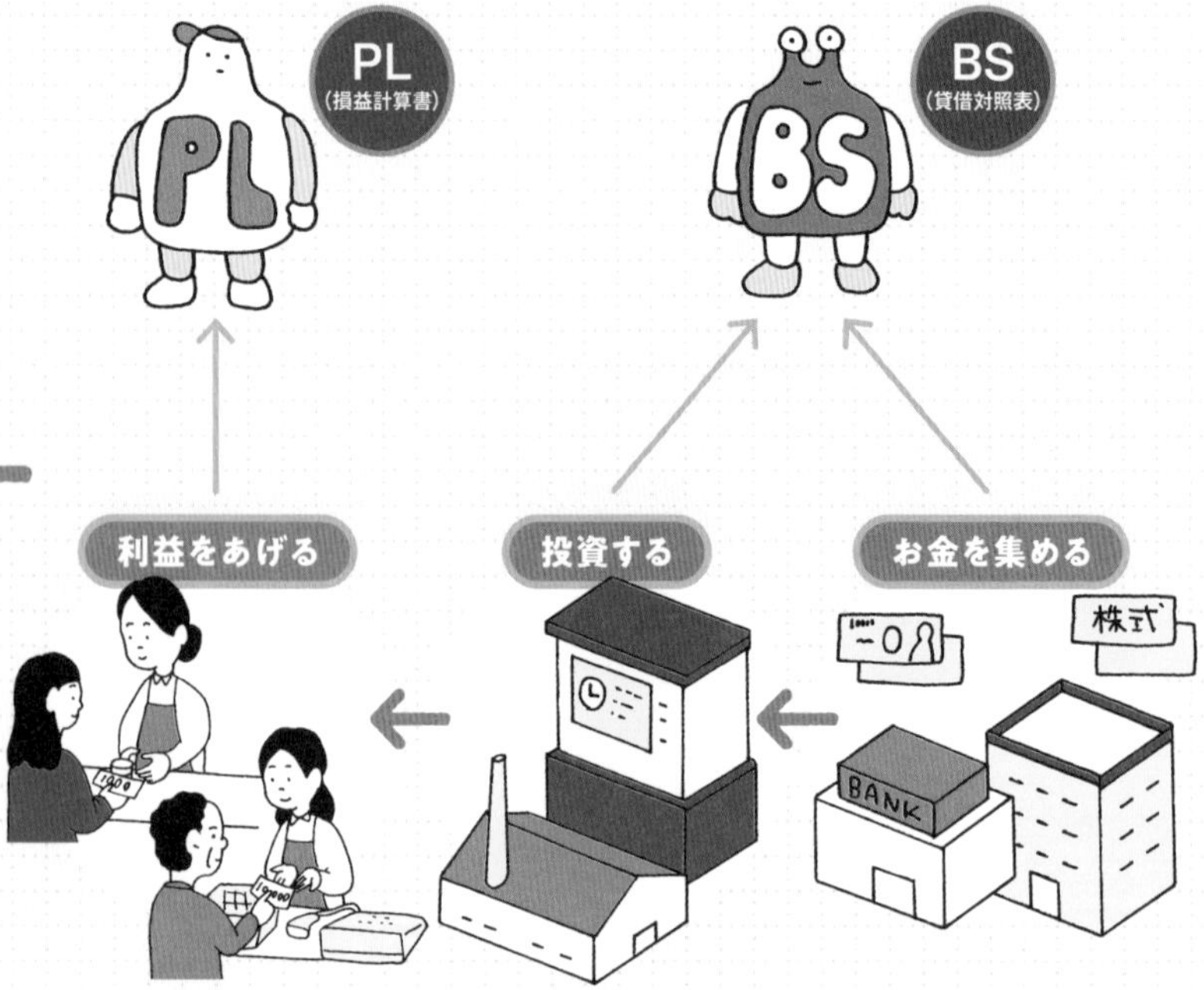

会社が行っているのは「お金を集める」「投資する」「利益をあげる」の3つの活動でしたね。そしてこの3つは、PLとBSに記載されているんでしたね。財務分析は、この3つの活動をもう少し分解して行います。

お金を集める主な方法は、資本金などの自己資本、借入金などの他人資本。投資して得た機械装置や工場などは資産になります。会社は、この資産を活用して利益をあげます。

ここで、「自己資本」「他

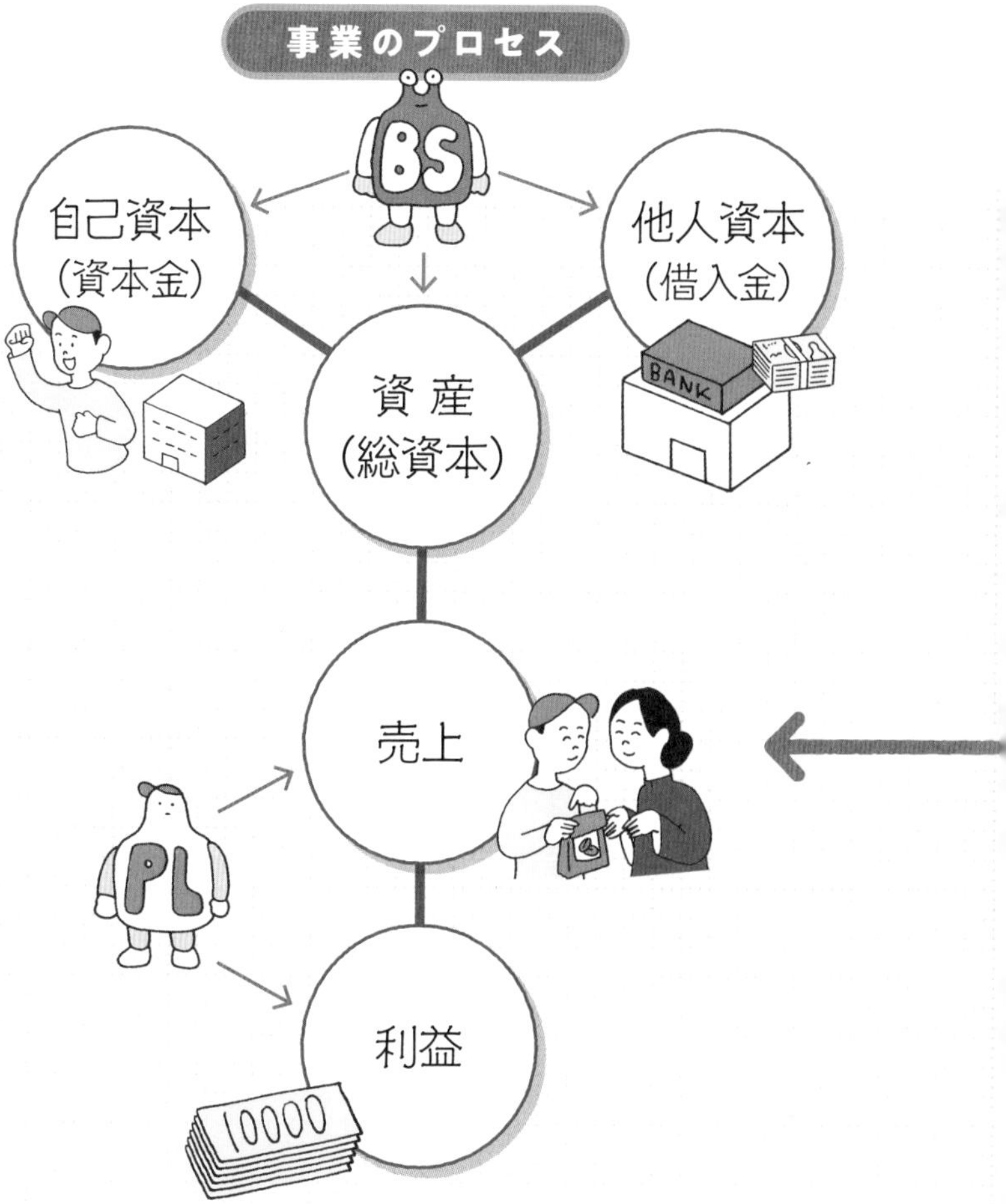
事業のプロセス
BS
自己資本
（資本金）
他人資本
（借入金）
BANK
資産
（総資本）
売上
PL
利益
10000

人資本」「資産」「利益」をチャートにしてみます。利益は、事業を行った結果の売上から得られるので、資産と利益の間に「売上」を入れます。これが、事業全体のプロセスです。

このプロセスがうまく回っているのかどうかをチェックすることが財務分析なのです。

財務分析に用いられる指標はいくつもありますが、まずはＲＯＥ、利益率、総資本回転率、財務レバレッジの４つをおさえましょう。次ページから解説します。

ROEは事業全体の効率を表している指標

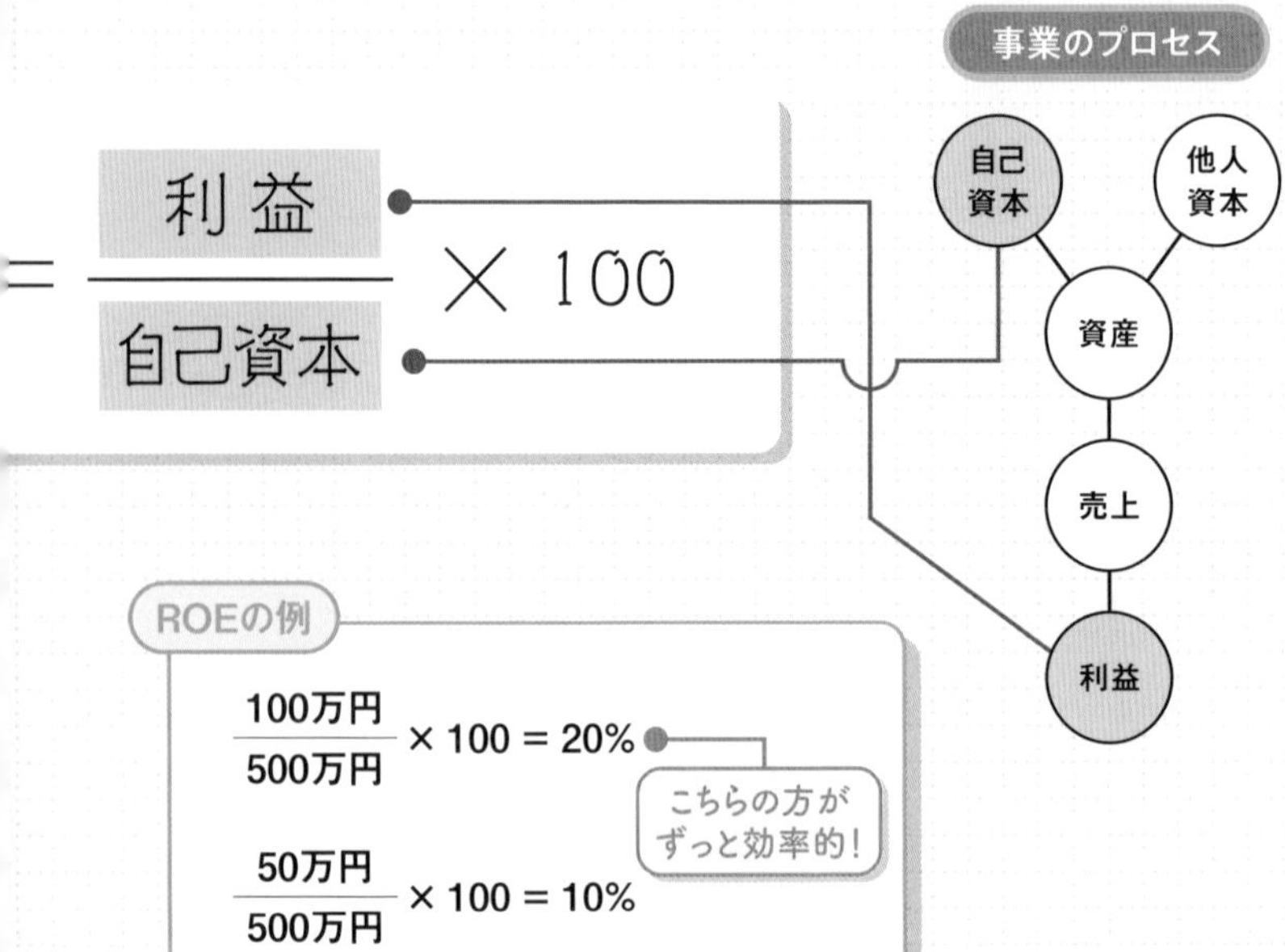

事業のプロセス
＝
利益
自己資本
× 100
自己資本
他人資本
資産
売上
利益

ROEの例

$$\frac{100万円}{500万円} \times 100 = 20\%$$

こちらの方がずっと効率的！

$$\frac{50万円}{500万円} \times 100 = 10\%$$

事業全体の効率を株主の視点で評価するうえで、最も重要な指標がROEです。Return On Equity の頭文字をとったもので、英語で Return は「利益」、Equity は「自己資本」。ROEは、利益を自己資本で割って算出します。

ROEが示すのは、株主が投資したお金がどれだけ効率的に利益を生み出したか、ということ。

株式投資における自己資本と利益の関係は、定期預金における元金と利息の関係によく似ています。

ROE が高い

株主の資本金である自己資本を効率よく利益に変えている。配当金も多くなる可能性が高い。

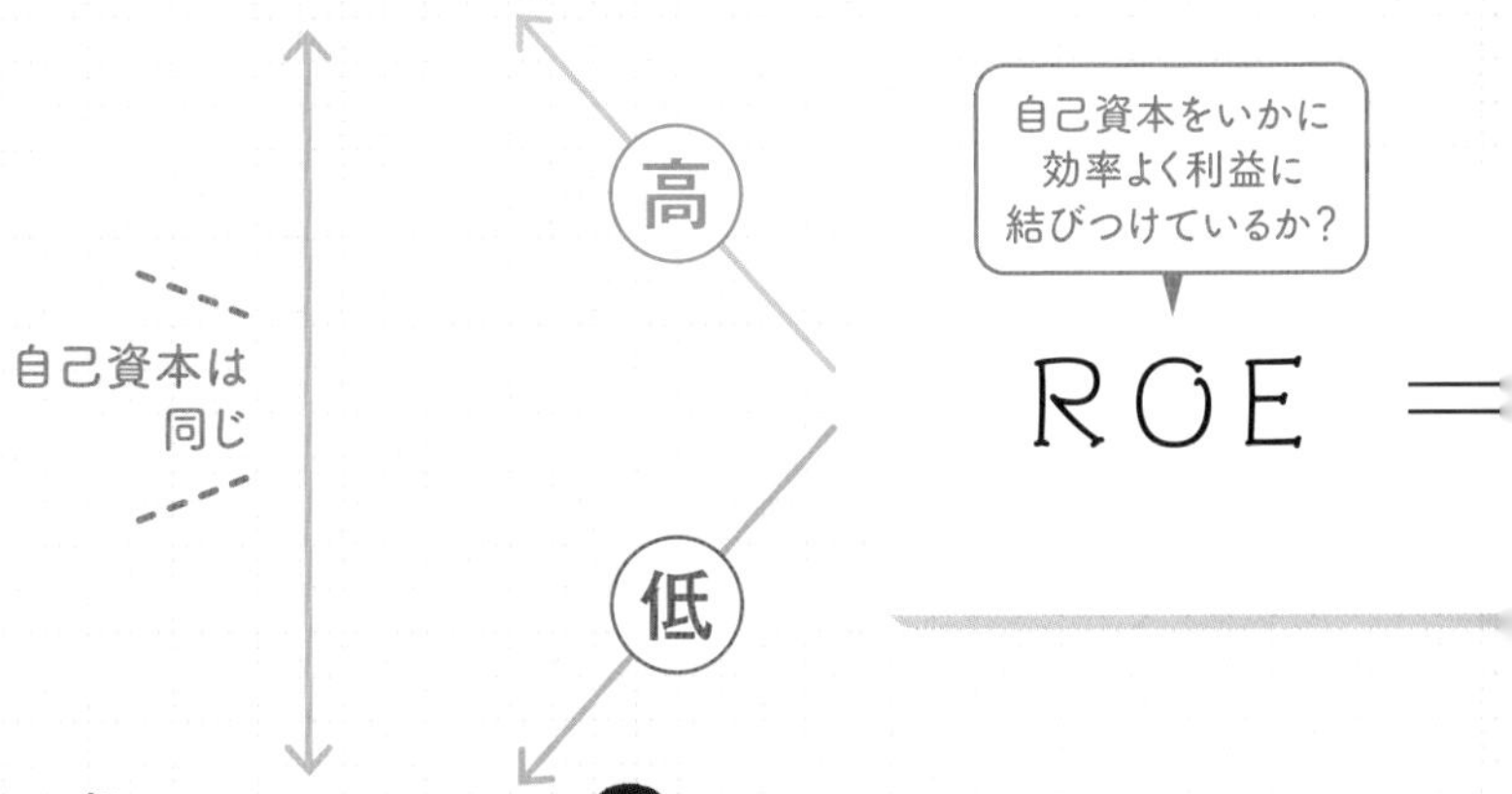
自己資本をいかに
効率よく利益に
結びつけているか?
ROE =
高
低
自己資本は
同じ

ROE が低い

自己資本を効率よく利益に変えられていない。配当金もそれほど期待できない場合が多い。

定期預金に利息が生まれるのと同様、資本金に利益が生まれるとみると、ROEは「事業の利率」といえます。ROEが高いということは、自己資本が多くの利益をあげていることを意味します。

多くの株主は、投資した会社から配当をもらうことを期待しています。配当の主な原資は、利益剰余金です。株主にとって、配当金を生み出す利益が、出資した資本金に対してどの程度なのか、ということは極めて重要なのです。

利益率は利益を生む効率を表している指標

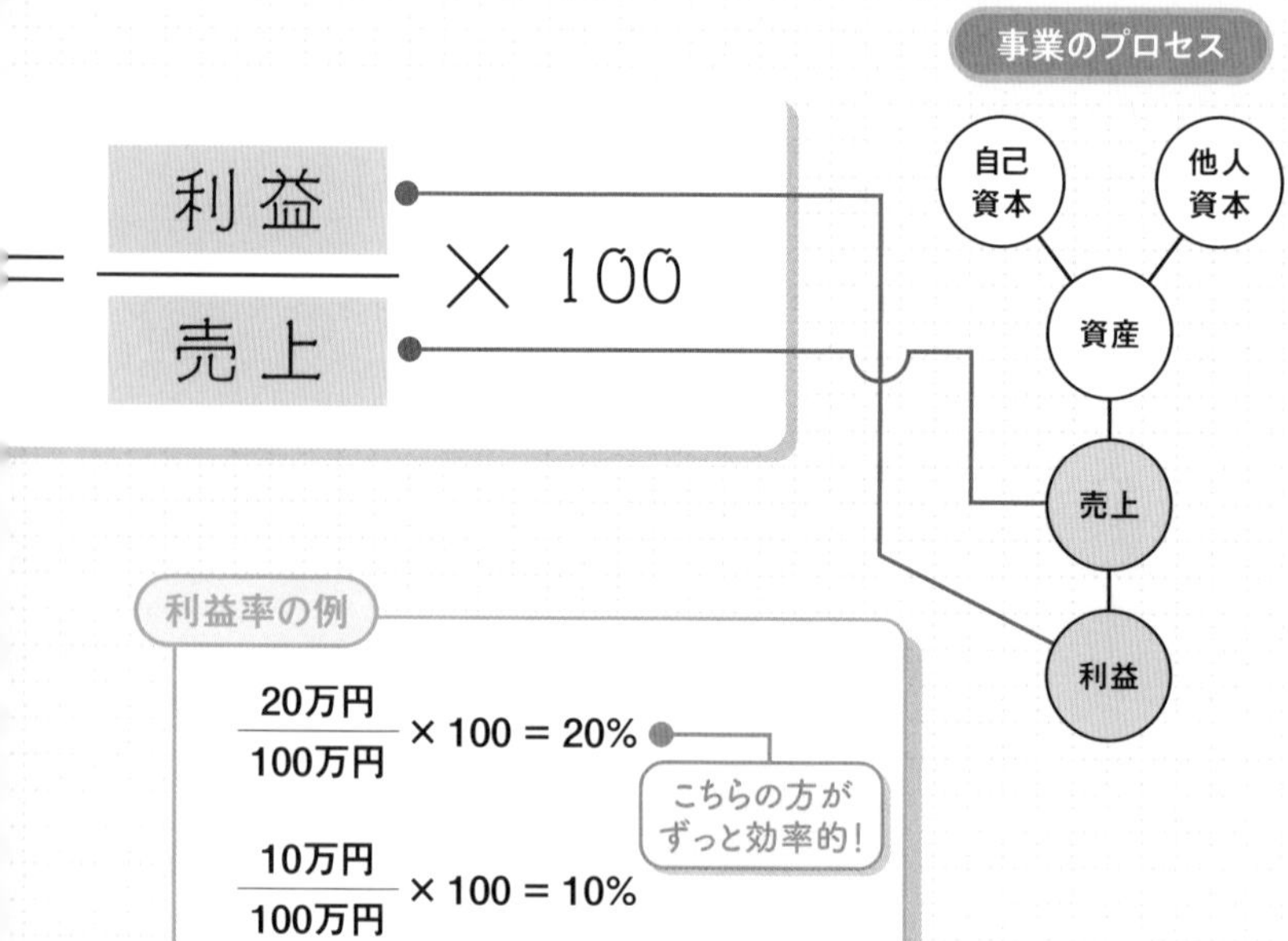

利益率の例

$$\frac{20万円}{100万円} \times 100 = 20\%$$

こちらの方がずっと効率的!

$$\frac{10万円}{100万円} \times 100 = 10\%$$

事業全体の効率を計算するROEは、事業のプロセスを3つのフェーズに分けて、それぞれ効率を計算することができます。利益率、総資本回転率、財務レバレッジの3つです。

利益率は、最後のフェーズである「売上」を「利益」に変える効率のこと。利益を売上で割って算出します。

売上は同じでも、たくさんの利益をあげている会社もあれば、そうではない会社もあります。

具体的な事業をイメージするとわかりやすいので、

利益を生む効率が良い

少ない店員で効率の良い運営ができていれば、費用はおさえられる。売上に占める利益が増え、利益率は高くなる。

高

売上高は同じ

低

どれだけ費用をおさえた効率的な事業を行っているか？

利益率 ＝

利益を生む効率が悪い

店員が多く運営効率が悪ければ、費用がかかる。売上に占める利益は少なくなり、利益率は低くなる。

飲食業を例に説明していきましょう。ここに、同じ業態で、同じ売上の店があったとします。

店員が少なく、効率良く運営できている場合、費用をおさえられて売上に占める利益が多くなり、利益率は高くなります。

逆に、店員が多く運営効率が悪ければ、費用がかかって利益が圧縮され、利益率も低くなります。

利益率によって、売上を利益に変える経営の効率性を評価できるのです。

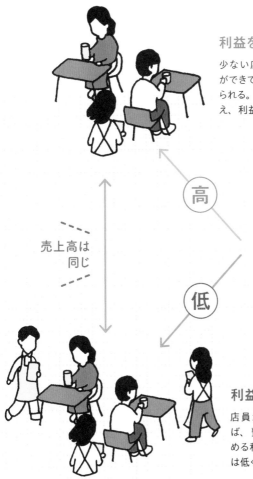

総資本回転率は資産の活用効率を表す

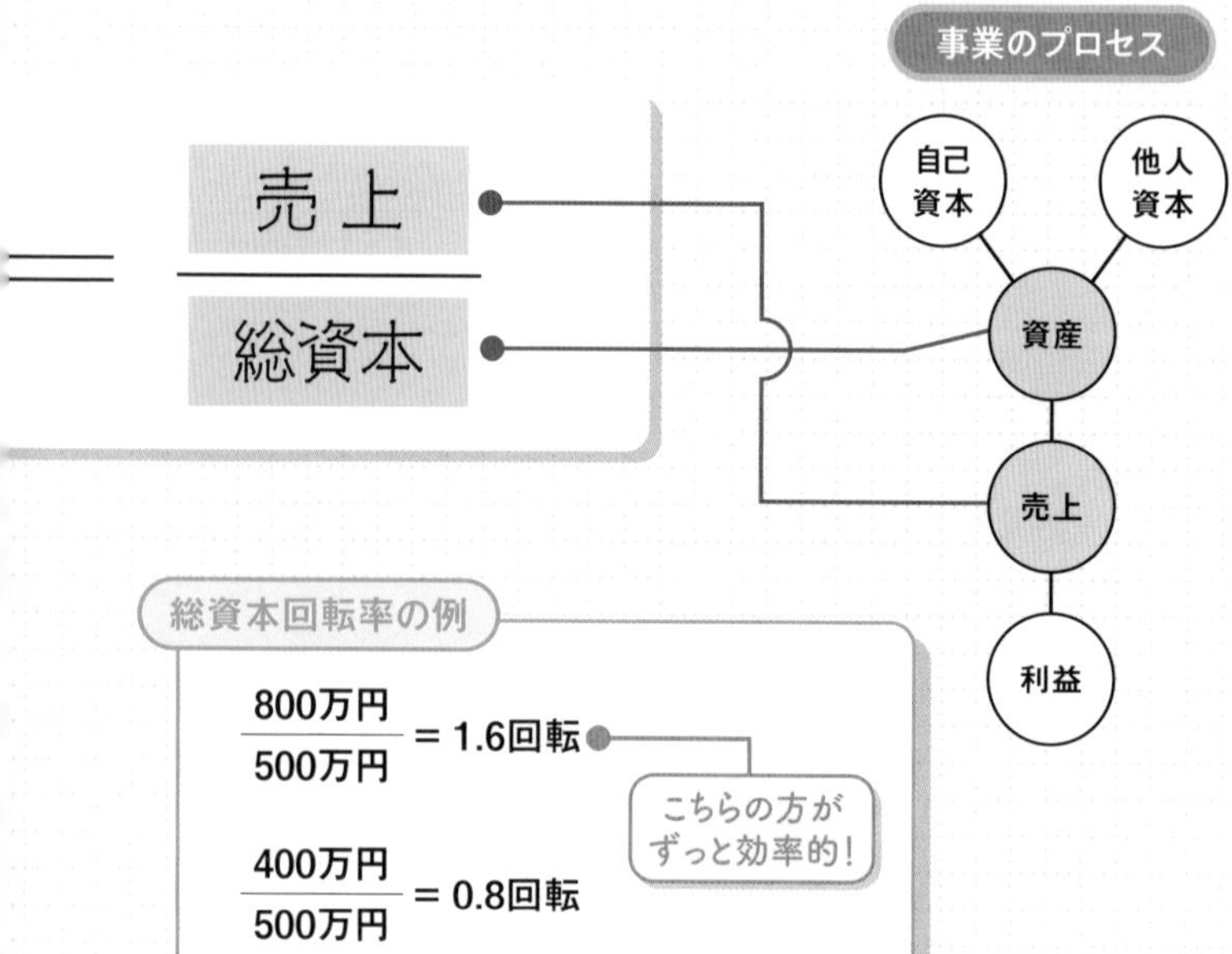

総資本回転率の例

800万円／500万円 ＝ 1.6回転

400万円／500万円 ＝ 0.8回転

こちらの方がずっと効率的！

次の指標は、総資本回転率。事業のプロセスの真ん中の、「資産」を「売上」に変えるフェーズです。

総資本回転率は、売上を総資本で割ったもの。投資した資本を効率よく売上にできているかどうか、を判断する指標です。

BSの右側の「総資本」、左側の「総資産」は同じ額でしたね（P30参照）。なお、「総資産回転率」という指標もありますが、この値は総資本回転率と同じになります。

さて、例えば同じ立地、

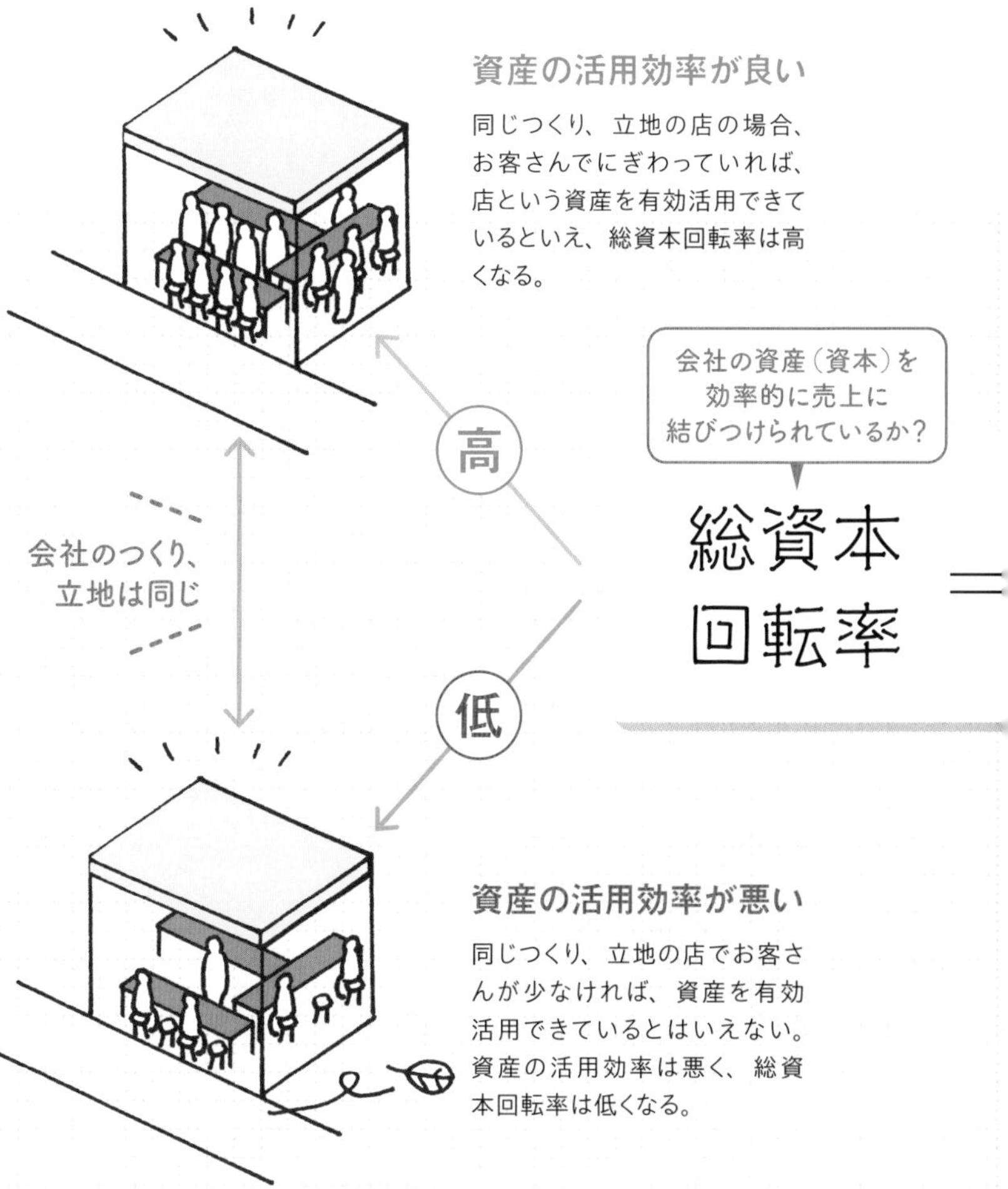
資産の活用効率が良い
同じつくり、立地の店の場合、お客さんでにぎわっていれば、店という資産を有効活用できているといえ、総資本回転率は高くなる。
会社の資産（資本）を効率的に売上に結びつけられているか？
総資本回転率
高
低
会社のつくり、立地は同じ
資産の活用効率が悪い
同じつくり、立地の店でお客さんが少なければ、資産を有効活用できているとはいえない。資産の活用効率は悪く、総資本回転率は低くなる。

つくりの店があったとしましょう。投資した資産は同じです。繁盛店で売上も順調であれば総資本回転率は高くなり、売上があがらなければ、総資本回転率は低くなります。

　同じ元手で、効率良く稼いでいる店もあれば、そうではない店もある、ということがわかります。

　売上の額だけを見ても、資産を有効活用できているかどうかの判断は難しいでしょう。資産の使い方の効率を、総資本回転率が示してくれるのです。

財務レバレッジは積極経営か安定経営かを示す

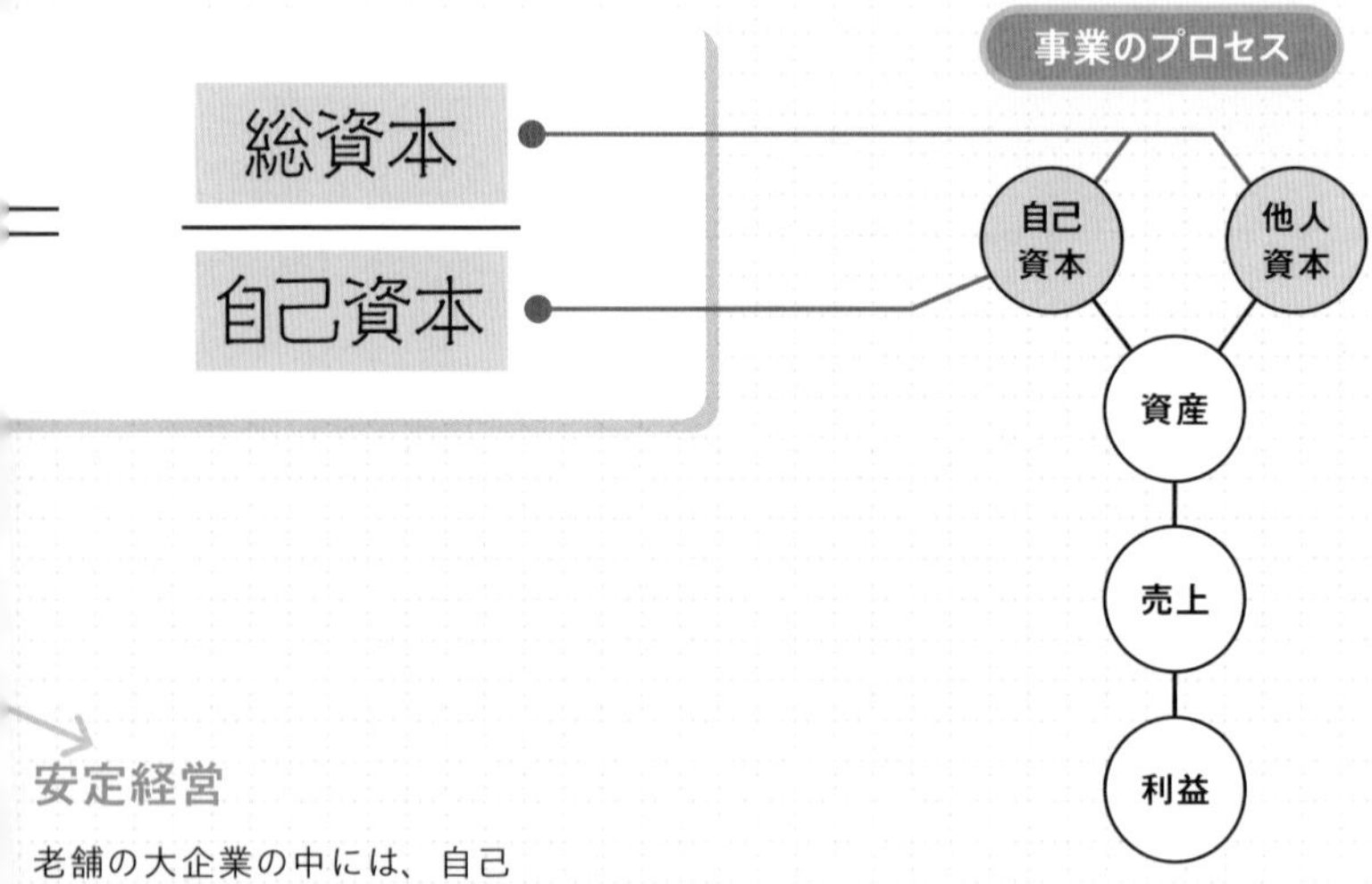

＝
総資本
自己資本
事業のプロセス
自己資本
他人資本
資産
売上
利益

安定経営

老舗の大企業の中には、自己資本が潤沢で、借入れの必要が少ない場合も。借入れをおさえた安定経営であれば、財務レバレッジは小さくなる。

最後に、事業のプロセスの一番上のフェーズである財務レバレッジです。

レバレッジとは、梃子《てこ》のこと。財務レバレッジは「総資本」を「自己資本」で割ったもので、外部からどれだけ資金を調達しているか、を表します。

財務レバレッジは、値が大きければ、リスクをとって外部からお金を集めており、小さければ外部からあまりお金を集めていない、ということです。

これまでの3つの指標は、事業の効率を表していまし

レバレッジとは梃子のこと

財務レバレッジは、総資本が自己資本の何倍かを示す。つまり、どれだけ梃子をきかせてお金を調達しているか、を表している。

積極的に拡大を狙うか？
安定的な経営を選ぶか？

財務レバレッジ ＝

大

小

積極経営

ベンチャー企業などが、事業拡大のための投資の資金調達として多額の借金をすれば、財務レバレッジは大きくなる。

た。ただ、財務レバレッジは少し毛色が異なります。企業の方向性を示す指標で、効率を評価するものではありません。

　会社によって、大きな投資をするために多額の借金をしているケースもあれば、資金が潤沢でほとんど借金をしていない場合もあるでしょう。

　財務レバレッジは、前者は大きくなり、後者は小さくなります。これは事業の効率を示すわけではなく、会社の方向性や経営姿勢を表しているのです。

4指標は事業のプロセスを表し PLとBSの値で算出できる

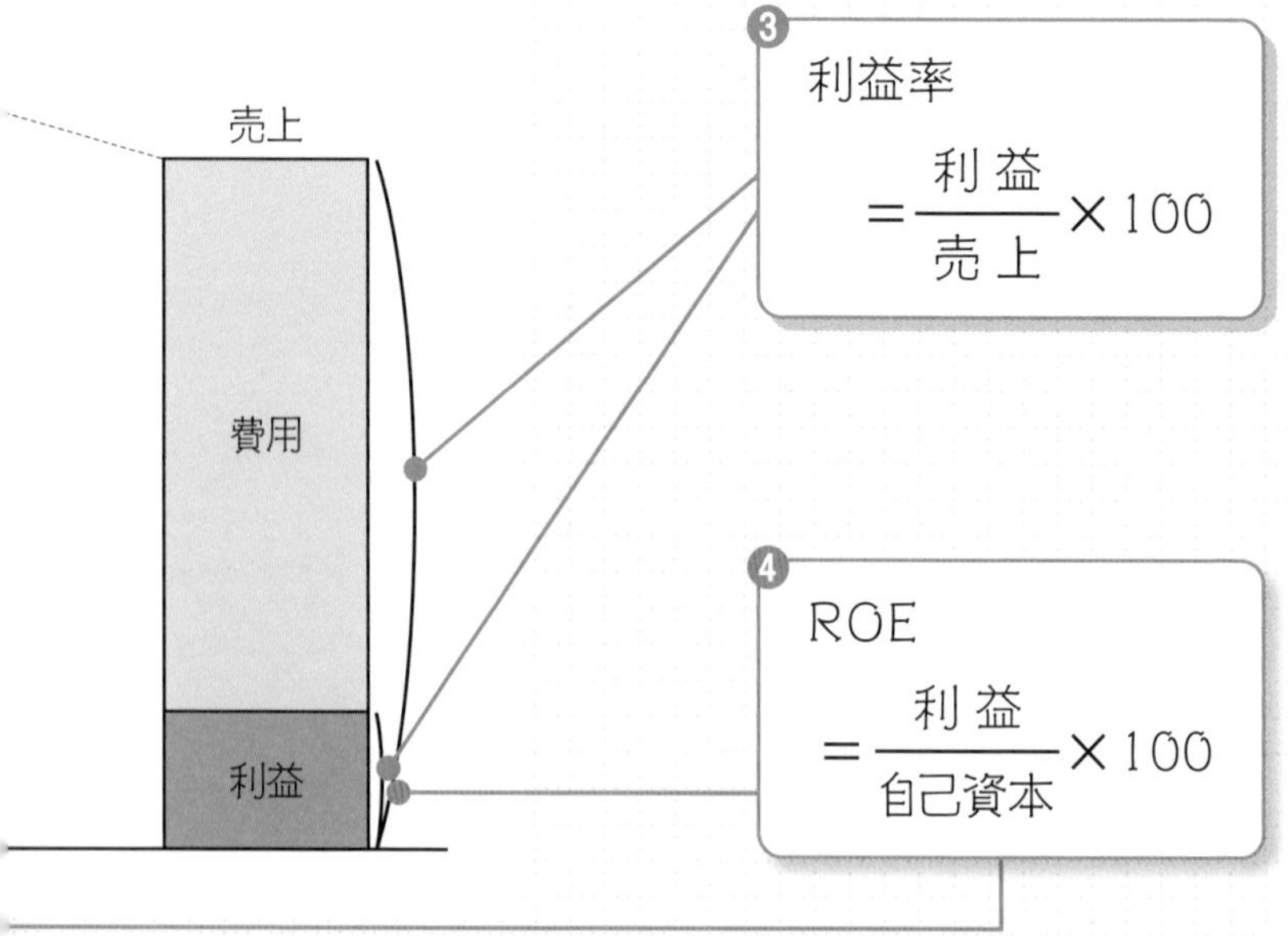

ここまで、4つの指標は事業のプロセスを表しており、PLとBSに記載されている数字で算出できる、ということを説明してきました。このことを、PLとBSの図であらためて見ていきましょう。

事業は、株主の資本金である自己資本からスタートします。ただ、資本金だけでは不十分なことが多いので、他人資本でお金を調達します。財務レバレッジは、自己資本に対する総資本の比率を表しているんでしたね。これが①です。

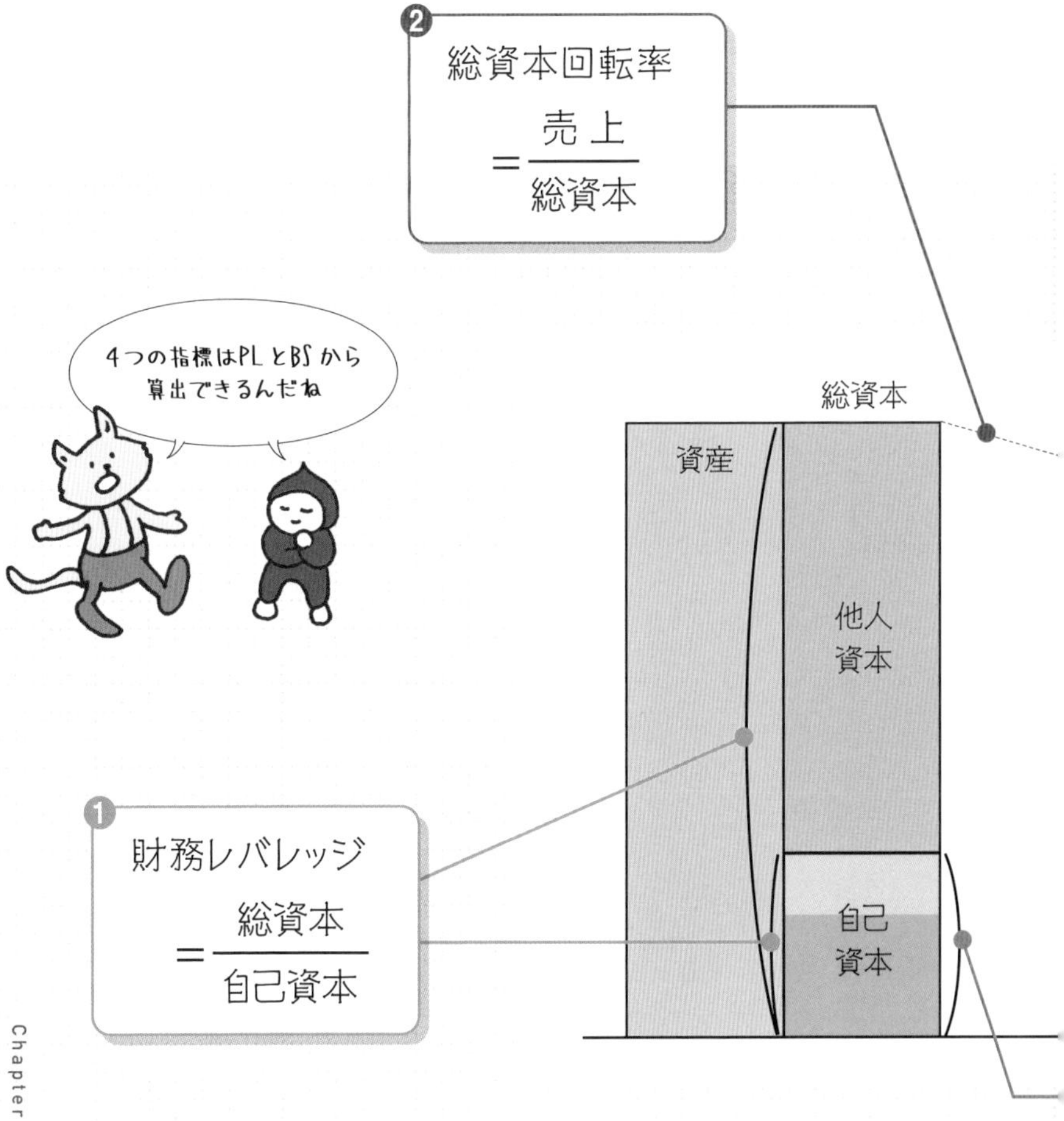
②
総資本回転率
＝売上／総資本
4つの指標はPLとBSから
算出できるんだね
総資本
資産
他人
資本
自己
資本
①
財務レバレッジ
＝総資本／自己資本

次は、調達した資産で売上をあげるプロセスです。総資本回転率は、総資本と売上の比率を示し、これが②です。

そして、売上を利益に変えるのが次のプロセスです。利益率は、売上に対する利益の割合でしたね。これが③です。

利益が積み上がれば利益剰余金が増え、自己資本も増えていきます。最初の自己資本で、最後の利益をどれだけあげたのかを示すのがＲＯＥです。これが④となります。

ROEは3つの指標をかけ合わせたもの

デュポン・モデル

$$= \frac{\text{利益}}{\text{自己資本}} \times 100$$

$$= \frac{\text{総資本}}{\text{自己資本}} \times \frac{\text{売上}}{\text{総資本}} \times \frac{\text{利益}}{\text{売上}} \times 100$$

財務レバレッジ × 総資本回転率 × 利益率

（分子の総資本と分母の総資本、分子の売上と分母の売上に打ち消し線）

４つの指標には、興味深いつながりがあります。ＲＯＥは、残りの３つである財務レバレッジ、総資本回転率、利益率をかけ合わせたものになっているのです。

ＲＯＥの式は、分子が利益、分母が自己資本でしたね。３つの式をかけ合わせ、同じ項目を分子、分母で相殺してみましょう。そうすると、財務レバレッジの分母の自己資本と、利益率の分子の利益だけが残り、ＲＯＥになります。

この式は、アメリカの化学会社デュポンが１９２０

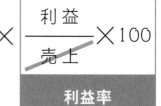

4つの指標は
すごくきれいな式で
つながっているんだね！

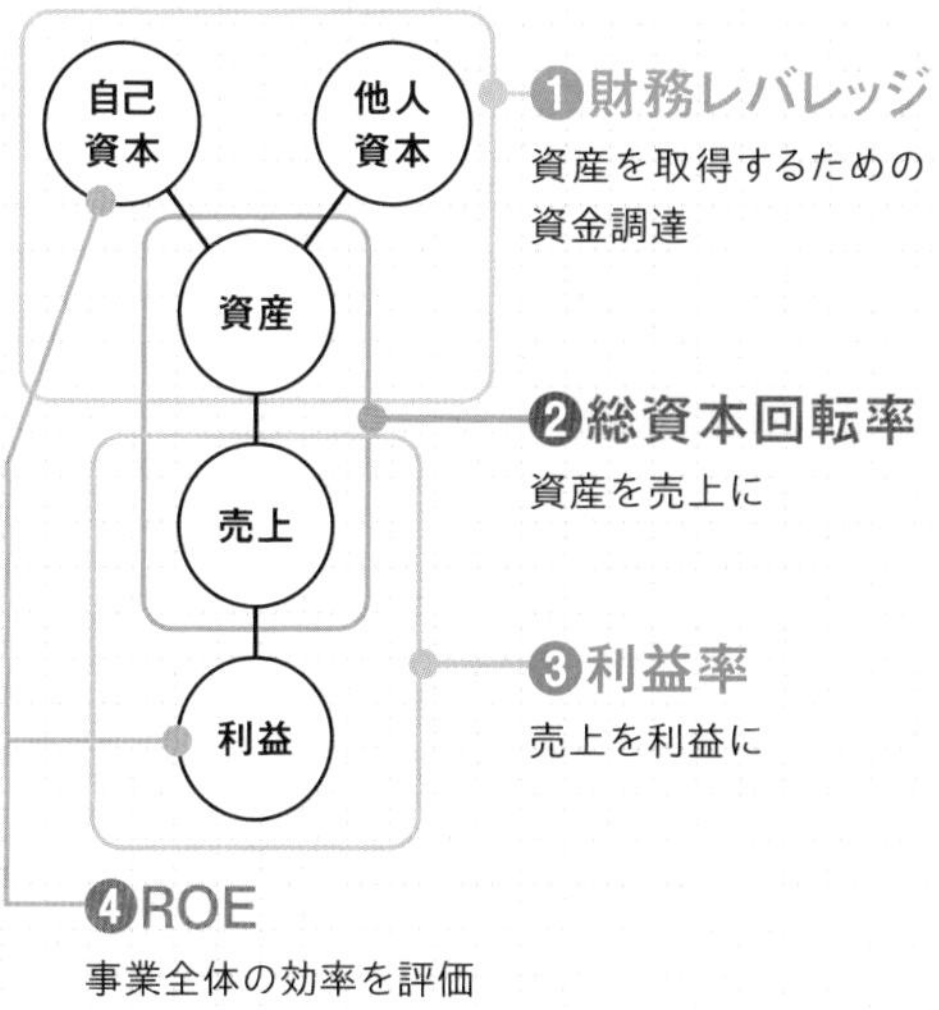
自己資本
他人資本
資産
売上
利益
❶財務レバレッジ
資産を取得するための
資金調達
❷総資本回転率
資産を売上に
❸利益率
売上を利益に
❹ROE
事業全体の効率を評価

企業も投資家も
重視する流れに！

ROE ＝

＝

年代に業績管理手法として導入しました。会社の名前をとり、「デュポン・モデル」と呼ばれています。事業のプロセスや複式簿記会計の仕組みをシンプルに示しているといえるでしょう。

　ところで近年、多くの企業がＲＯＥを重視するようになってきています。株主にとって、出資した資本金からどれだけ利益が生み出されたのか、という点は大きな関心事だからです。上場企業では、ＲＯＥの数値目標を公表している企業が増えています。

PL、BSを図にすると会社の概況がわかる

BS

グラフ化

（単位：万円）

資産		負債	1400
現金	500	買掛金	1000
売掛金	300	借入金	400
機械装置	1200	純資産	600
		資本金	200
		利益剰余金	400
資産合計	2000	負債・純資産合計	2000

総資本

PL

（単位：万円）

売上	1000
費用	800
利益	200

これまで財務分析の考え方を紹介してきましたが、会計の専門家ではない人が財務分析を行う場合、PLとBSを図にすることをお薦めします。図にすると、表よりも直感的に会社の概

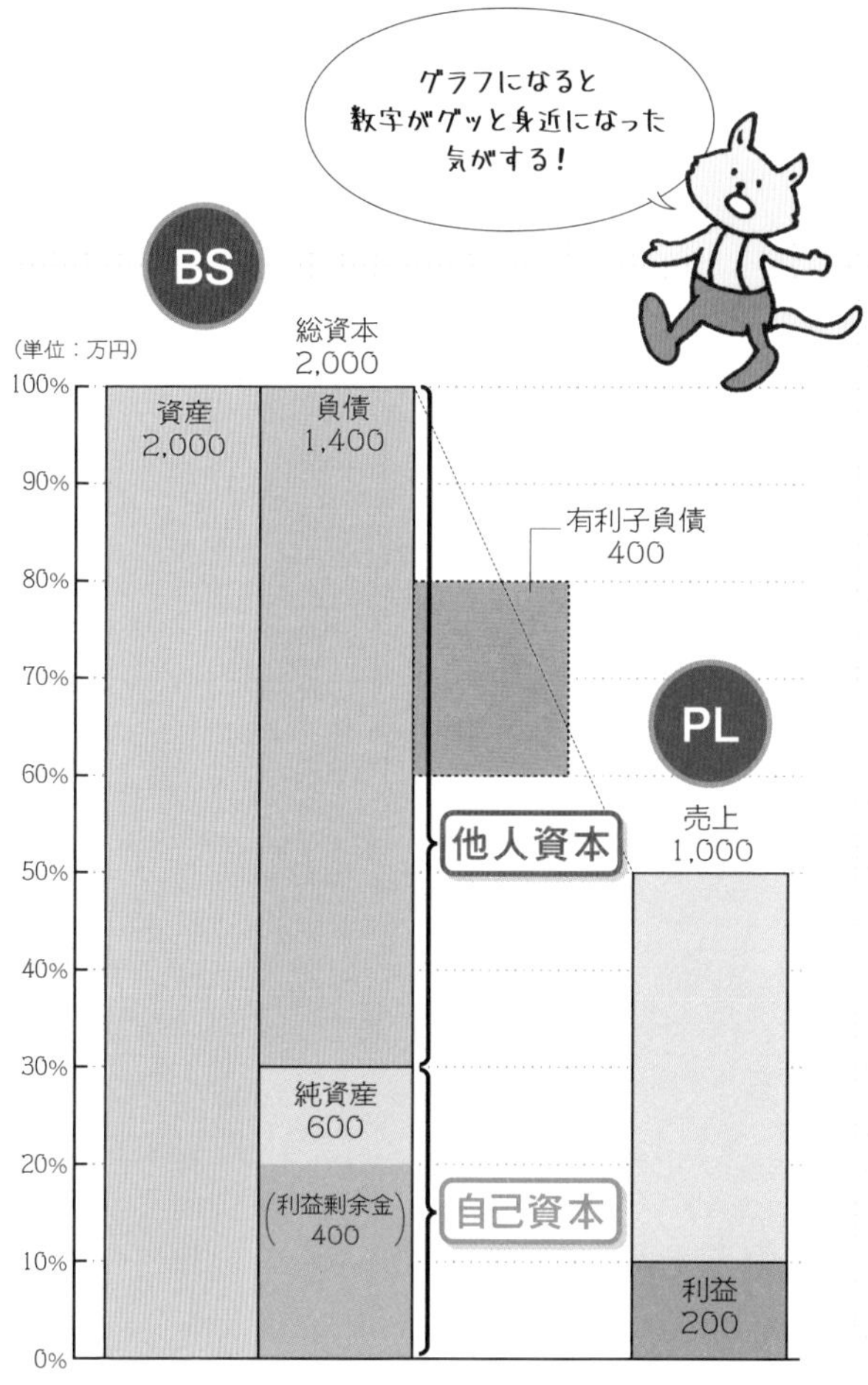
グラフになると
数字がグッと身近になった
気がする！
BS
(単位：万円)
総資本
2,000
100%
90%
80%
70%
60%
50%
40%
30%
20%
10%
0%
資産
2,000
負債
1,400
有利子負債
400
他人資本
純資産
600
(利益剰余金
400)
自己資本
PL
売上
1,000
利益
200

況を理解できるからです。まずは、PLとBSの作図方法を紹介していきましょう。

例として、右ページのPLとBSを取り上げます。グラフにするのは、黄色のマークを付けた8つの項目です。BSの左側全体の資産合計、右側全体の総資本に加え、右側は負債、借入金、純資産、利益剰余金も内訳に加えます。PLは売上と利益をピックアップします。

これらをグラフにすると、上のようになります。

STEP 1

PLは2項目をピックアップ

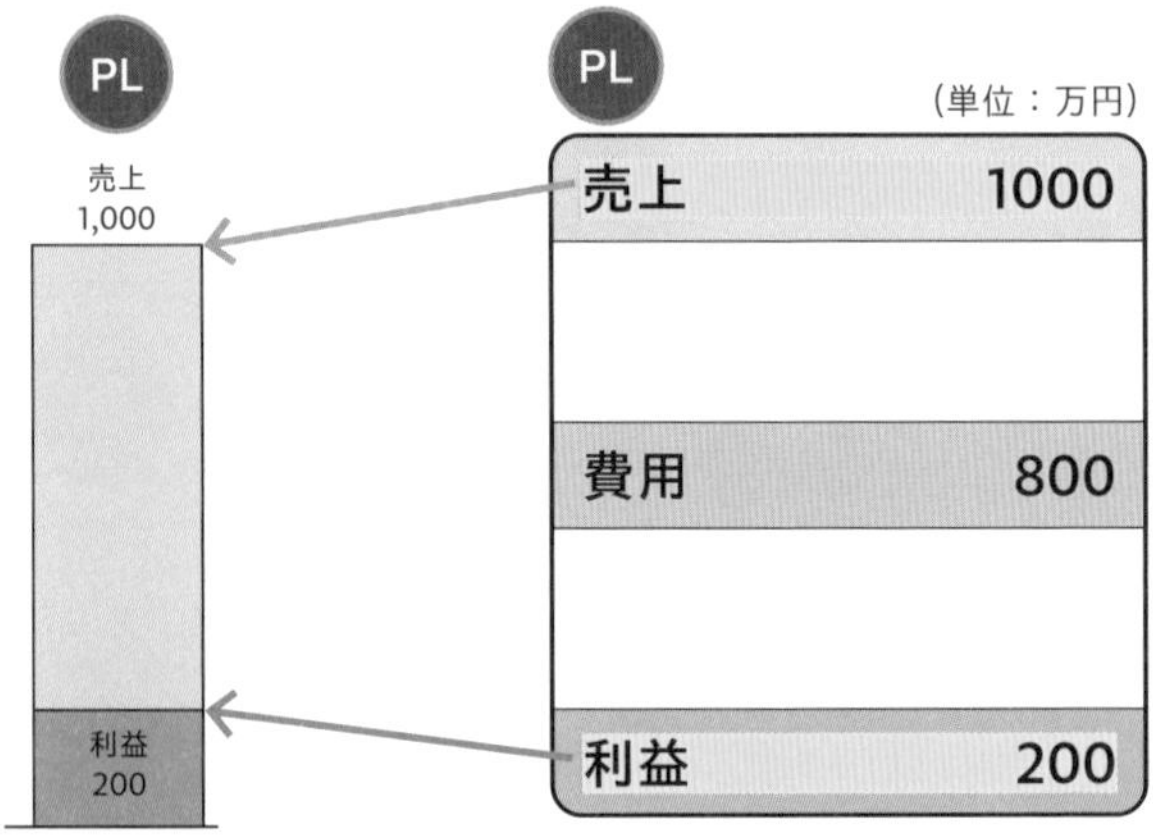

PL
売上
1,000
利益
200
PL
(単位：万円)
売上 1000
費用 800
利益 200

グラフ化するにあたり、PLは「売上」と「利益」の2項目をピックアップしましょう。

売上を100%とした棒グラフにし、利益は売上に対する比率にします。

例えば、売上が1000万円、利益が200万円だったとしましょう。仮に売上を10目盛りとすると、利益は売上に対して20%なので、2目盛りになります。

「費用」は図示していませんが、売上から利益を除いた分が費用です。グラフを見ると直感的に、利益が多いのか、それとも費用が多いのかを把握することができるでしょう。

STEP 2　BSは6項目をピックアップ

（単位：万円）

BS

資産		負債	1400
現金	500	買掛金	1000
売掛金	300	借入金	400
機械装置	1200		
		純資産	600
		資本金	200
		利益剰余金	400
資産合計	2000	負債・純資産合計	2000

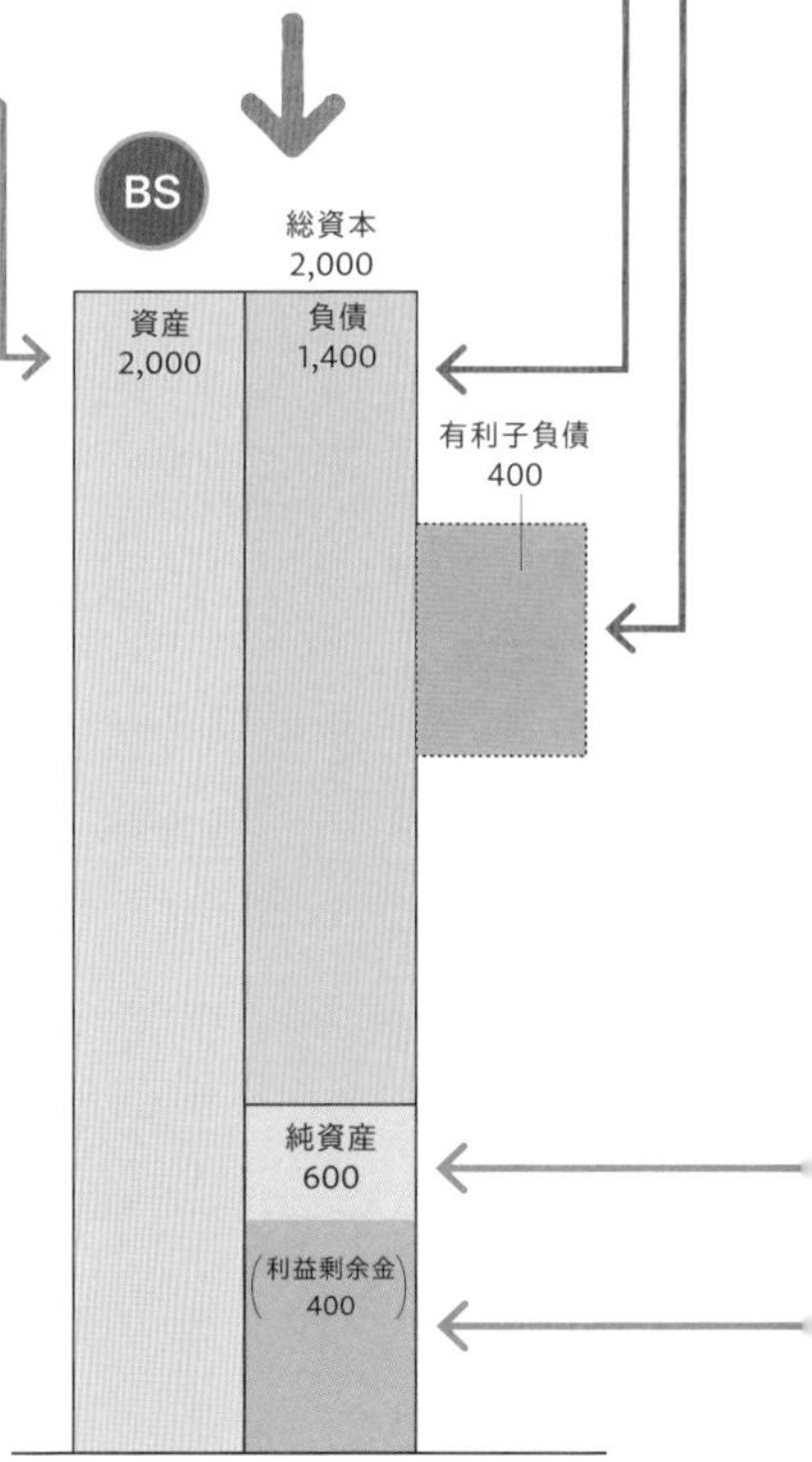

BSは6項目をとりあげ、2本の棒グラフにします。

左側は「資産」で、この1項目のみでOKです。

右側は5項目。全体の「総資本」に加え、内訳の「負債」と「純資産」を最初にグラフ化します。方法はPL同様、資産と総資本を100%とし、右側は負債と純資産に分けます。純資産のうち、「利益剰余金」がどれだけあるかもわかるようにしましょう。

また負債には、借入金や社債など利息がある有利子負債と、買掛金など利息がかからないものがあるため、有利子負債も明示します。

STEP 3

PLの売上とBSの資産を比較

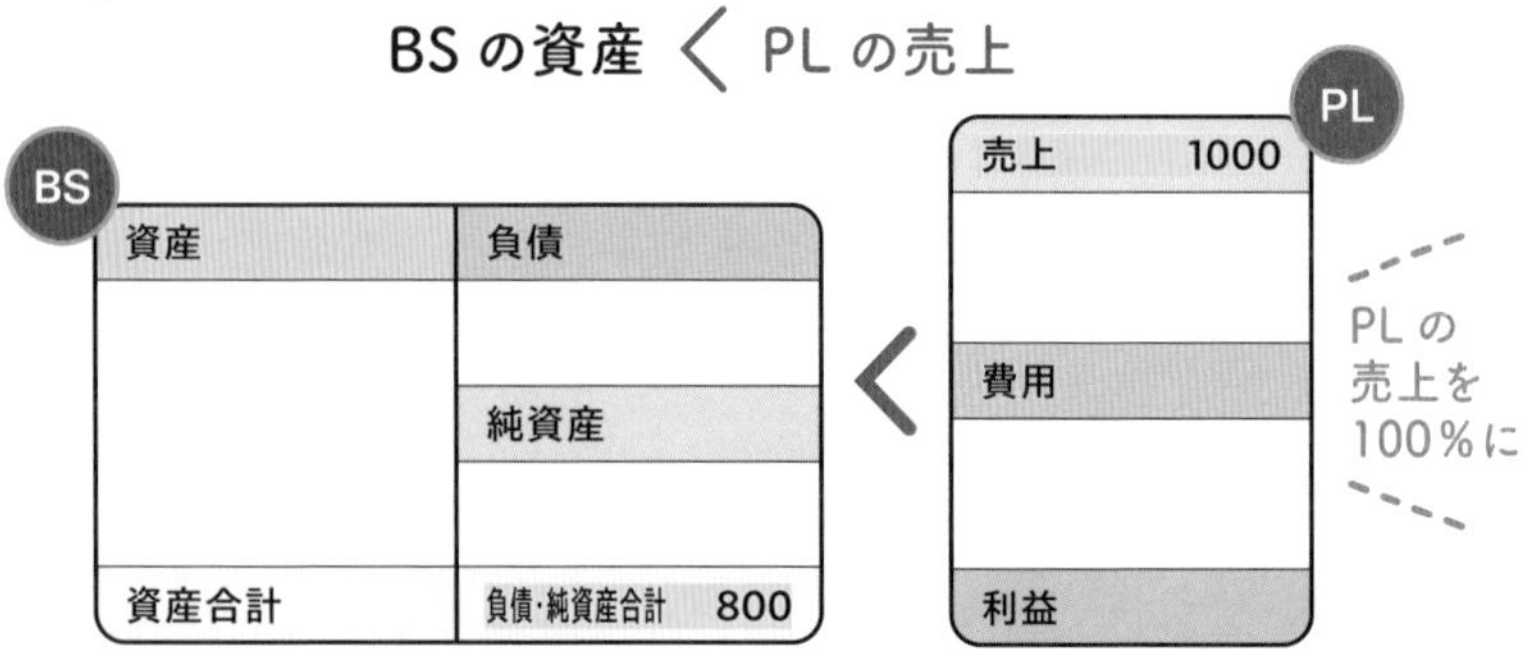
BSの資産 ＜ PLの売上
BS
資産
負債
純資産
資産合計
負債・純資産合計 800
PL
売上 1000
費用
利益
PLの売上を100%に

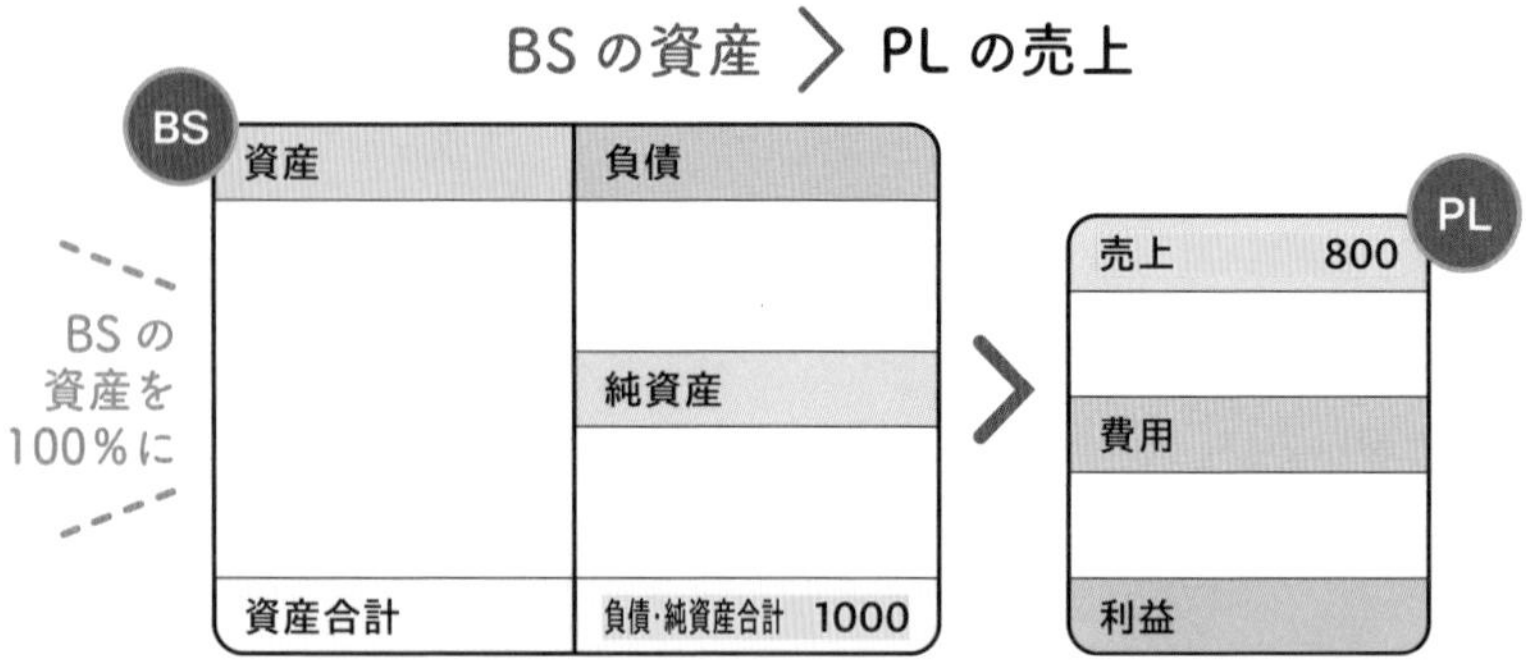
BSの資産 ＞ PLの売上
BS
資産
負債
純資産
資産合計
負債・純資産合計 1000
BSの資産を100%に
PL
売上 800
費用
利益

ＳＴＥＰ１、２でＰＬ、ＢＳ単体のグラフの作成方法を紹介しましたが、２つを１つのグラフにするためには、目盛りに注意する必要があります。

まずは、何を基準にするか決めます。候補は、ＰＬの売上かＢＳの資産（総資本）です。

ＰＬの売上の方がＢＳの資産より大きい場合は、売上を１００％にします。ＢＳの各項目は、売上に対する比率でグラフにしていきます。

ＢＳの資産がＰＬの売上を上回っていれば、資産を１００％にし、ＰＬの売上と利益は、資産に対する比率でグラフにします。

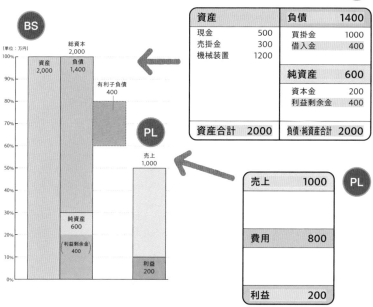

STEP 4

PLとBSを作図する

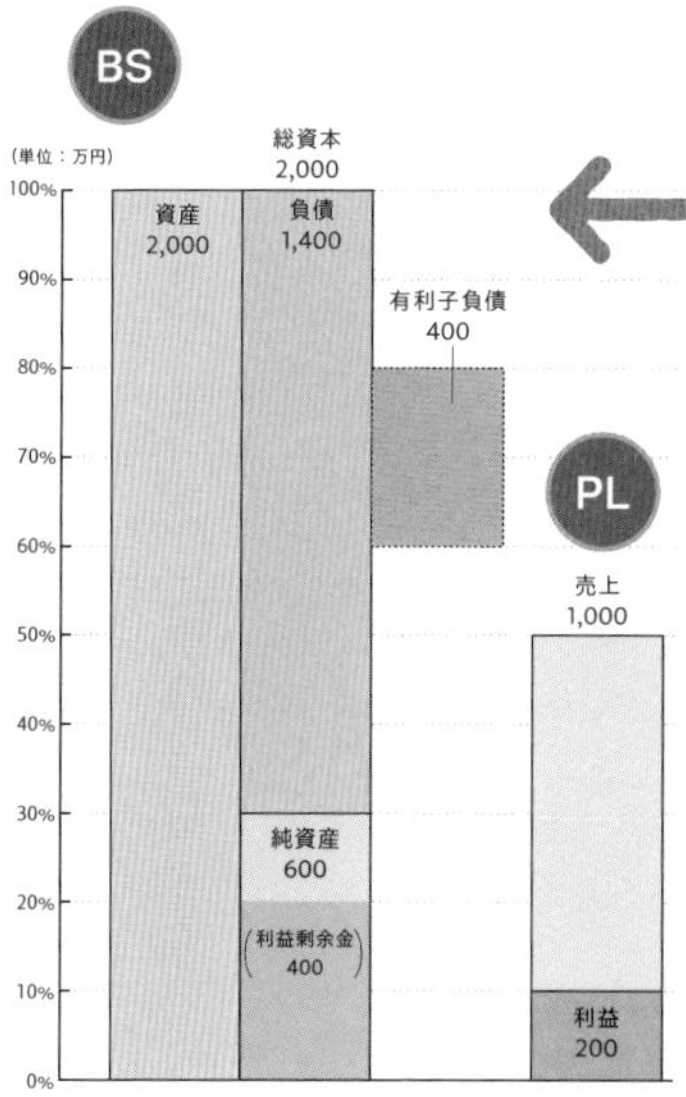
BS
(単位：万円)
総資本
2,000
100%
90%
80%
70%
60%
50%
40%
30%
20%
10%
0%
資産
2,000
負債
1,400
有利子負債
400
純資産
600
(利益剰余金
400)
PL
売上
1,000
利益
200

BS

資産		負債	1400
現金	500	買掛金	1000
売掛金	300	借入金	400
機械装置	1200		
		純資産	600
		資本金	200
		利益剰余金	400
資産合計	2000	負債・純資産合計	2000

PL

売上	1000
費用	800
利益	200

では、実際の作図です。

売上が１０００万円、資産は２０００万円なので、額が大きい資産を１００％に。10％は２００万円で、これを１目盛りにします。

ＢＳの総資本は資産と同額なので、同じく１００％に。負債１４００万は１４００÷２０００×10＝70％、純資産６００万円は30％になります。有利子負債、利益剰余金の４００万円は20％ですね。ＰＬの売上は１０００万円で50％、利益は２００万円で10％。これらを図示します。

ただ、実際のＰＬやＢＳはもう少し複雑なので、ここでは考え方としてとらえておいてください。

PL、BSのグラフは まず4点をチェックしよう

総資本回転率

CHECK3

PLとBSを結んだ線の傾き

PL、BSを線で結び、その傾きから、売上と総資本の比率がわかる。右肩上がりで傾きが大きければ、総資本を有効活用して売上をあげている、ということだ。

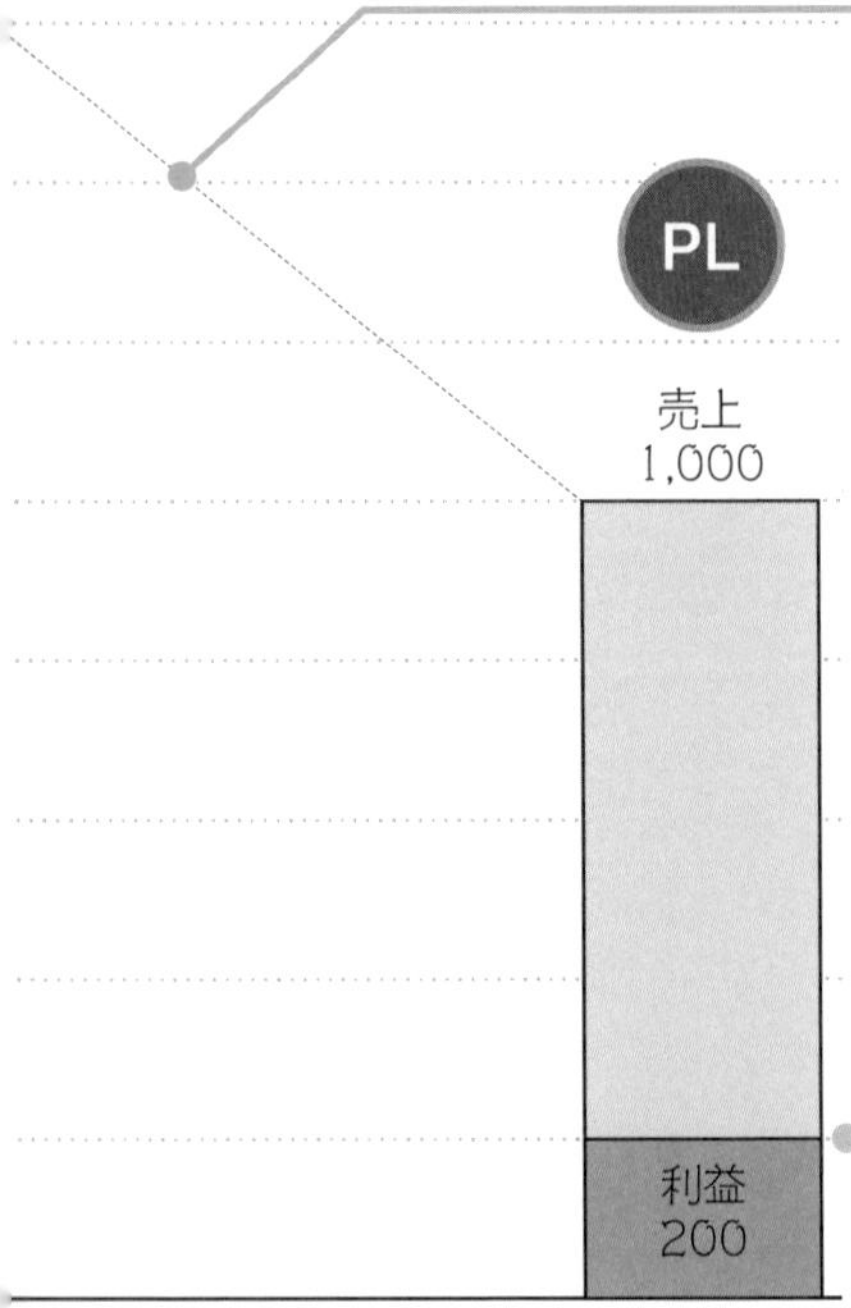

利益率

CHECK4

利益の位置

PLの利益の境界線が上の方にあれば、利益を出せていて、下の方にあればあまり利益を出せていないことを意味する。

財務レバレッジ

CHECK1

自己資本と他人資本の比率

自己資本の純資産と、他人資本の負債の比率から、経営姿勢を判断できる。

4つの指標は、
計算しなくても
図から直感的に
把握できるんだね

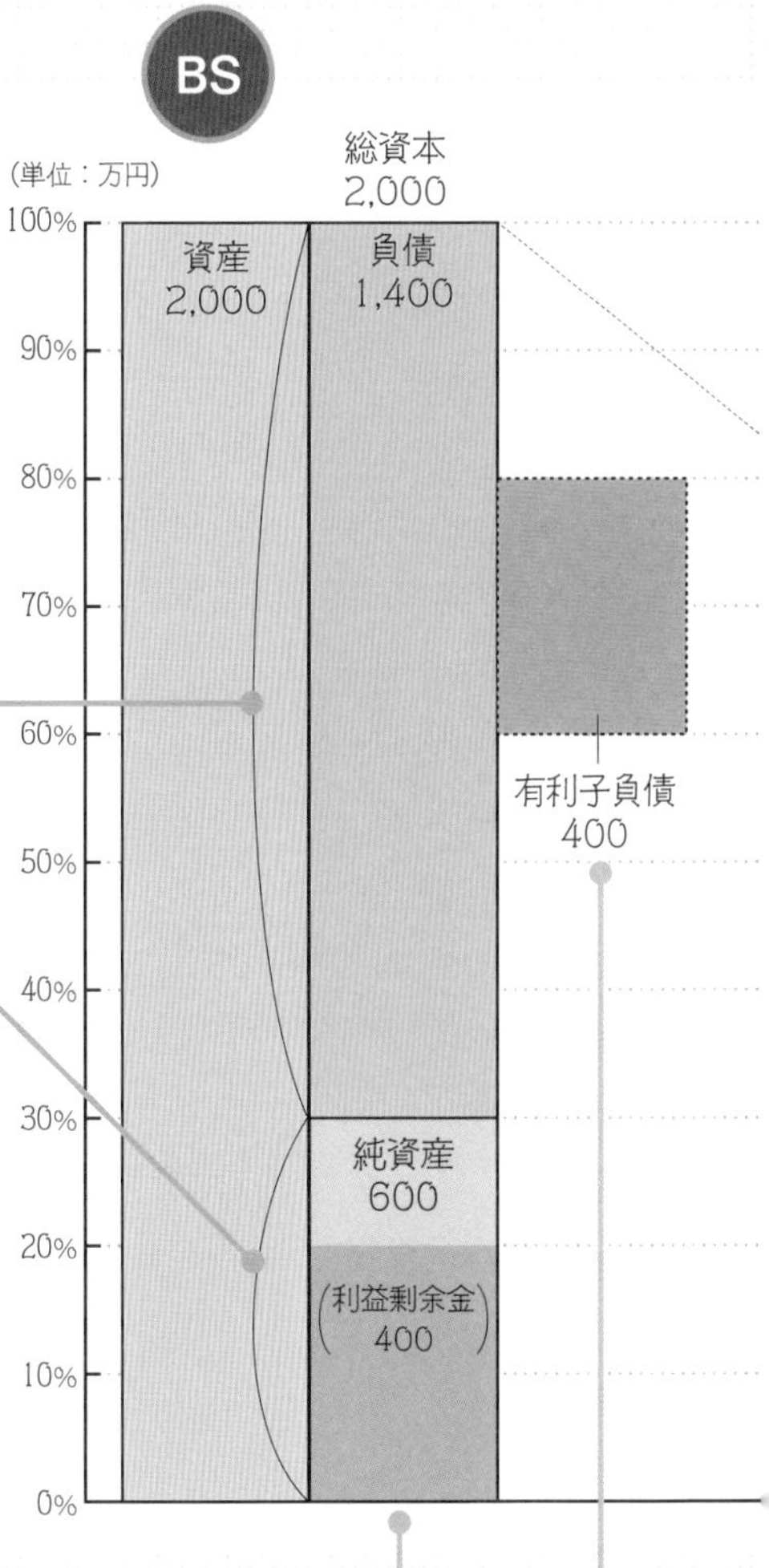
BS
(単位：万円)
総資本
2,000
100%
90%
80%
70%
60%
50%
40%
30%
20%
10%
0%
資産
2,000
負債
1,400
純資産
600
(利益剰余金
400)
有利子負債
400

CHECK2

有利子負債と利益剰余金

どのくらい借金があるのか、どれだけ利益が積み上がっているのかを見ると、それまでの経営状況がうかがえる。

CHECK 1

自己資本と他人資本の比率

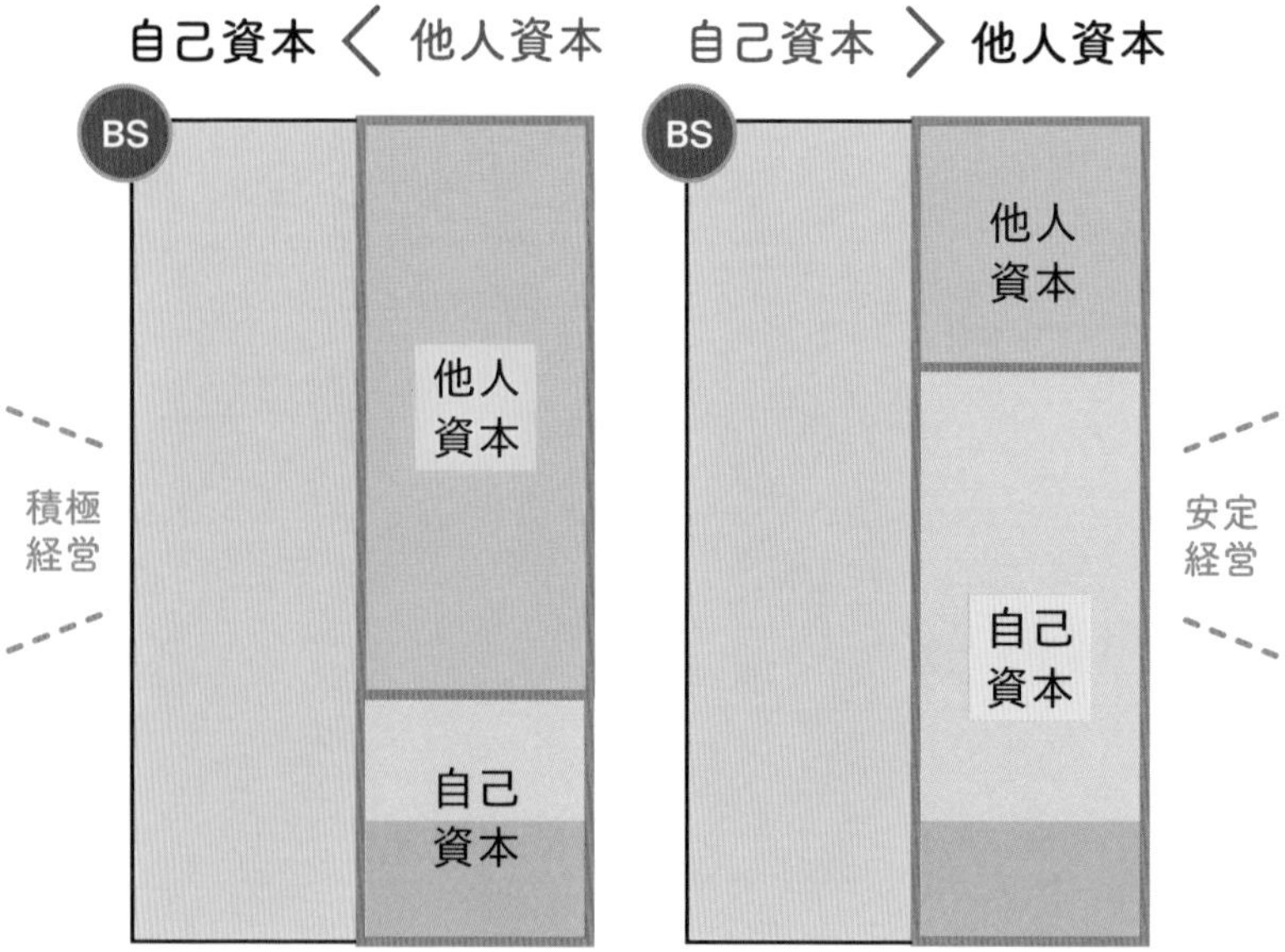

自己資本 < 他人資本
自己資本 > 他人資本
BS
他人資本
自己資本
積極経営
BS
他人資本
自己資本
安定経営

ＰＬとＢＳのグラフで最初にチェックしたいのが、ＢＳの総資本の内訳。自己資本と他人資本の比率です。

自己資本が他人資本よりも大きければ、借金が少なく、安定経営であることがわかります。逆に他人資本の方が大きい場合は、借入れをして積極経営をしていることがうかがえます。

自己資本と他人資本の関係は、Ｐ90で紹介したように、財務レバレッジで表されます。「財務レバレッジ＝総資本÷自己資本」ですが、計算しなくても、どのくらい梃子をきかした経営をしているかが一目でわかるのです。

CHECK 2
有利子負債と利益剰余金の額

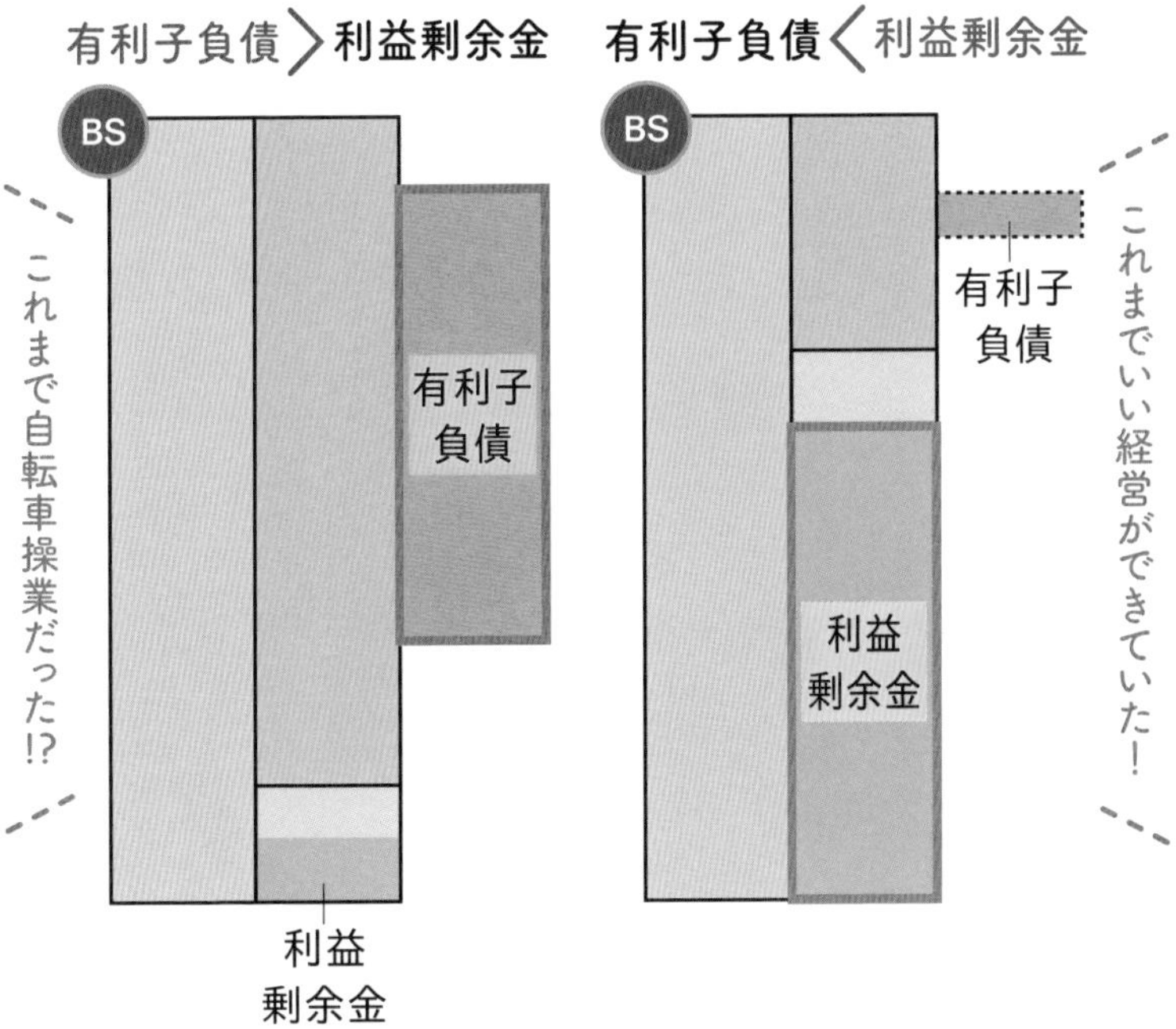
有利子負債＞利益剰余金
BS
これまで自転車操業だった!?
有利子負債
利益剰余金
有利子負債＜利益剰余金
BS
これまでいい経営ができていた！
有利子負債
利益剰余金

次に、有利子負債と利益剰余金の額をチェックしましょう。

PLは事業年度の売上や利益、BSは決算時の会社の財務状況を示すものなので、これまでどのような経営をしてきたかをつぶさに把握するためには、過去のPLやBSを見る必要があります。

ただ、有利子負債と利益剰余金はこれまでの経営の結果といえます。これまでの利益が利益剰余金として積み上がっていれば、いい経営ができていたと推察できます。有利子負債が多く、利益剰余金が少ない場合は、自転車操業状態の経営が続いてきたと想像することができるのです。

CHECK 3

PLとBSを結んだ線の傾き

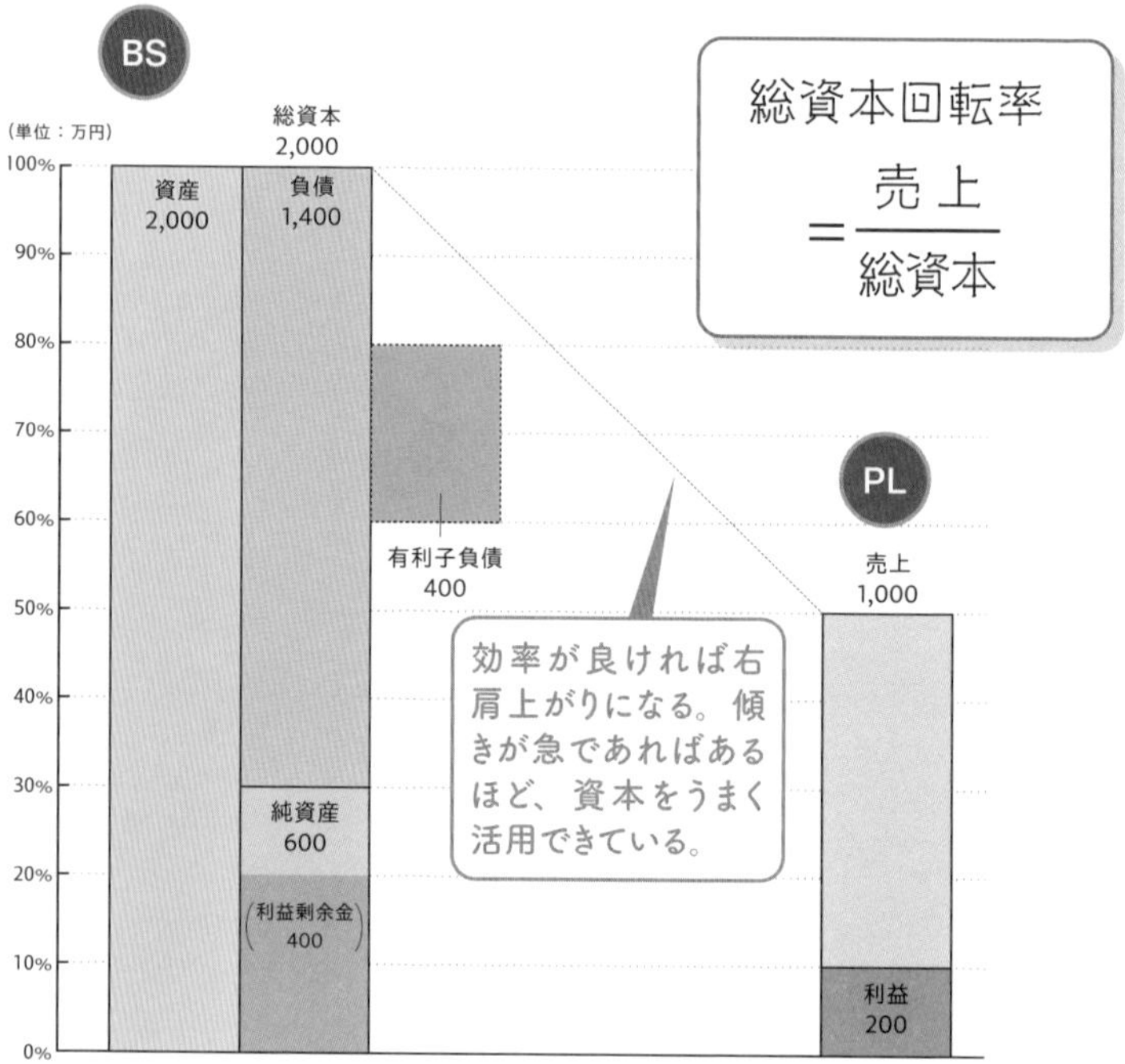

BS
(単位：万円)
総資本
2,000
100%
90%
80%
70%
60%
50%
40%
30%
20%
10%
0%
資産
2,000
負債
1,400
有利子負債
400
純資産
600
(利益剰余金
400)
PL
売上
1,000
利益
200
総資本回転率
＝売上/総資本
効率が良ければ右肩上がりになる。傾きが急であればあるほど、資本をうまく活用できている。

次に、PLとBSの上端を結ぶ線の傾きをチェックしましょう。

この図は右肩下がりですが、総資本を効率良く使えている場合、右肩上がりになります。その傾きが急であればあるほど、資本の活用効率がいい、ということです。ただ、この傾きは業界によって大きく異なります。右肩下がりだからといって、ただ単に効率が悪い、というわけではありません。

売上と総資本を使う指標に、総資本回転率があります。（P88参照）。総資本回転率は売上を総資本で割ったものですが、これはPLとBSを結ぶ線で直感的に把握できるのです。

CHECK 4

利益の位置

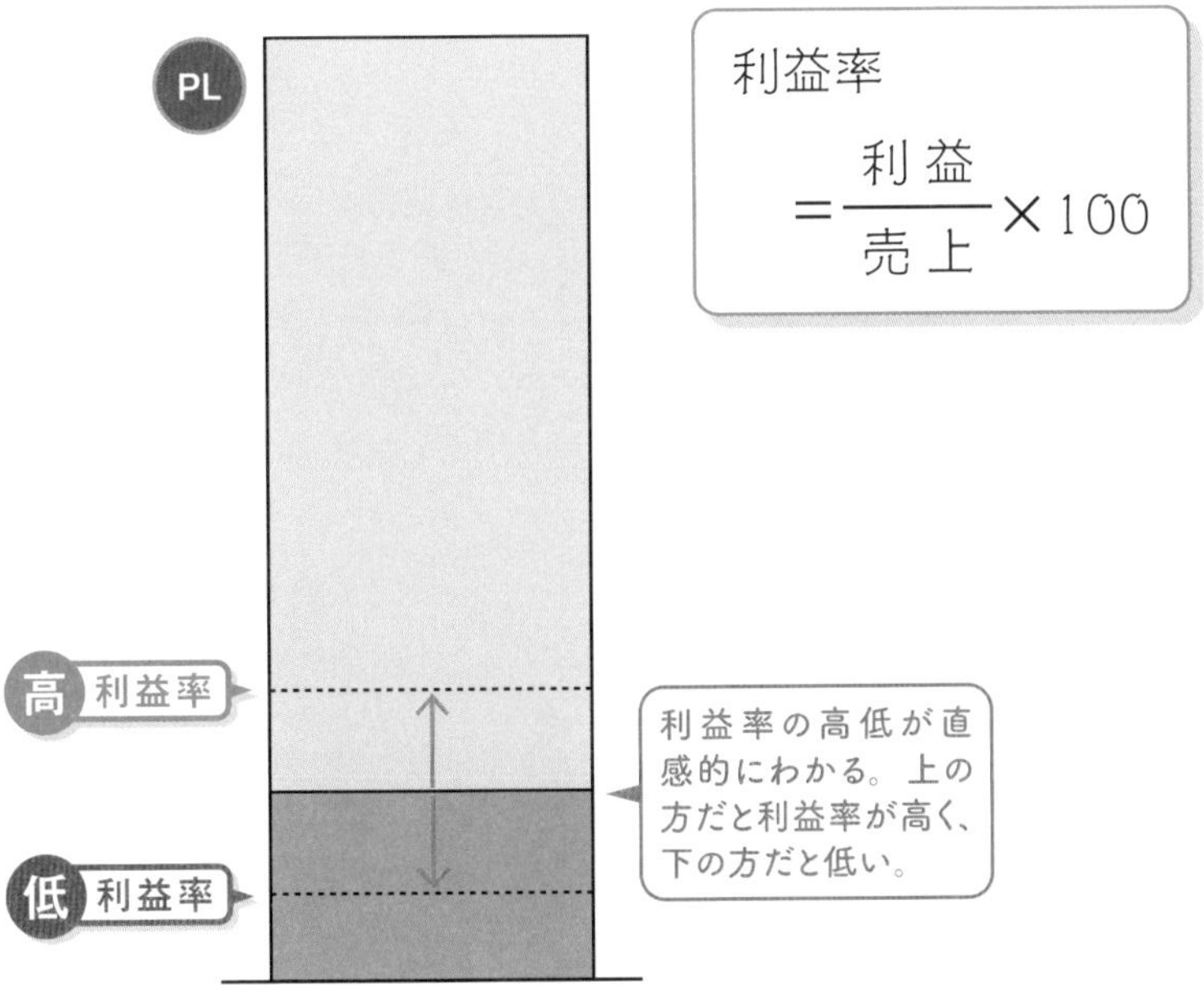
PL
利益率
＝利益/売上×100
高 利益率
低 利益率
利益率の高低が直感的にわかる。上の方だと利益率が高く、下の方だと低い。

最後に、ＰＬの利益の位置をチェックしましょう。利益の位置が上の方にあるか、下の方にあるか、です。

上の方にあれば、売上に占める利益が多いということ、下の方にあれば、売上に占める利益が少ないということ。

これは利益率の意味合いと一緒ですね。利益率は、売上に対する利益の割合ですが、図にすると計算するまでもなく、利益率が高いのか低いのかがすぐに理解できるのです。

ここまでのところで、実際の企業の財務分析をする準備は整いました！

2つの軸で比較すれば会社の状況を俯瞰できる

軸Ⅰ

同業他社との比較

PLやBSには業界ごとの特徴がある。チェックしたい会社のPLやBSだけを見るのではなく、同業他社と比較すると、より多くのことがわかる。

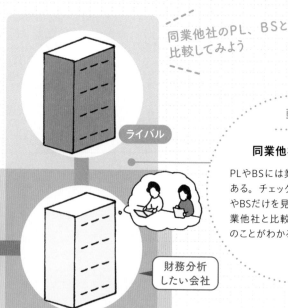

PLとBSのグラフを活用する財務分析では、1事業年度だけを見てもその会社についてわかることは色々あります。ただ、経営状態を評価するのであれば、2つの軸で比較する必要があります。

1つ目の軸は、同業他社との比較。業界や業種によって利益構造は異なっており、同業であればPLやBSにはある程度の共通項が見られるからです。例えば、利益率が比較的高い金融業などと、薄利多売のケースも多い小売業などと

2つの軸で比較すると
会社の輪郭が
よりはっきりするね

軸Ⅱ

過去との比較

過去のPL、BSと見比べることで、より会社のことがわかる。また、社会的要因の影響を大きく受ける年もあるので、複数年を見ておく必要がある。

過去のPL、BSと
比較してみよう

TIME
XX 年前
X 年前

では、目安となる数字は異なってきます。そのため、同業他社との比較が大切なのです。

２つ目の軸は、時系列での比較。過去のＰＬやＢＳと見比べることで、業績が伸びているのかどうか、これまでにどんな経営をしてきたか、などを読み解くことができます。

また、新型コロナウイルスの蔓延や大災害、景気の影響などが大きい年もあります。これも、複数年を比較することで、平時の状況を知ることができます。

CASE STUDY 1

NTTドコモとソフトバンク

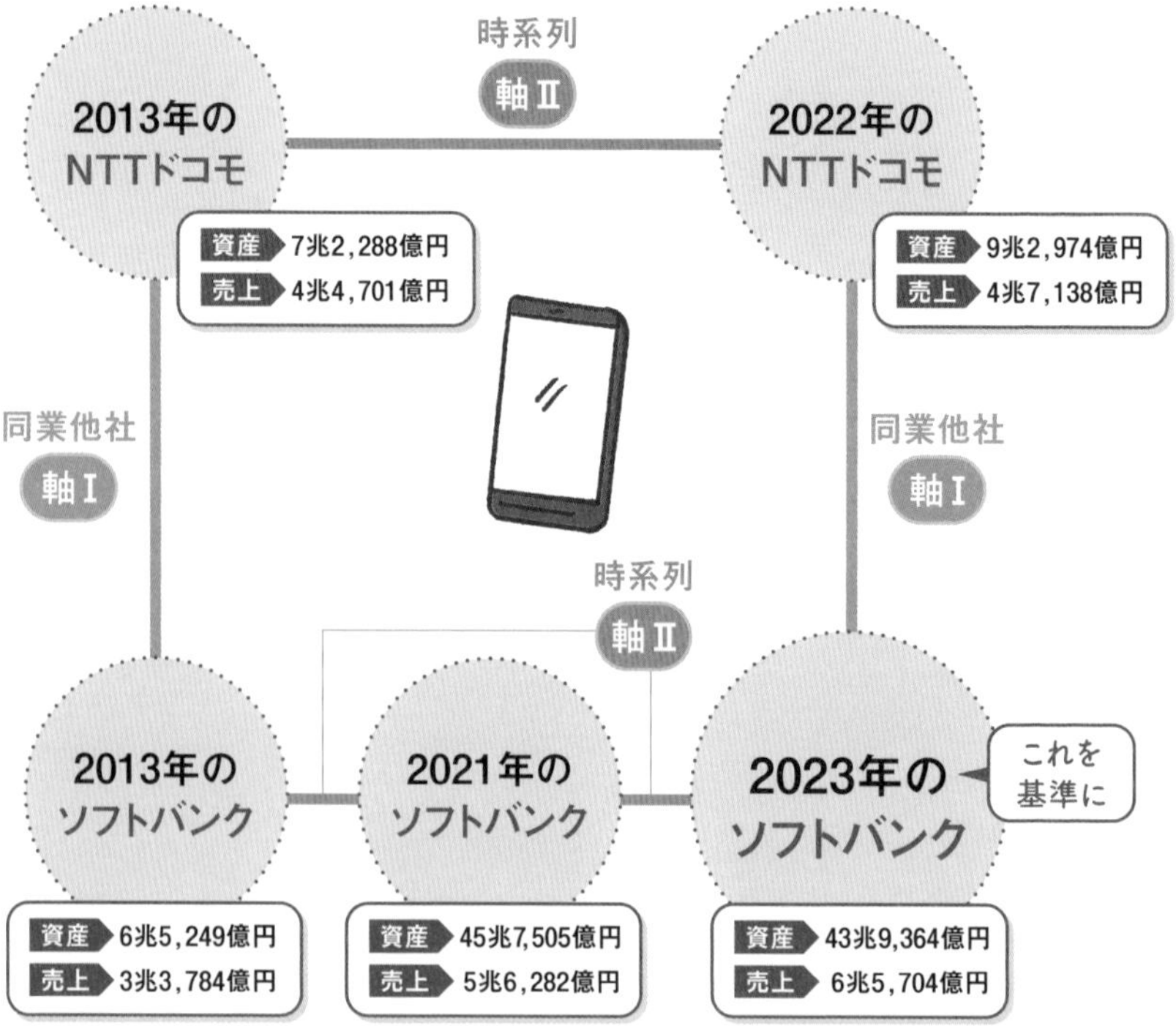

時系列
軸Ⅱ
2013年のNTTドコモ
資産 7兆2,288億円
売上 4兆4,701億円
2022年のNTTドコモ
資産 9兆2,974億円
売上 4兆7,138億円
同業他社
軸Ⅰ
同業他社
軸Ⅰ
時系列
軸Ⅱ
2013年のソフトバンク
資産 6兆5,249億円
売上 3兆3,784億円
2021年のソフトバンク
資産 45兆7,505億円
売上 5兆6,282億円
2023年のソフトバンク
これを基準に
資産 43兆9,364億円
売上 6兆5,704億円

それでは、実際に財務分析をしていきましょう。

図にしたＰＬとＢＳを使い、同業他社との比較、時系列での比較という、２つの軸で分析していきます。加えて、ＲＯＥ、財務レバレッジ、総資本回転率、利益率の４つの指標についてもチェックします。

紹介する事例は２つ。携帯電話業界のＮＴＴドコモとソフトバンクと、航空業界のＪＡＬ（日本航空）とＡＮＡ（全日空）です。

まずはＮＴＴドコモとソフトバンク。２０２３年３

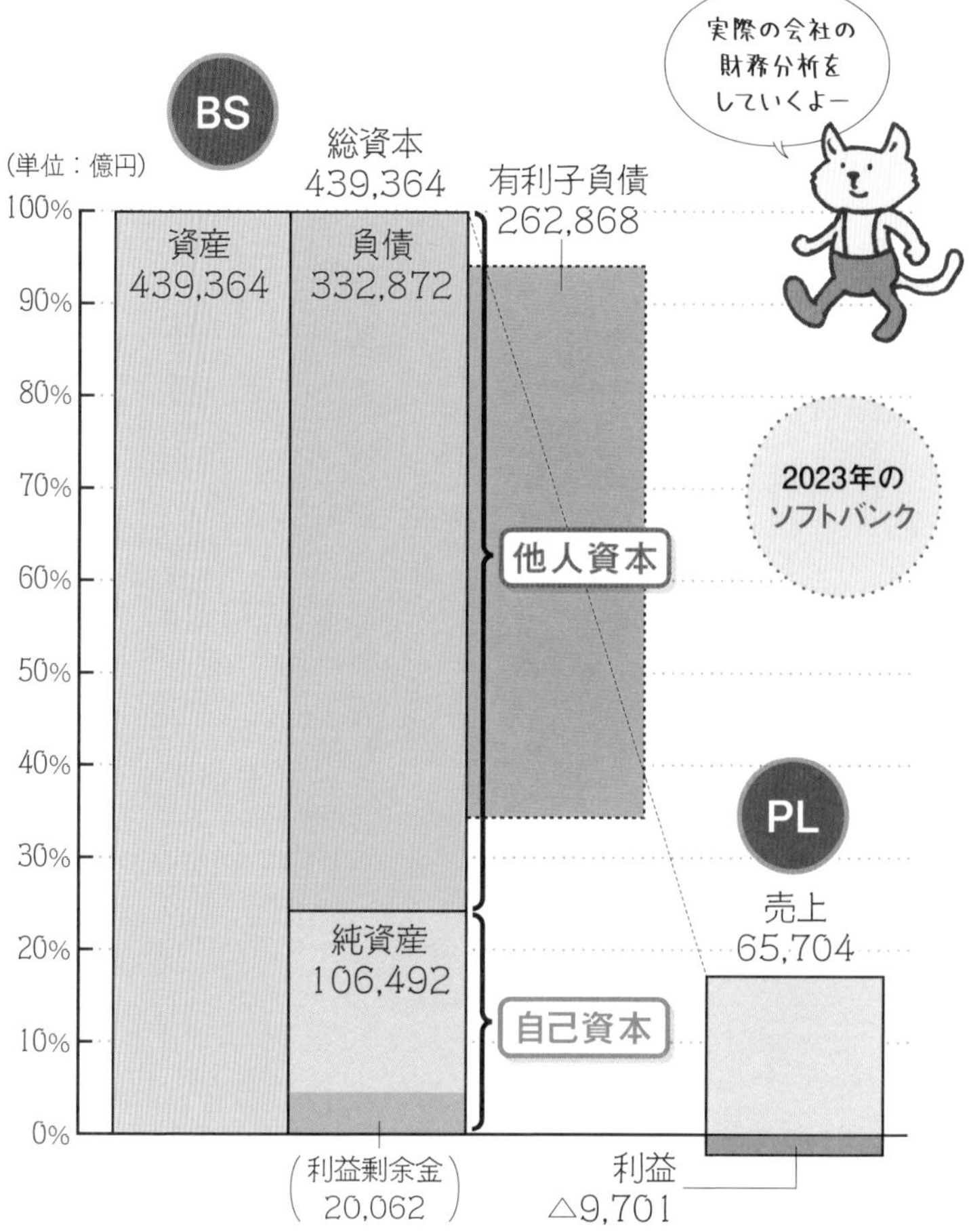

月期のソフトバンクを基準に見ていきます。なお、決算時期は会社によって異なりますが、この4社はいずれも3月期決算であるため、以下、「3月期」という表記は省略します。

また、本来は同じ年で比較したいところですが、NTTドコモは2020年に親会社のNTTが完全子会社とし、上場廃止になりました。2023年は決算短信や有価証券報告書が公表されていないため、本書では2022年のデータを用いています。

2013年のNTTドコモ

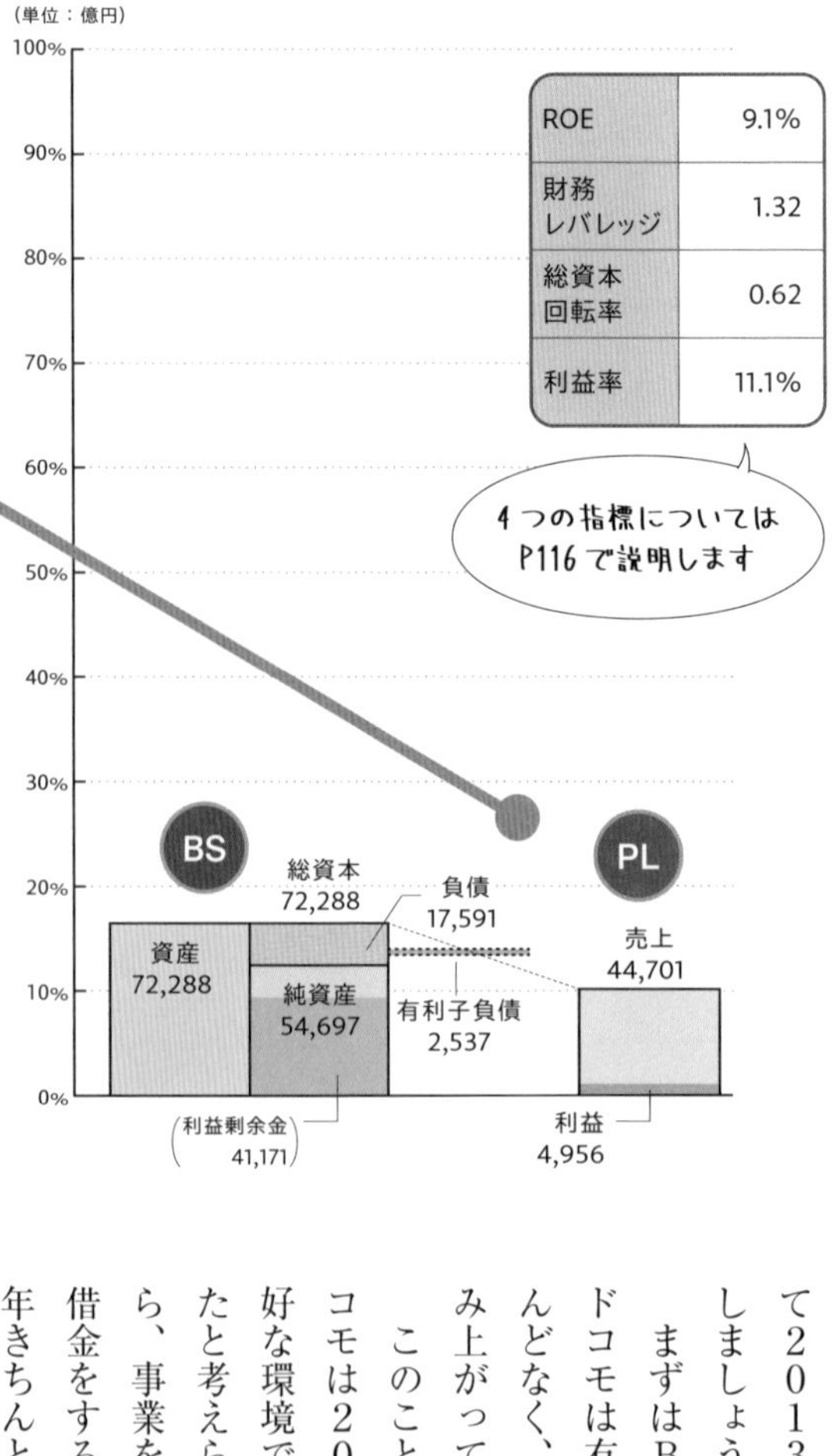
(単位：億円)
100%
90%
80%
70%
60%
50%
40%
30%
20%
10%
0%
4つの指標については
P116で説明します
BS
総資本
72,288
負債
17,591
資産
72,288
純資産
54,697
有利子負債
2,537
利益剰余金
41,171
PL
売上
44,701
利益
4,956

ROE	9.1%
財務レバレッジ	1.32
総資本回転率	0.62
利益率	11.1%

最初に、時計の針を戻して２０１３年の両者を比較しましょう。

まずはＢＳから。ＮＴＴドコモは有利子負債がほとんどなく、利益剰余金が積み上がっています。

このことから、ＮＴＴドコモは２０１３年以前に良好な環境で経営ができていたと考えられます。なぜなら、事業を継続するために借金をする必要がなく、毎年きちんと利益を出せていたと推測できるからです。

一方、ソフトバンクのＢ

2013年のソフトバンク

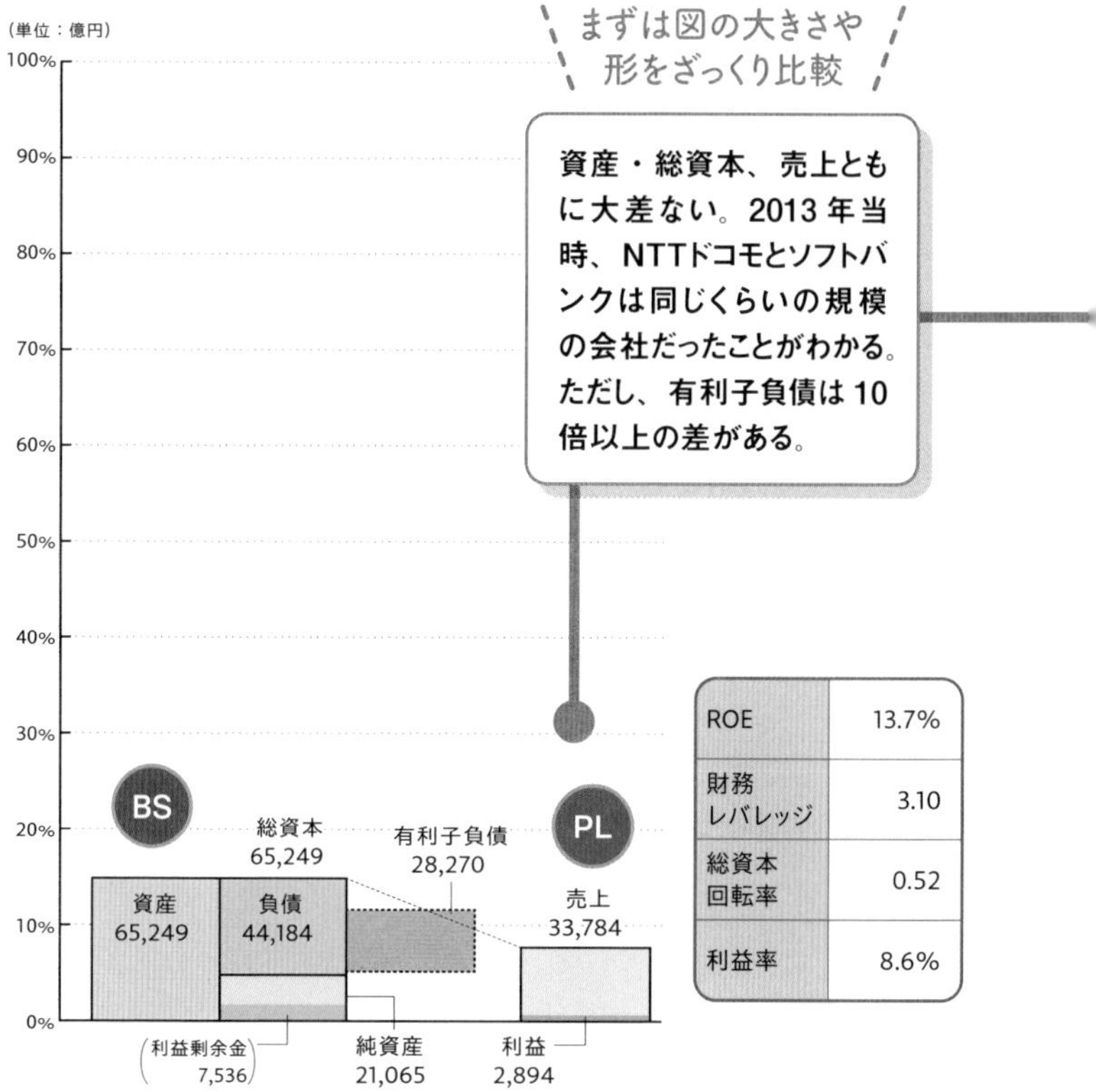

まずは図の大きさや
形をざっくり比較
資産・総資本、売上ともに大差ない。2013年当時、NTTドコモとソフトバンクは同じくらいの規模の会社だったことがわかる。ただし、有利子負債は10倍以上の差がある。
(単位：億円)
100%
90%
80%
70%
60%
50%
40%
30%
20%
10%
0%
BS
PL
総資本
65,249
有利子負債
28,270
資産
65,249
負債
44,184
売上
33,784
(利益剰余金
7,536)
純資産
21,065
利益
2,894

ROE	13.7%
財務レバレッジ	3.10
総資本回転率	0.52
利益率	8.6%

Sを見ると、比較的借金が多く、利益剰余金はNTTドコモほど積み上がっていません。

ソフトバンクの借金が多い理由は、歴史を紐解けばわかります。2006年には巨額の借金をして、自身より規模の大きかったボーダフォンを買収しました。それにより、企業規模が一気にNTTドコモに近づいたのです。

PLに目を移すと、NTTドコモの利益はソフトバンクの2倍弱であることがわかります。

2022年のNTTドコモ

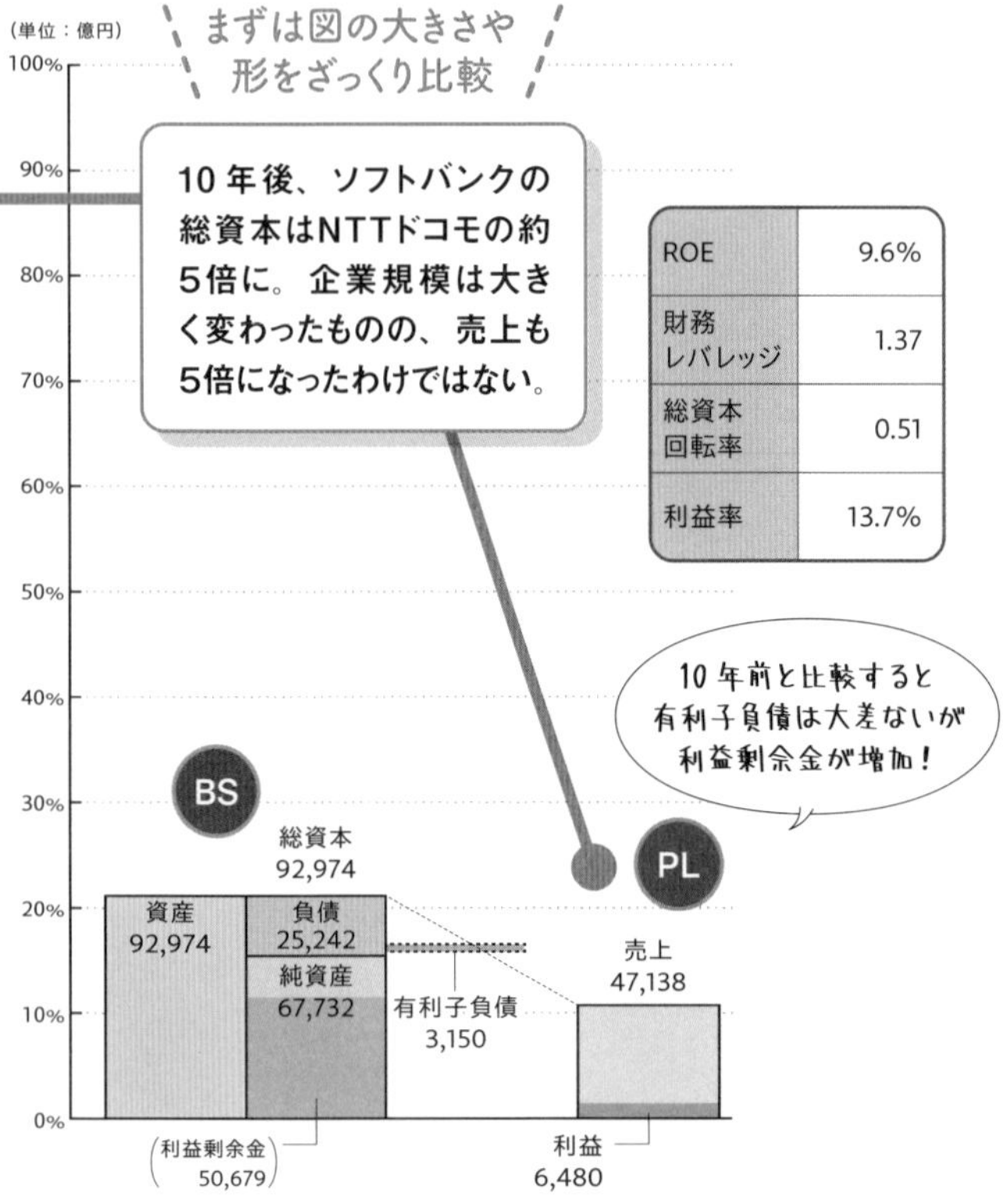
（単位：億円）
まずは図の大きさや
形をざっくり比較
10年後、ソフトバンクの
総資本はNTTドコモの約
5倍に。企業規模は大き
く変わったものの、売上も
5倍になったわけではない。
10年前と比較すると
有利子負債は大差ないが
利益剰余金が増加！
100%
90%
80%
70%
60%
50%
40%
30%
20%
10%
0%
BS
PL
総資本
92,974
資産
92,974
負債
25,242
純資産
67,732
有利子負債
3,150
売上
47,138
（利益剰余金
50,679）
利益
6,480

ROE	9.6%
財務レバレッジ	1.37
総資本回転率	0.51
利益率	13.7%

軸Ⅰ 同業他社との比較

次に、約10年後の両社の比較です。

ＮＴＴドコモのＢＳを見ると、２０１３年と同様に有利子負債がほとんどなく、利益剰余金が１兆円近く増えています。ＰＬからは、売上が約２５００億円伸びたことがわかります。この約10年間も、良好な事業を継続してきたことがうかがえます。

一方、ソフトバンクのＢＳに目を移すと、10年間で総資本はＮＴＴドコモの約5倍になったことがわかり

2023年のソフトバンク

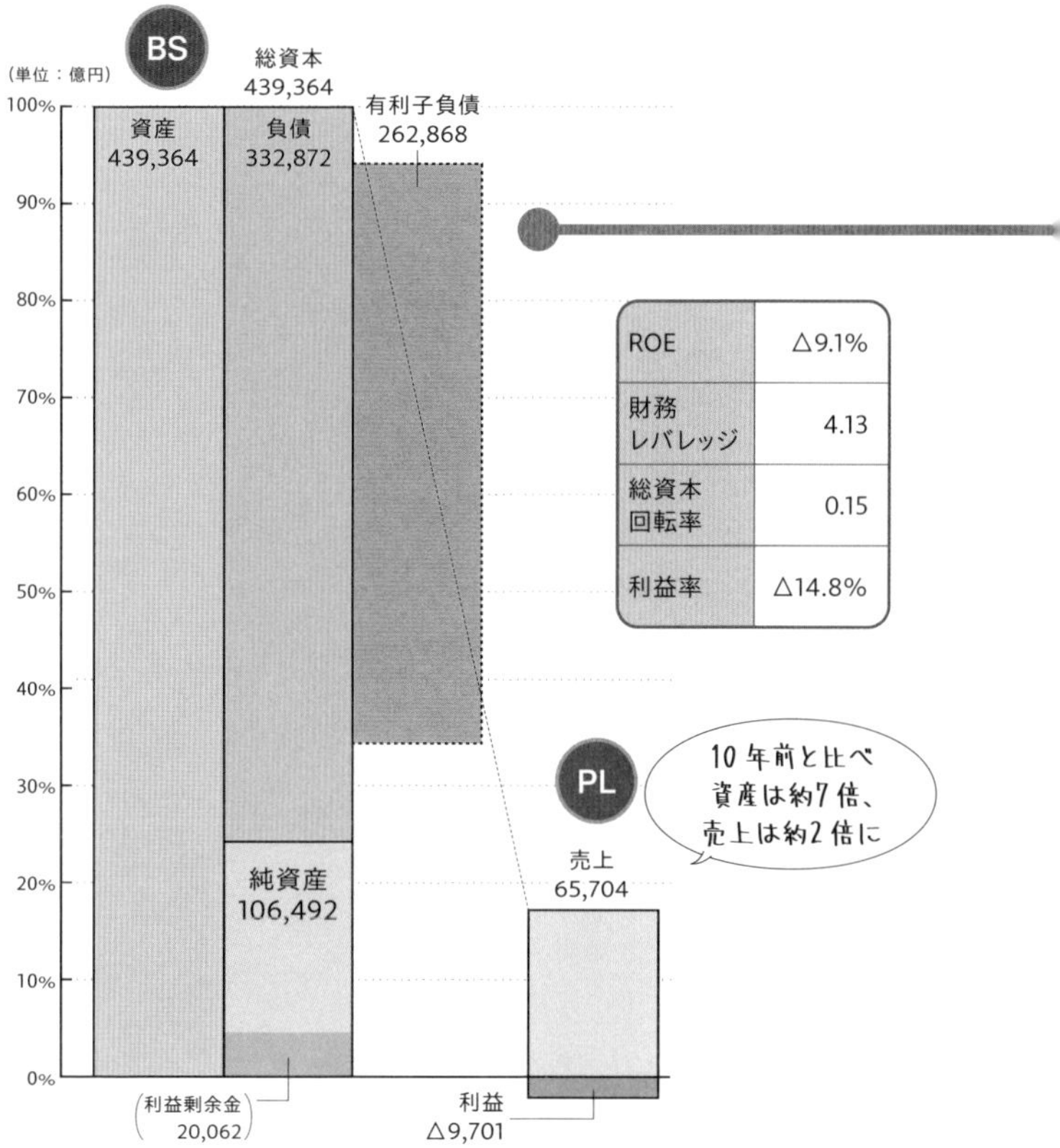
BS
（単位：億円）
総資本
439,364
100%
90%
80%
70%
60%
50%
40%
30%
20%
10%
0%
資産
439,364
負債
332,872
有利子負債
262,868
純資産
106,492
（利益剰余金
20,062）
PL
売上
65,704
利益
△9,701
10年前と比べ
資産は約7倍、
売上は約2倍に

ROE	△9.1%
財務レバレッジ	4.13
総資本回転率	0.15
利益率	△14.8%

ます。

　ソフトバンクは「携帯電話の事業会社」ではなく「投資会社」といわれることもありますが、ZOZO、アリババなど国内外の多くの企業に投資しています。資産規模は、投資した多くの企業の株式が積み上がっているためです。投資やM&A（合併や吸収）によって急拡大したのです。

　PLに目を移すと、約1兆円と巨額の赤字を計上しています。NTTドコモと異なり、事業が順調ではないのでしょうか。

2022年のNTTドコモ

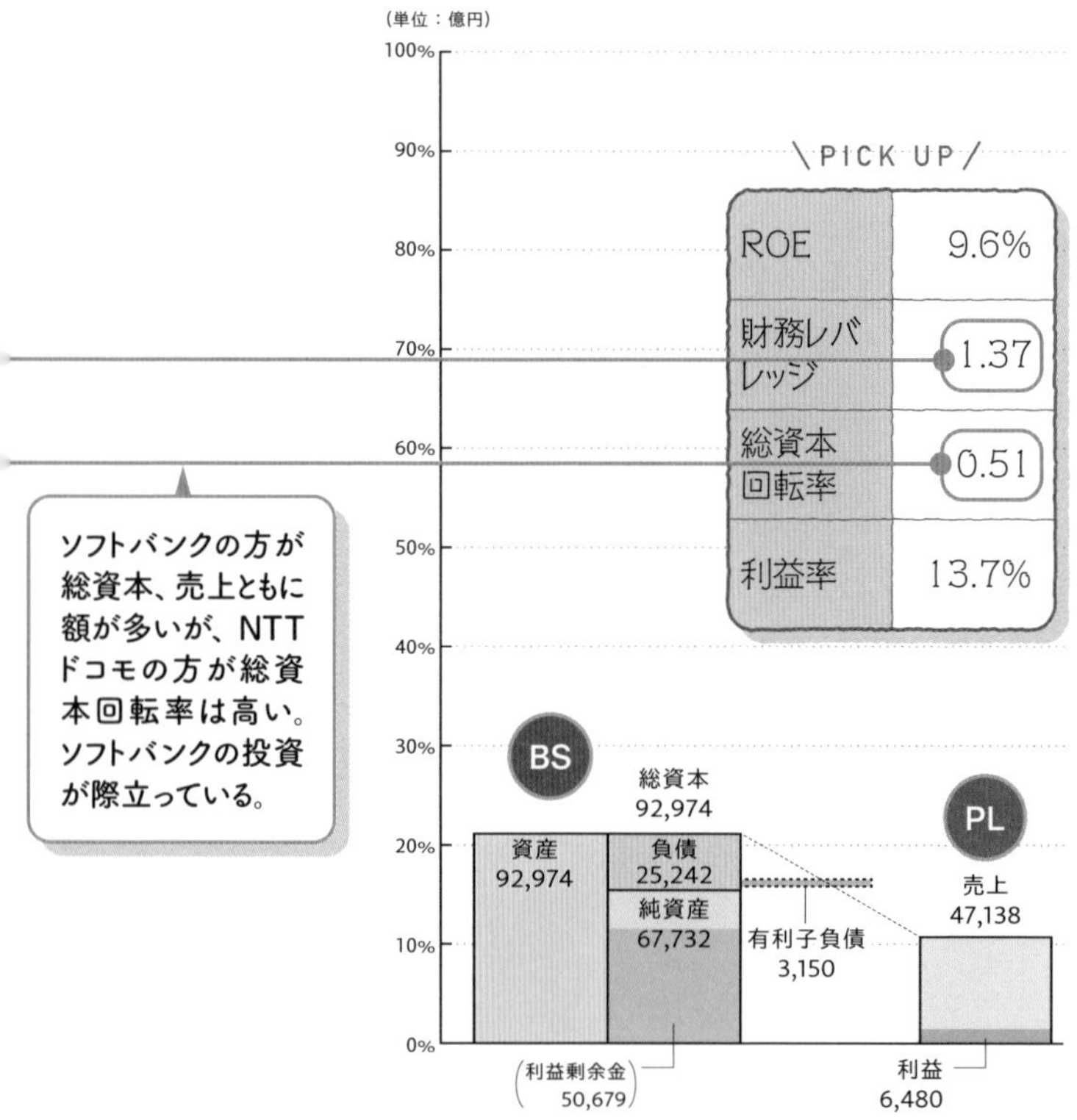
(単位：億円)
100%
90%
80%
70%
60%
50%
40%
30%
20%
10%
0%
PICK UP
ROE 9.6%
財務レバレッジ 1.37
総資本回転率 0.51
利益率 13.7%
ソフトバンクの方が総資本、売上ともに額が多いが、NTTドコモの方が総資本回転率は高い。ソフトバンクの投資が際立っている。
BS
総資本
92,974
資産
92,974
負債
25,242
純資産
67,732
有利子負債
3,150
(利益剰余金
50,679)
PL
売上
47,138
利益
6,480

4つの指標

両社の4つの指標も見ておきましょう。

計算した数値も示しましたが、P102で説明したよう、PLとBSを図にすると4つの指標は直感的に把握できます。

財務レバレッジは、ソフトバンクが4・13、NTTドコモが1・37ですが、図を見ると、ソフトバンクは有利子負債が多く、他人資本が多いことがわかります。一方、NTTドコモは有利子負債が少なく自己資本が多い状況だとわかります。

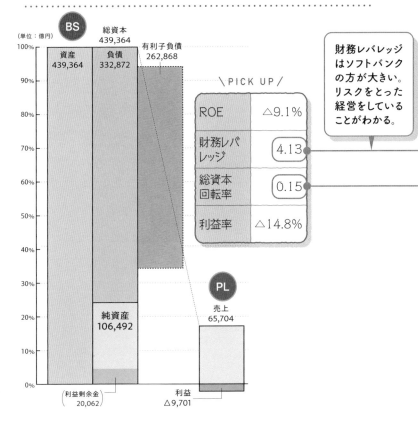

2023年のソフトバンク

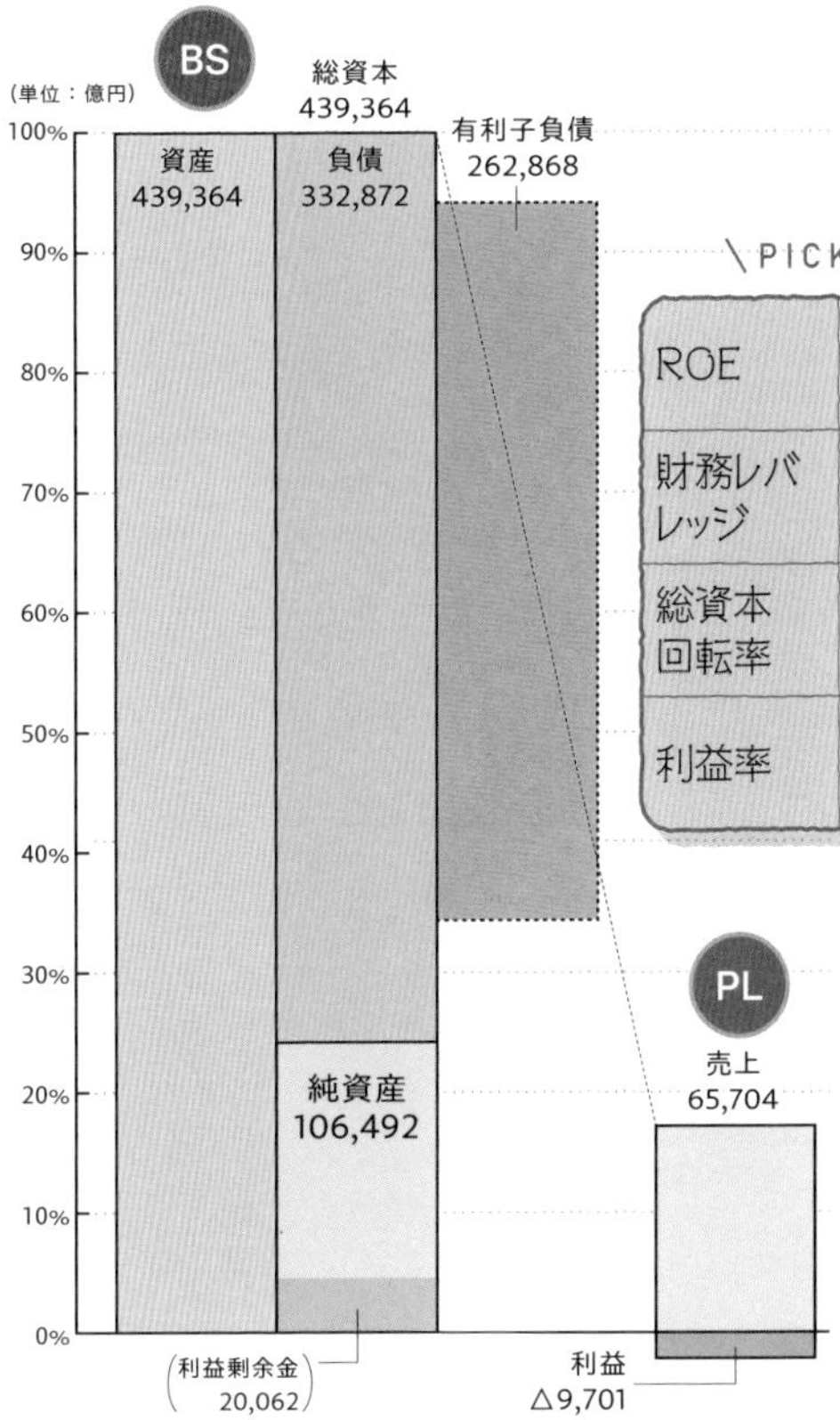

BS
（単位：億円）
総資本
439,364
資産
439,364
負債
332,872
有利子負債
262,868
純資産
106,492
（利益剰余金
20,062）
100%
90%
80%
70%
60%
50%
40%
30%
20%
10%
0%
PL
売上
65,704
利益
△9,701

＼PICK UP／

ROE	△9.1%
財務レバレッジ	4.13
総資本回転率	0.15
利益率	△14.8%

財務レバレッジはソフトバンクの方が大きい。リスクをとった経営をしていることがわかる。

実際、ソフトバンクはレバレッジをかけて積極的な経営をしています。一方でNTTドコモは、財務レバレッジの低い安定的な経営だといえます。

総資本回転率については、ソフトバンクの方が売上が大きいものの、総資本が極端に大きいこともあり、値は小さくなっています。これは、ZOZOやアリババなど国内外の多くの企業に投資しているからです。

また、ソフトバンクは赤字のため、ROEと利益率はマイナスになっています。

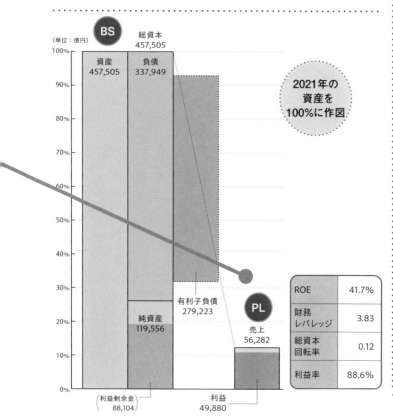

2021 年のソフトバンク

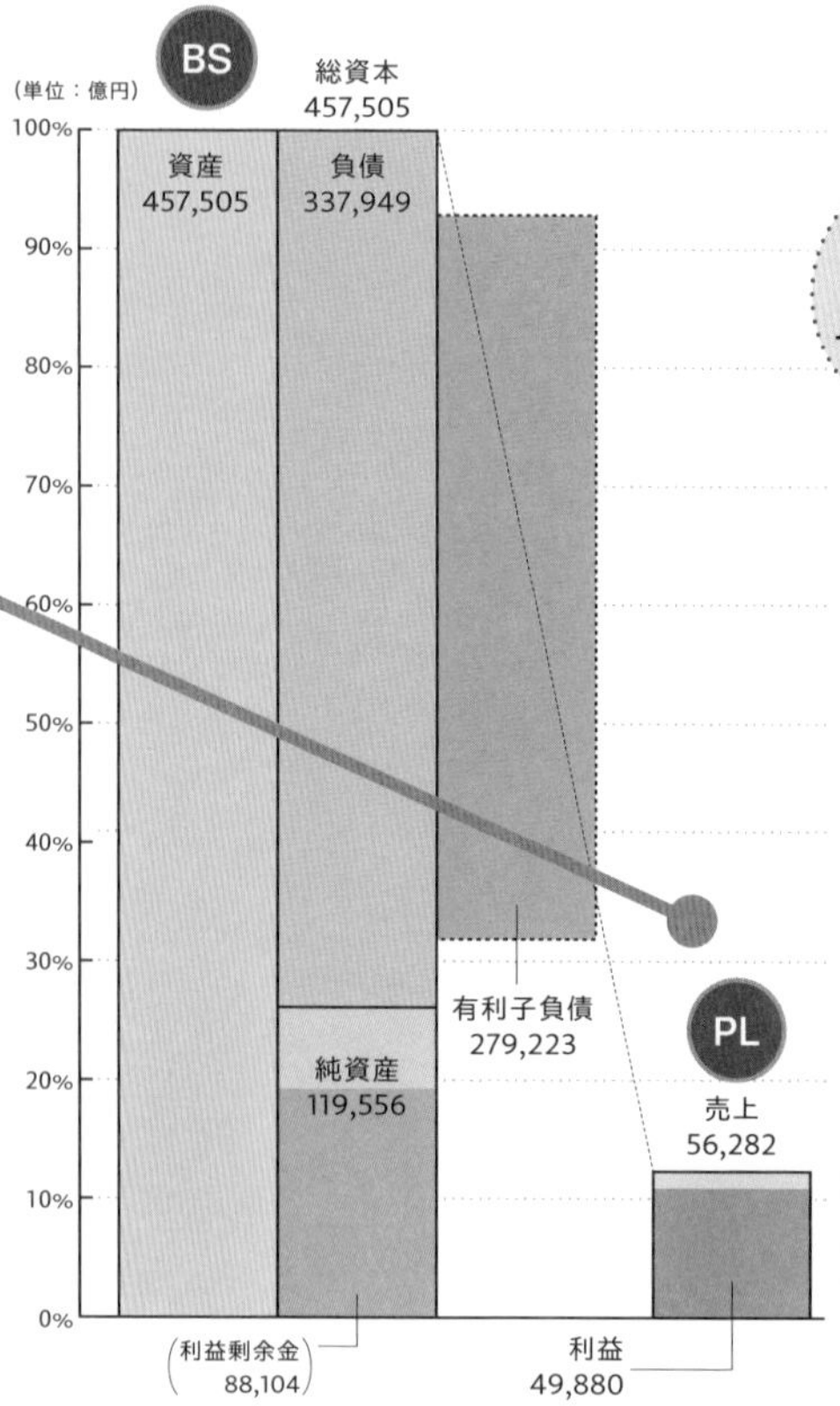
BS
(単位：億円)
総資本
457,505
100%
90%
80%
70%
60%
50%
40%
30%
20%
10%
0%
資産
457,505
負債
337,949
純資産
119,556
(利益剰余金
88,104)
有利子負債
279,223
2021年の
資産を
100%に作図
PL
売上
56,282
利益
49,880

ROE	41.7%
財務レバレッジ	3.83
総資本回転率	0.12
利益率	88.6%

軸Ⅱ

時系列での比較

ソフトバンクの2021年と2023年を比較すると、BSもPLも形や大きさはほぼ同じです。総資本も売上も、大きな変化はありません。

注目すべきは、2021年の莫大な利益です。主な要因は、株式の評価益です。

ソフトバンクの資産はP115で説明したよう、投資先の企業の株式が積み上がった結果。これらの株価が上がれば、年度末の評価替えによって資産は膨らみます。

BSは左右の金額が一致

2023年のソフトバンク

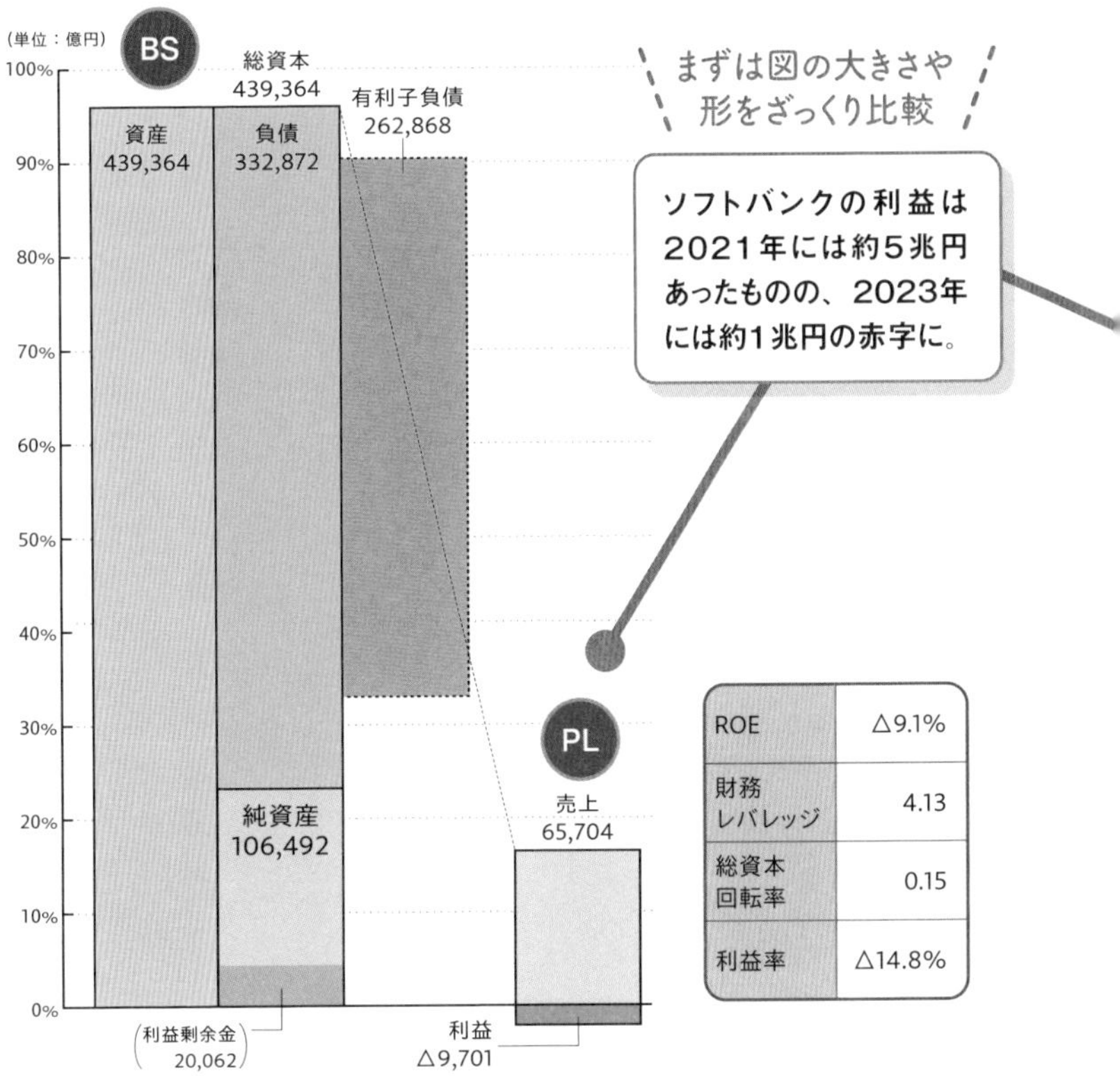

(単位：億円)
BS
100%
90%
80%
70%
60%
50%
40%
30%
20%
10%
0%
総資本
439,364
資産
439,364
負債
332,872
有利子負債
262,868
純資産
106,492
利益剰余金
20,062
PL
売上
65,704
利益
△9,701
まずは図の大きさや
形をざっくり比較
ソフトバンクの利益は
2021年には約5兆円
あったものの、2023年
には約1兆円の赤字に。

ROE	△9.1%
財務レバレッジ	4.13
総資本回転率	0.15
利益率	△14.8%

するため、左側の資産が膨らんだだけでは終わりません。株価が上がれば、評価益でPLの利益も上がり、BSの右側の利益剰余金も増えて総資本も膨らみます。

逆に、株価が下がってBSの資産が少なくなれば、PLに株式の評価損が計上されて利益が圧縮され、総資本も少なくなります。

ここで大切なのは、利益とはそういうものだということ。利益とは現金実態ではなく、会計のルールで計算された、その期の事業成績を表す数字なのです。

2009年のJAL

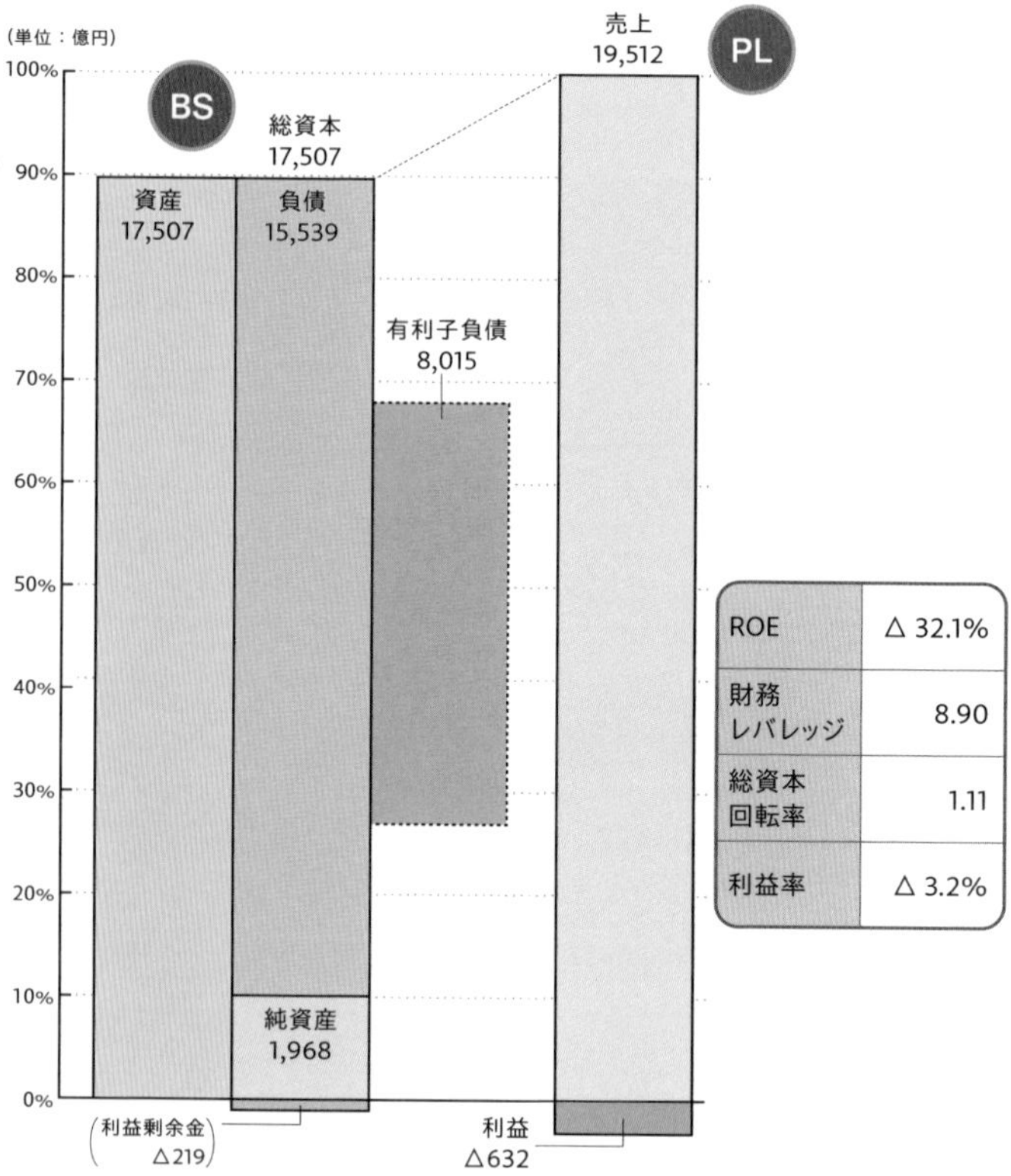

(単位：億円)
100%
90%
80%
70%
60%
50%
40%
30%
20%
10%
0%
BS
PL
資産 17,507
総資本 17,507
負債 15,539
純資産 1,968
(利益剰余金 △219)
有利子負債 8,015
売上 19,512
利益 △632
ROE △32.1%
財務レバレッジ 8.90
総資本回転率 1.11
利益率 △3.2%

軸Ⅰ 同業他者との比較

次は航空業界のJALとANAです。まずは2009年。JALの売上の1兆9512億円を100%にして作図しています。

少し古いものを最初に紹介するのは、JALが経営破綻する直前だからです。

では、グラフを見ていきましょう。まず、有利子負債の多さが目に入ったのではないでしょうか。確かに両社とも、借金が多いです。ただ、それだけで「経営状態が悪い」とは言えません。

航空業界はサービス産業

2009年のANA

まずは図の大きさや形をざっくり比較

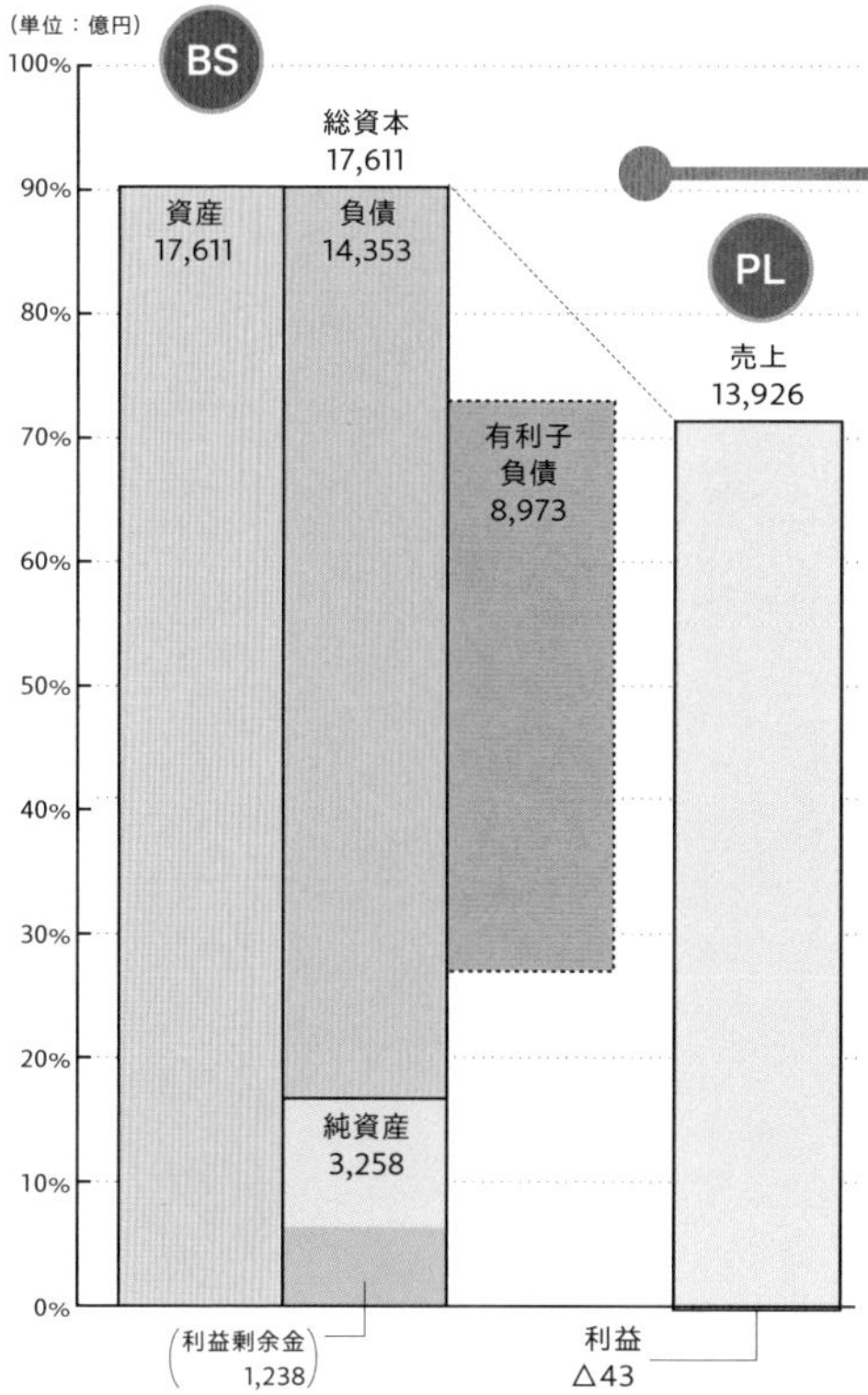
（単位：億円）
BS
100%
90%
80%
70%
60%
50%
40%
30%
20%
10%
0%
総資本
17,611
資産
17,611
負債
14,353
有利子
負債
8,973
純資産
3,258
（利益剰余金
1,238）
PL
売上
13,926
利益
△43

破綻直前のJALは、ANAより売上が多いものの、多額の赤字を計上。利益剰余金もマイナスになっていた。

ROE	△1.3%
財務レバレッジ	5.41
総資本回転率	0.79
利益率	△0.3%

の側面もありますが、業態としては装置産業です。高額の航空機を買うかリースし、それを活用して利益をあげています。莫大な投資が必要な産業は借金が多いのが一般的。鉄鋼、製紙、不動産なども同様です。

では、JALはどこが問題だったのでしょう。

利益に注目すると、600億円超の赤字になっています。売上はANAより5000億円以上多いものの、本業の営業活動で利益があげられない状況になっていたのです。

2009年のJAL 経営破綻前

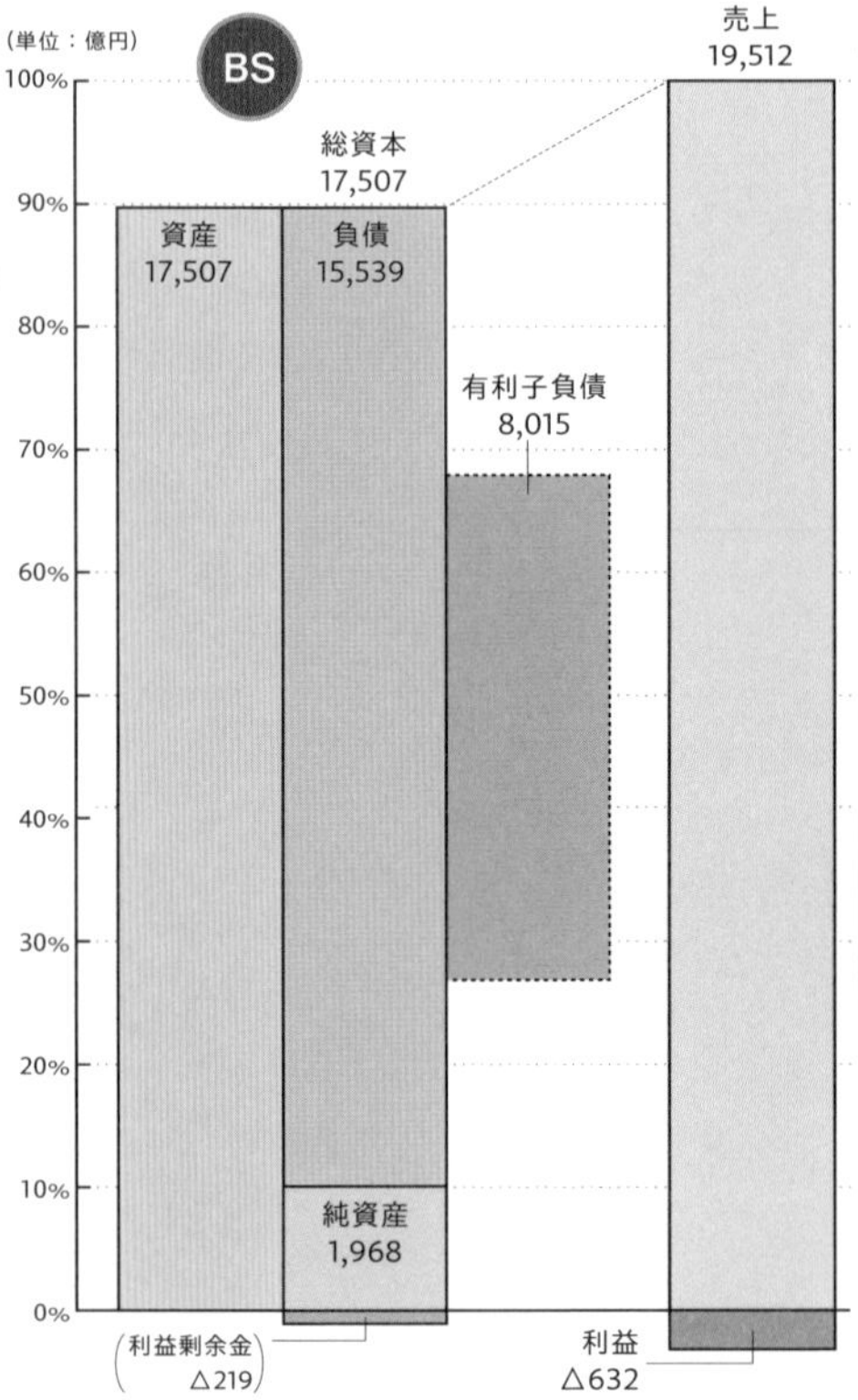
(単位：億円)
BS
PL
100%
90%
80%
70%
60%
50%
40%
30%
20%
10%
0%
総資本
17,507
資産
17,507
負債
15,539
有利子負債
8,015
純資産
1,968
(利益剰余金
△219)
売上
19,512
利益
△632

ROE	△32.1%
財務レバレッジ	8.90
総資本回転率	1.11
利益率	△3.2%

軸Ⅱ 時系列での比較

ＪＡＬは２０１０年に経営破綻しますが、わずか２年で破綻処理を済ませ、再上場します。破綻直前と再上場後を比較しましょう。

再上場後、ＰＬもＢＳもかなり小さくなりました。顕著な変化は有利子負債。これは、経営破綻処理の過程で、大手金融機関の債務免除があったからです。

では、ＪＡＬは金融機関の支援だけで立ち直ったのでしょうか。ＢＳの資産も減っていますね。２００９年当時、ＪＡＬは使用頻度

2012年のJAL 再上場

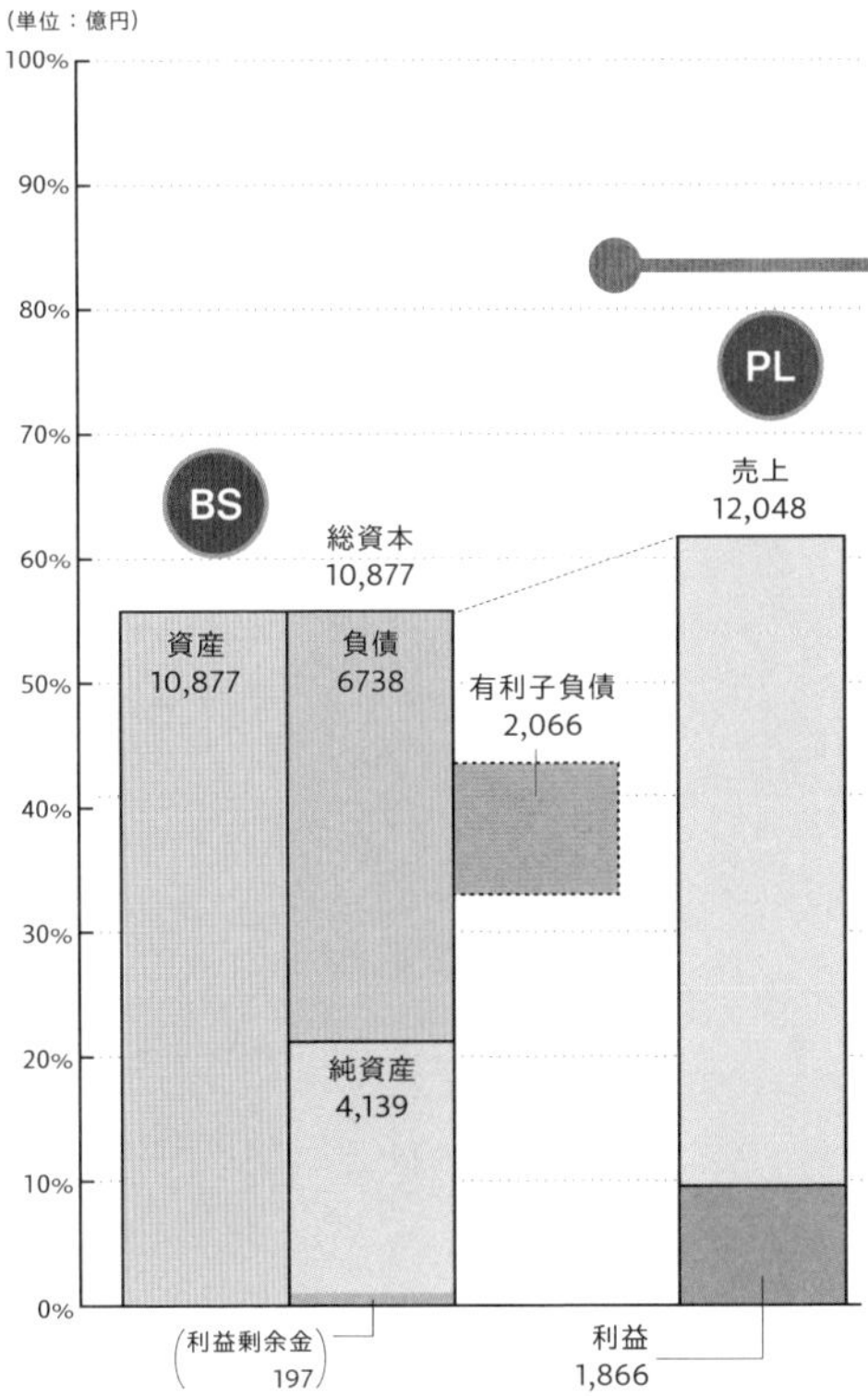

(単位：億円)
100%
90%
80%
70%
60%
50%
40%
30%
20%
10%
0%
BS
PL
総資本
10,877
資産
10,877
負債
6738
純資産
4,139
有利子負債
2,066
売上
12,048
利益剰余金
197
利益
1,866

まずは図の大きさや形をざっくり比較

わずか2年で破綻処理は完了。BSもPLも小さくなった。利益は黒字になり、有利子負債は激減した。

ROE	45.1%
財務レバレッジ	2.63
総資本回転率	1.11
利益率	15.5%

の低いジャンボジェット機を多数保有していましたが、この間に全機売却しました。

さらに、利益を見ると、632億円の赤字が1866億円の黒字に改善されています。細かいコストダウン努力の積み上げもありましたが、利益の改善に最も影響があったのは、全従業員数の3分の1に及ぶ約1万6千人の人員削減でした。

このように、PLとBSには、債務免除、固定資産の圧縮、人員削減といった事業再生のプロセスが表われるのです。

2020年のANA コロナ前

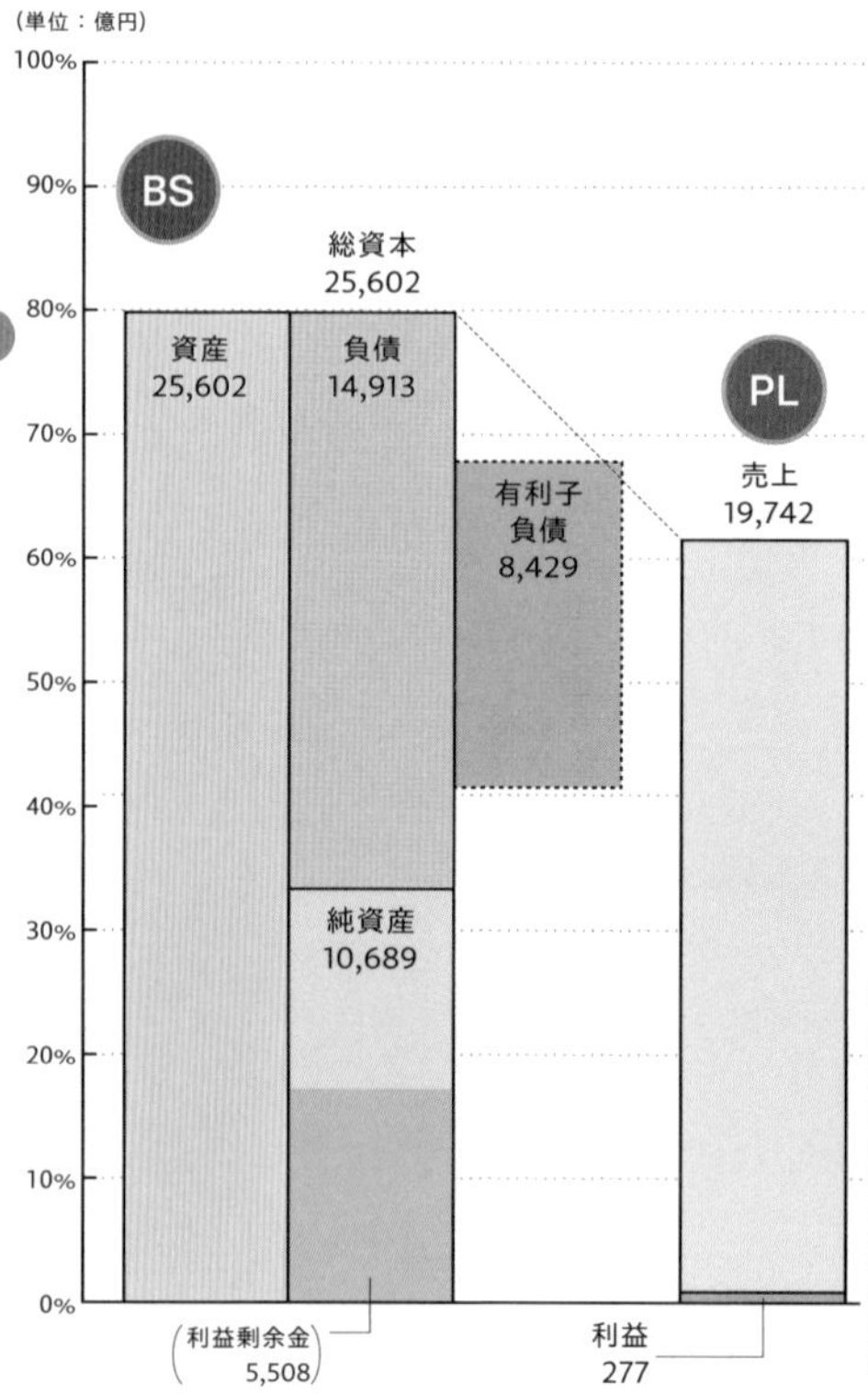
(単位：億円)
100%
90%
80%
70%
60%
50%
40%
30%
20%
10%
0%
BS
総資本
25,602
資産
25,602
負債
14,913
有利子
負債
8,429
純資産
10,689
利益剰余金
5,508
PL
売上
19,742
利益
277

ROE	2.6%
財務レバレッジ	2.40
総資本回転率	0.77
利益率	1.4%

軸II 時系列での比較

最後に、新型コロナウイルス蔓延の前後のANAを見ていきましょう。影響がほとんどなかった2020年と、大きな影響を受けた2021年を比較します。

2021年は売上が前年度の3分の1近くにまで減少し、莫大な赤字を計上しました。

ただ、売上が激減したにもかかわらず、BSは大きくなっています。これはどういうことなのでしょうか。

まず、利益剰余金を比較しましょう。約4000億

2021年のANA コロナ禍

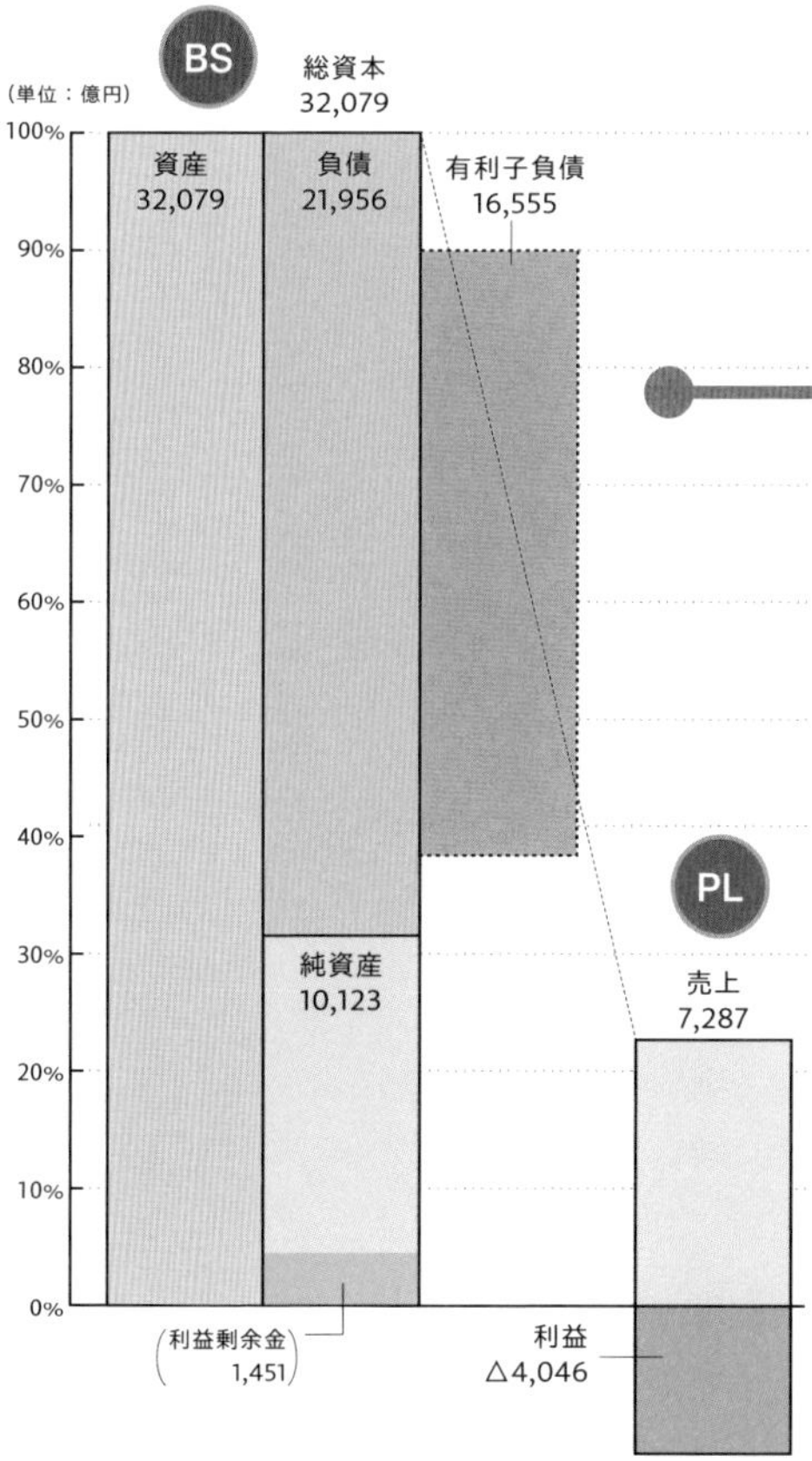
BS
(単位：億円)
総資本
32,079
100%
90%
80%
70%
60%
50%
40%
30%
20%
10%
0%
資産
32,079
負債
21,956
有利子負債
16,555
純資産
10,123
(利益剰余金
1,451)
PL
売上
7,287
利益
△4,046

まずは図の大きさや形をざっくり比較

利益は激減し、有利子負債が大幅に増えている。コロナの影響を受けたこと、今後に備えて資金手当したことがうかがえる。

2021年の資産を100%に作図

ROE	△40.0%
財務レバレッジ	3.17
総資本回転率	0.23
利益率	△55.5%

円減っています。これは利益がマイナスになった影響です。ただ、純資産はあまり変わっていません。ここから、利益剰余金の減額と同等規模の増資が行われたのではないか、と推測できます。さらに負債も大きく増えています。

実は、ANAはこの年、約3000億円の増資と、約8000億円の借金をしました。当時は、コロナがいつ収束するかわかりませんでした。経営陣は1兆円を超える資金手当をして将来に備えたのです。

これも重要！

4

会社のPLとBSはどうやって手に入れる？

３章では、ＮＴＴドコモ、ソフトバンク、ＪＡＬ、ＡＮＡの４社の財務分析をしました。財務分析を行うためには、まず各社のＰＬとＢＳを入手する必要があります。

これらの決算書類は、各社のHPの「株主・投資家情報」や「IR（Investor Relations）」などのページに、「有価証券報告書」としてアップされています。有価証券報告書とはＰＬ、ＢＳ、ＣＳなどを含めた、会社の経営状況をまとめた書類です。

３月末決算の場合、有価証券報告書が公表されるのは、６月の定時株主総会以降。ただし、速報的な値が「決算短信」として、５月上旬ごろにアップされるのが一般的です。ちなみに「四半期決算短信」は四半期毎に公表されます。

会社のHPには、売上高や利益、会社の戦略や計画をわかりやすくまとめているものが増えています。2024年に新ＮＩＳＡが始まったこともあり、個人投資家にアピールしたい企業は多いので、チェックしてみると会社の様々な情報を得られるでしょう。

ただし、公表義務があるのは上場企業のみです。P111で触れたように、ＮＴＴドコモなど非上場の会社は公表していないケースが大半です。

Chapter

4

財務諸表をもう少し詳しく見ていこう

この章でわかること

- PLについてより詳しくわかる！
- BSについてより詳しくわかる！
- CSの特徴や財務分析への活用方法がわかる！

PLの利益は5つある

これまでの
PL
売上
費用
利益

ボクは本当は、
もう少し複雑な形を
しているんだ！
PL

３章まで、会計の全体像や基本的な仕組みを理解しやすいよう、ＰＬとＢＳを単純化して説明してきました。しかし実際は、もう少し複雑です。まずは、これまでに説明してきたＰＬとＢＳと、実際のものとの違いを紹介しましょう。

最初はＰＬ。これまで「売上」「費用」「利益」の３ブロックだと説明してきましたが、実際は「収益」、「費用」、「利益」の３つで構成されています。

ちなみに、収益は「売上高」、「営業外収益」、「特別

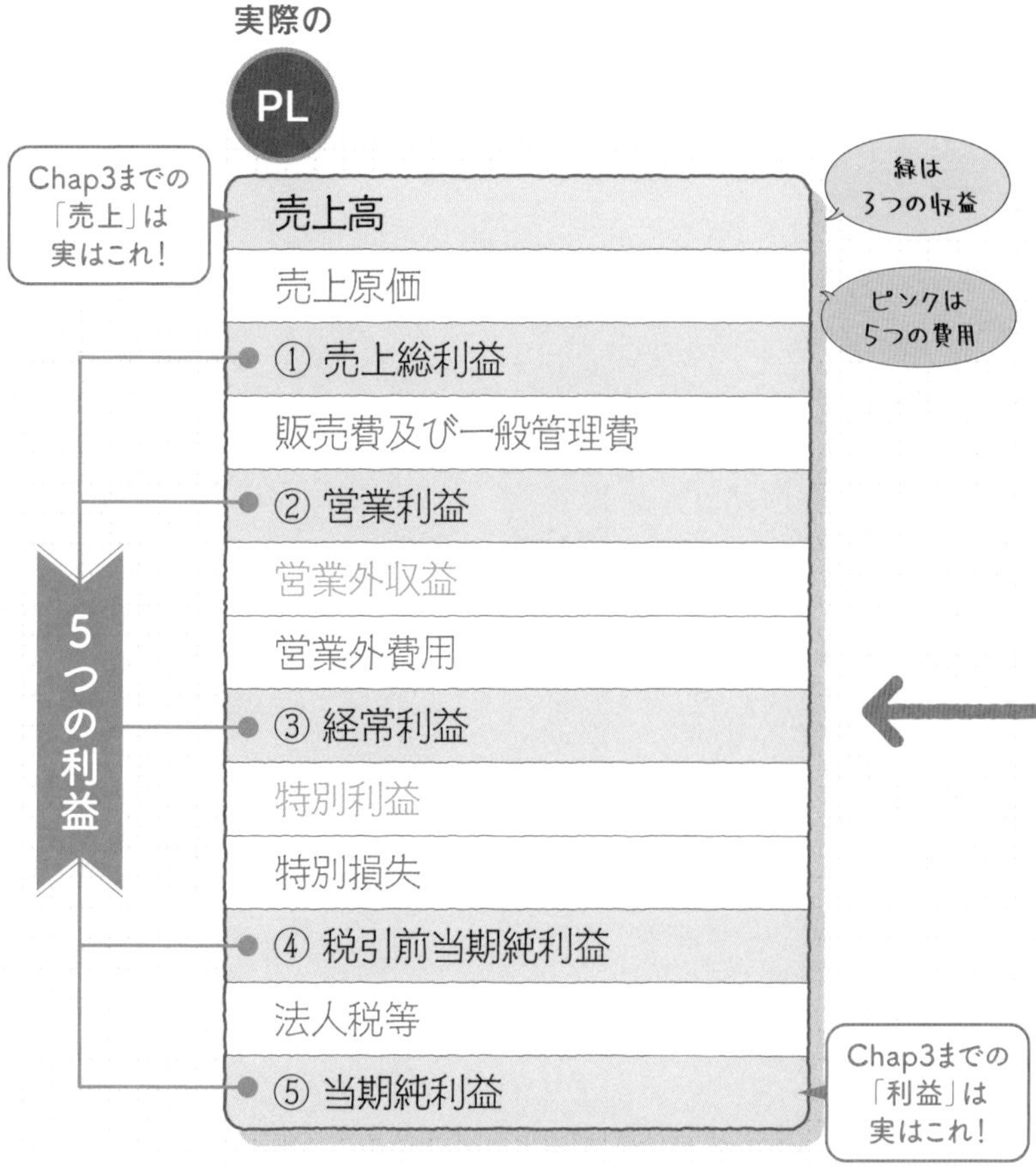

実際の
PL
Chap3までの「売上」は実はこれ！
売上高
売上原価
① 売上総利益
販売費及び一般管理費
② 営業利益
営業外収益
営業外費用
③ 経常利益
特別利益
特別損失
④ 税引前当期純利益
法人税等
⑤ 当期純利益
緑は3つの収益
ピンクは5つの費用
5つの利益
Chap3までの「利益」は実はこれ！

利益」の3つです。

これまで「売上」としてきたのは、実は「売上高」。売上高は、商品やサービスを提供して得られるお金で、収益のひとつです。

従って、「利益＝売上－費用」についても、「利益＝収益－費用」となります。

実際のPLでまずおさえたいのは、「利益は5つある」という点。収益に売上高以外のものがあるのと同様、利益は5つあるのです。

実は費用も5つあり、実際のPLにはこれらが記載されています。

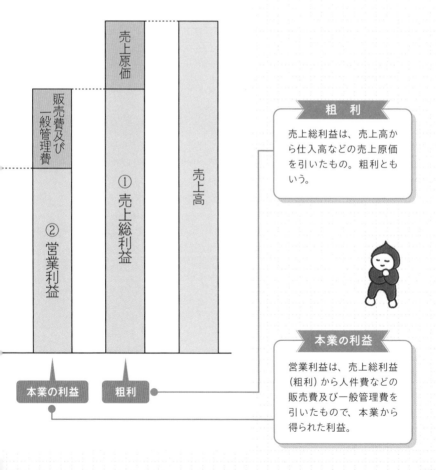

PLの5つの利益は段階を追ったものになっている

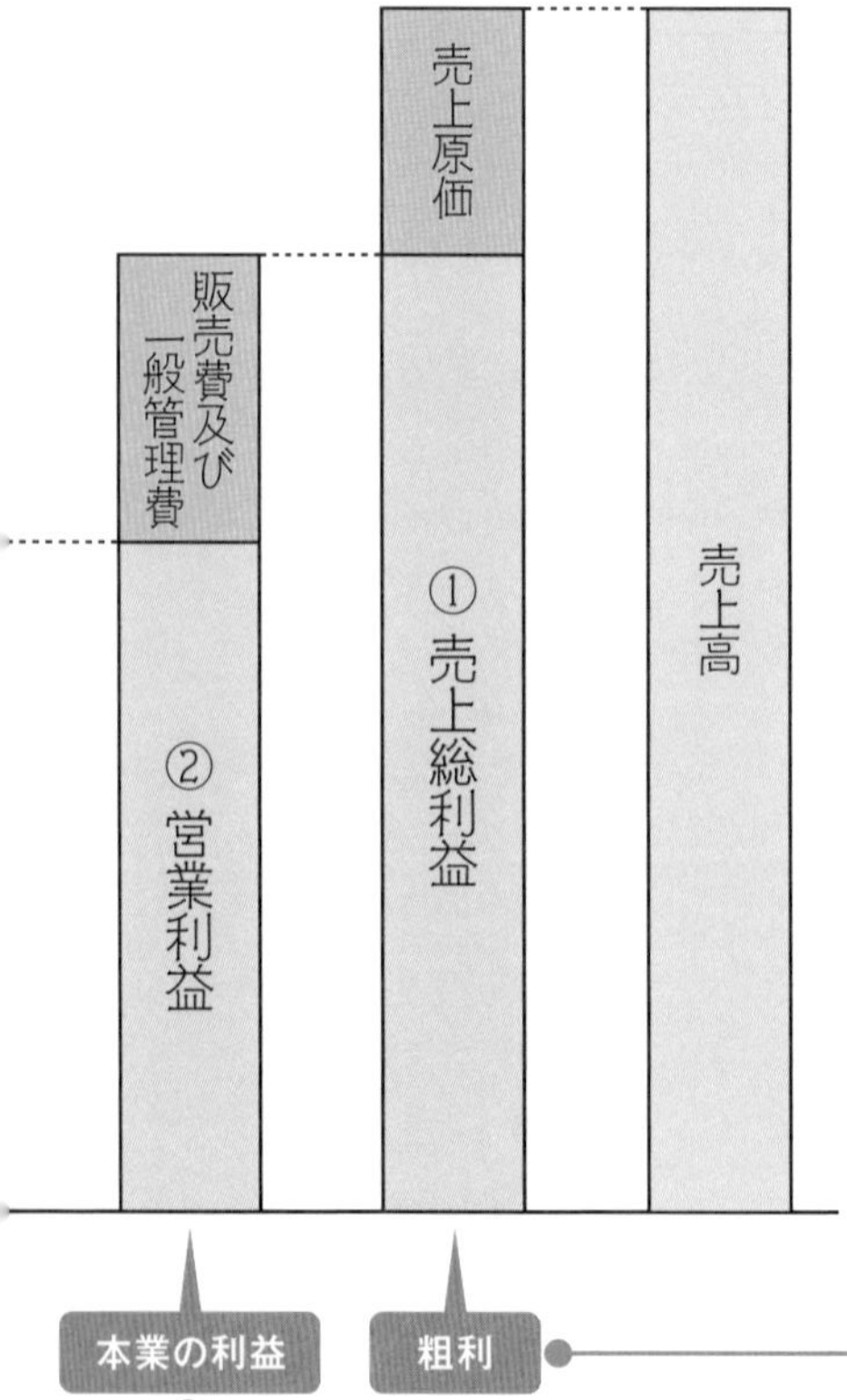
売上原価
販売費及び一般管理費
①売上総利益
売上高
②営業利益
本業の利益
粗利

粗　利

売上総利益は、売上高から仕入高などの売上原価を引いたもの。粗利ともいう。

本業の利益

営業利益は、売上総利益（粗利）から人件費などの販売費及び一般管理費を引いたもので、本業から得られた利益。

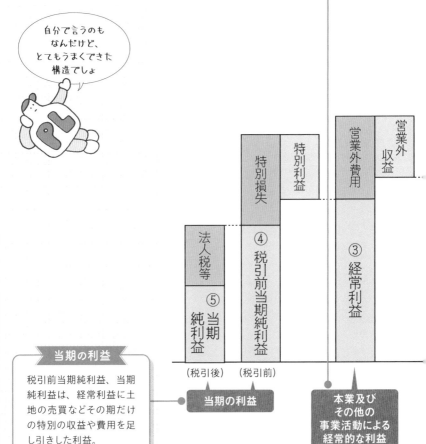

経常的な利益

経常利益は、営業利益に本業以外の収益や費用を足し引きしたもので、会社のすべての事業で生まれる経常的な利益のこと。

自分で言うのも
なんだけど、
とてもうまくできた
構造でしょ

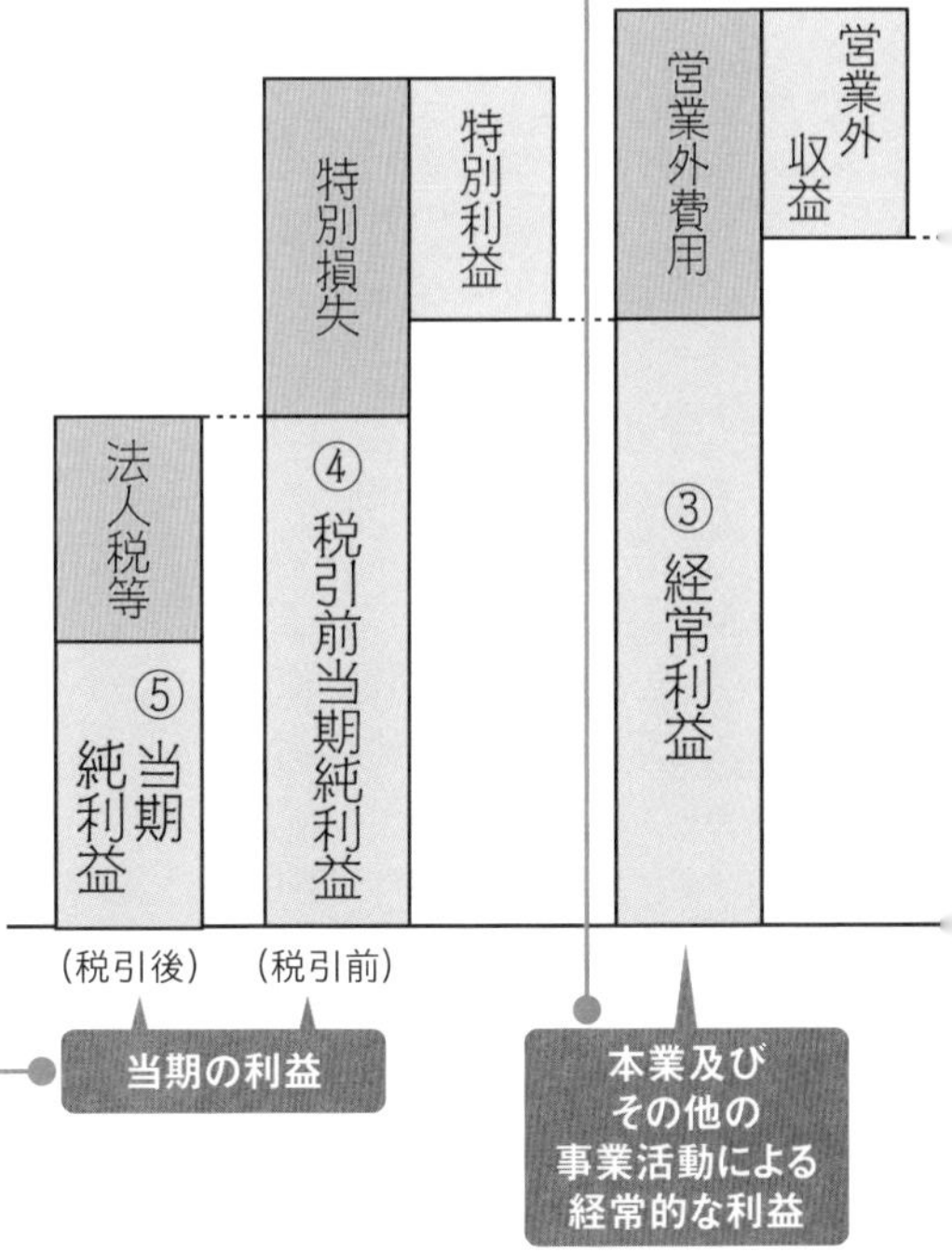

営業外収益
営業外費用
③経常利益
特別利益
特別損失
④税引前当期純利益
法人税等
⑤当期純利益
(税引後)
(税引前)
当期の利益
本業及びその他の事業活動による経常的な利益

当期の利益

税引前当期純利益、当期純利益は、経常利益に土地の売買などその期だけの特別の収益や費用を足し引きした利益。

利益

利益1

売上総利益
= 売上高 ー 売上原価

粗利と呼ばれることも

最初の利益は売上総利益で、売上高から売上原価を引いたもの。ビジネスの現場では「**粗利**」と呼ばれており、飲食業や小売業など、この数字を重視している会社は少なくない。

利益2

営業利益
= 売上総利益
ー 販売費及び一般管理費

本業の利益

次の営業利益は、売上総利益から販売費及び一般管理費を引いたもので、本業の利益を表す。販売費及び一般管理費とは、人件費や電話代、光熱費など本業に関する費用で、「**販管費**」と略して呼ばれることが多い。

5つの利益は
場面によって
使い分けされているよ

5つの

利益3

経常利益

= 営業利益 + 営業外収益

− 営業外費用

経常的な利益

経常利益は、読んで字のごとく経常的な利益のことで、本業の営業利益に、営業外の収益や費用を足し引きしたもの。営業外収益は預貯金の受取利息など、営業外費用は支払利息などがある。ビジネスの現場では「**ケイツネ**」と呼ばれている。

利益4

税引前当期純利益

= 経常利益 + 特別利益 − 特別損失

税金を払う前のその期の利益

経常利益に、その期だけに特別に発生する収益や費用を足し引きしたもの。特別利益には土地の売却益、特別損失にはリストラや自然災害などの対応費などがある。

利益5

当期純利益

= 税引前当期純利益 − 法人税等

最終的な利益

当期純利益は、税引前当期純利益から法人税などを引いたもの。その期の最終的な利益で、「**純利益**」とも呼ばれる。これが積み上がったものが BS の利益剰余金。

BSの資産と負債は流動と固定に分かれている

負債
流動負債
固定負債
純資産
資本金
利益剰余金
負債・純資産合計

←

これまでの

BS

資産	負債
	純資産
	資本金
	利益剰余金
資産合計	負債・純資産合計

POINT

1年以内かどうかが「流動」「固定」の基準

資産と負債はそれぞれ、流動と固定がある。流動は、1年以内に現金化したり返済したりするもの。固定は、1年を超えるもの。

CHECK

流動資産と流動負債 どちらが大きいか

流動資産と流動負債、どちらの額が大きいかを確認することで、経営の安全性をうかがうことができる。

PICK UP

現金化しやすい順に記載

実際のBSの資産の欄には、多くの項目が並んでいる。最初は現金で、機械設備や土地などは現金より下に記載する。ランダムに並んでいるわけではなく、基本的に現金化しやすい順番に記載されている。

1年以内か、
1年超かが
大切なんだ

実際の

BS

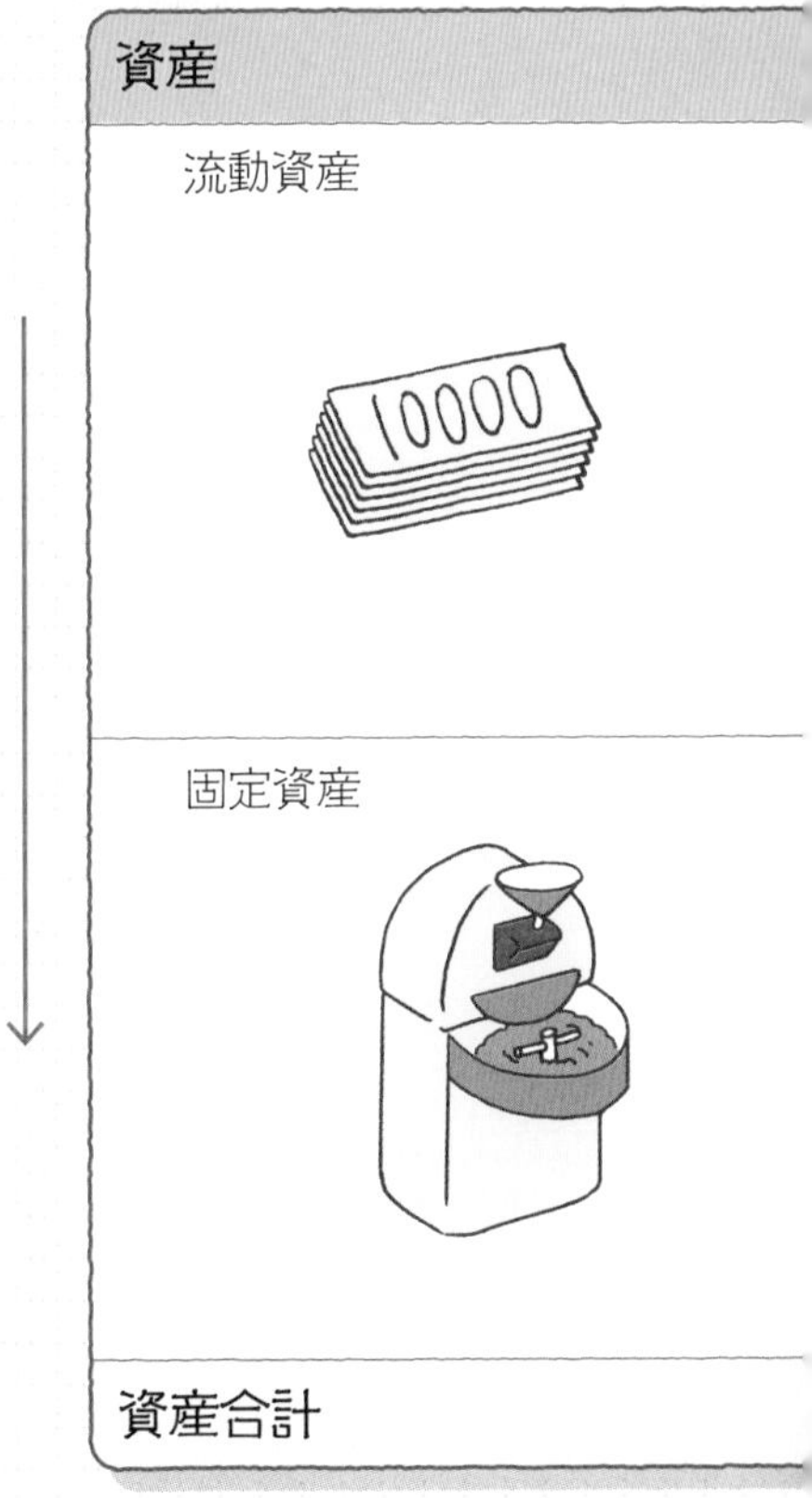

資産
流動資産
10000
固定資産
資産合計

POINT

1年以内かどうかが「流動」「固定」の基準

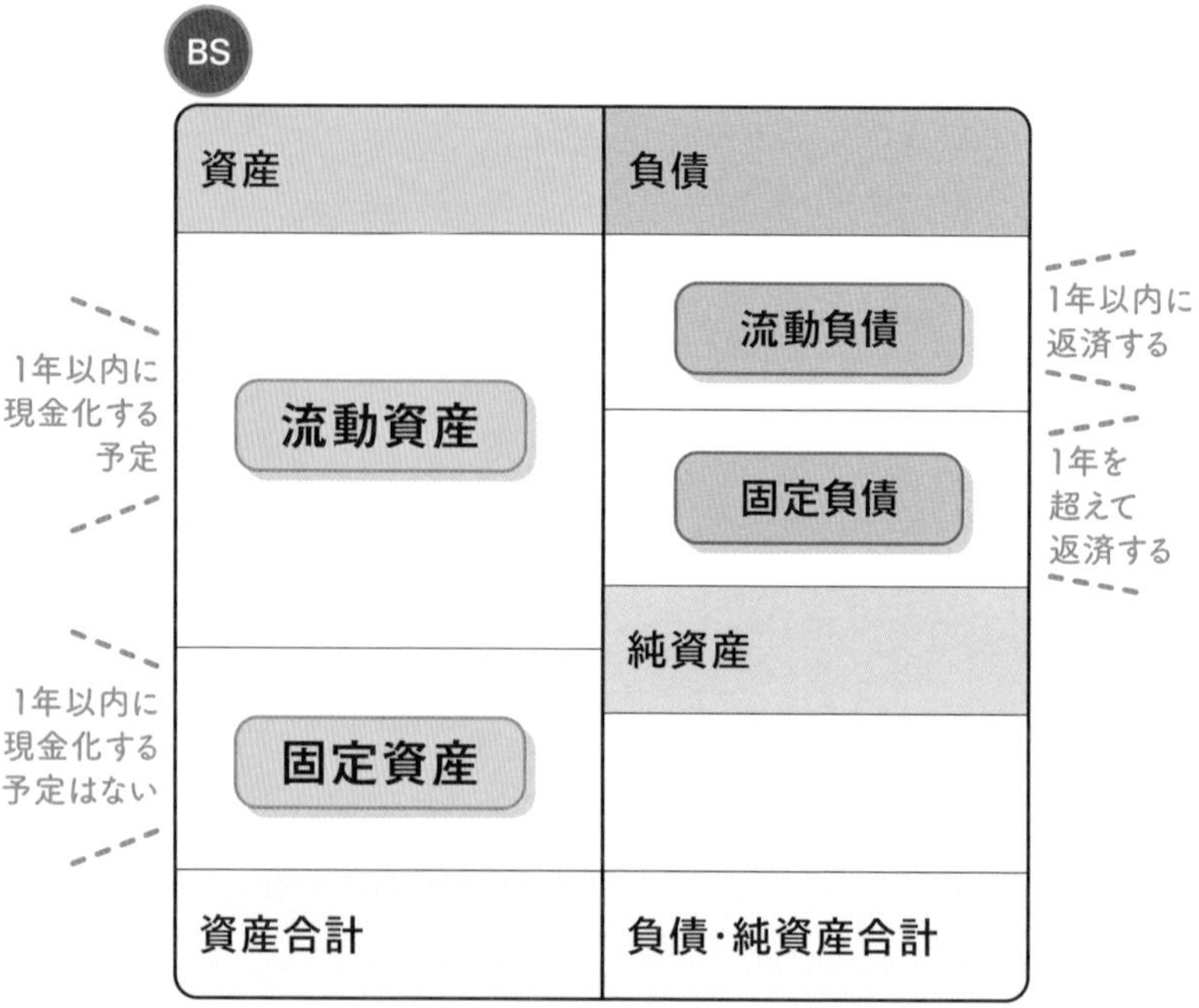
BS
資産
負債
1年以内に現金化する予定
流動資産
流動負債
1年以内に返済する
固定負債
1年を超えて返済する
純資産
1年以内に現金化する予定はない
固定資産
資産合計
負債・純資産合計

BSは「資産」「負債」「純資産」の3ブロックに分かれている、と説明してきました。ただ、資産と負債はそれぞれ「流動」と「固定」に分かれています。

流動、固定を区分するのは、1年以内なのか、1年超か、です。流動資産は1年以内に現金になる予定の資産で売掛金など、固定資産は1年以内に現金になる予定がない資産で焙煎機などです。流動負債は1年以内に返済するもので、買掛金や短期借入金など。固定資産は1年を超えて返済するもので、長期借入金などです。

この1年の基準を「ワン・イヤー・ルール」といいます。

CHECK

流動資産と流動負債どっちが大きい？

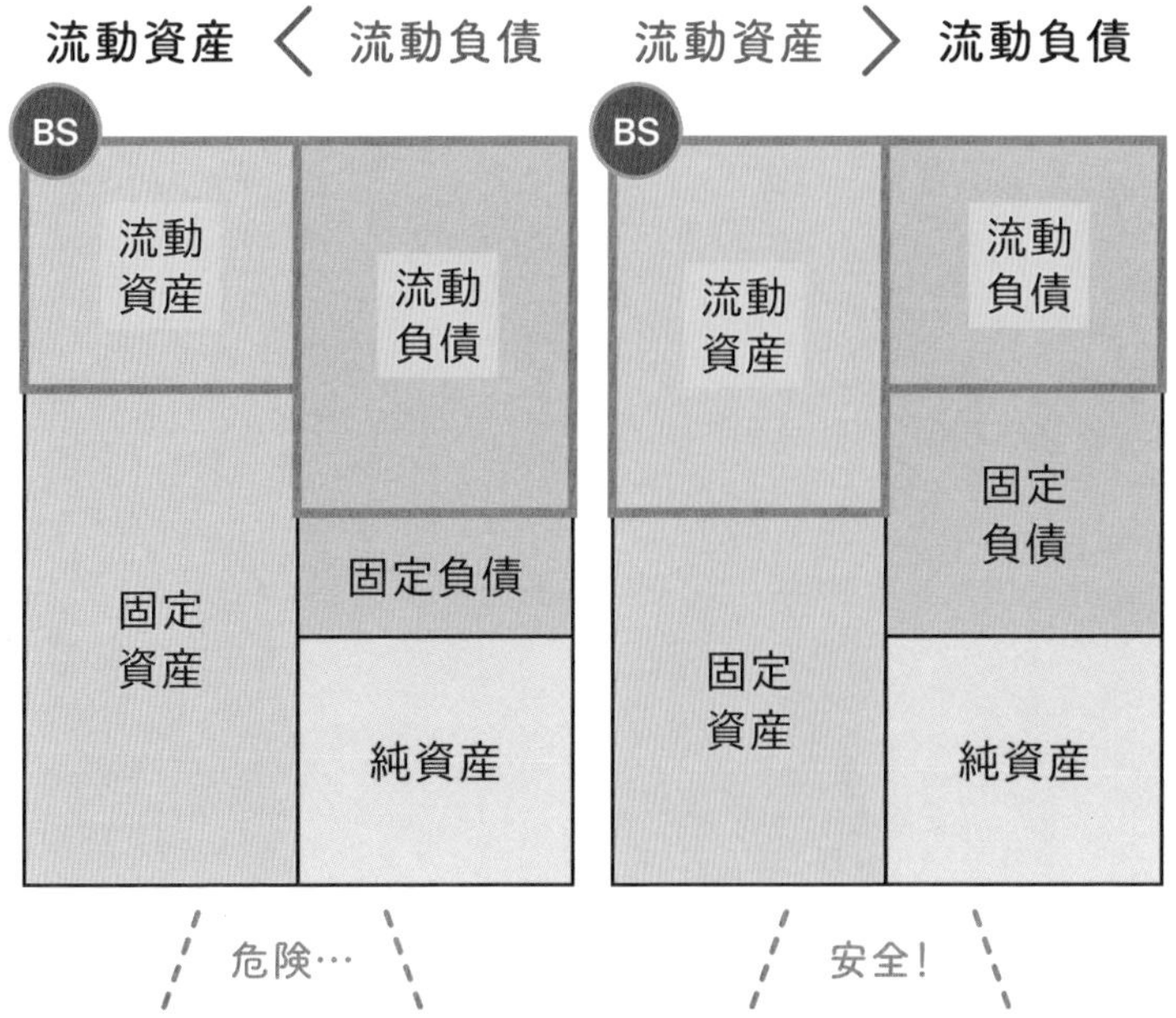
流動資産 ＜ 流動負債
BS
流動資産
流動負債
固定資産
固定負債
純資産
危険…
流動資産 ＞ 流動負債
BS
流動資産
流動負債
固定負債
固定資産
純資産
安全!

3章で、BSをグラフにした財務分析を学びましたが、さらにチェックしたいのが、左側の流動資産と右側の流動負債のどちらが大きいか、です。

流動資産が流動負債を上回っていれば、手元のお金が足りなくなることはなく、会社はひとまず安全だということがわかります。

一方、流動負債が流動資産を上回っている場合は、1年以内に現金になるお金よりも、1年以内に出て行くお金の方が大きいことを意味します。その場合、新たな借金などで資金調達する必要があり、経営は厳しい状態にある、ということが把握できるのです。

会社がつくる収支計算書はキャッシュフロー計算書

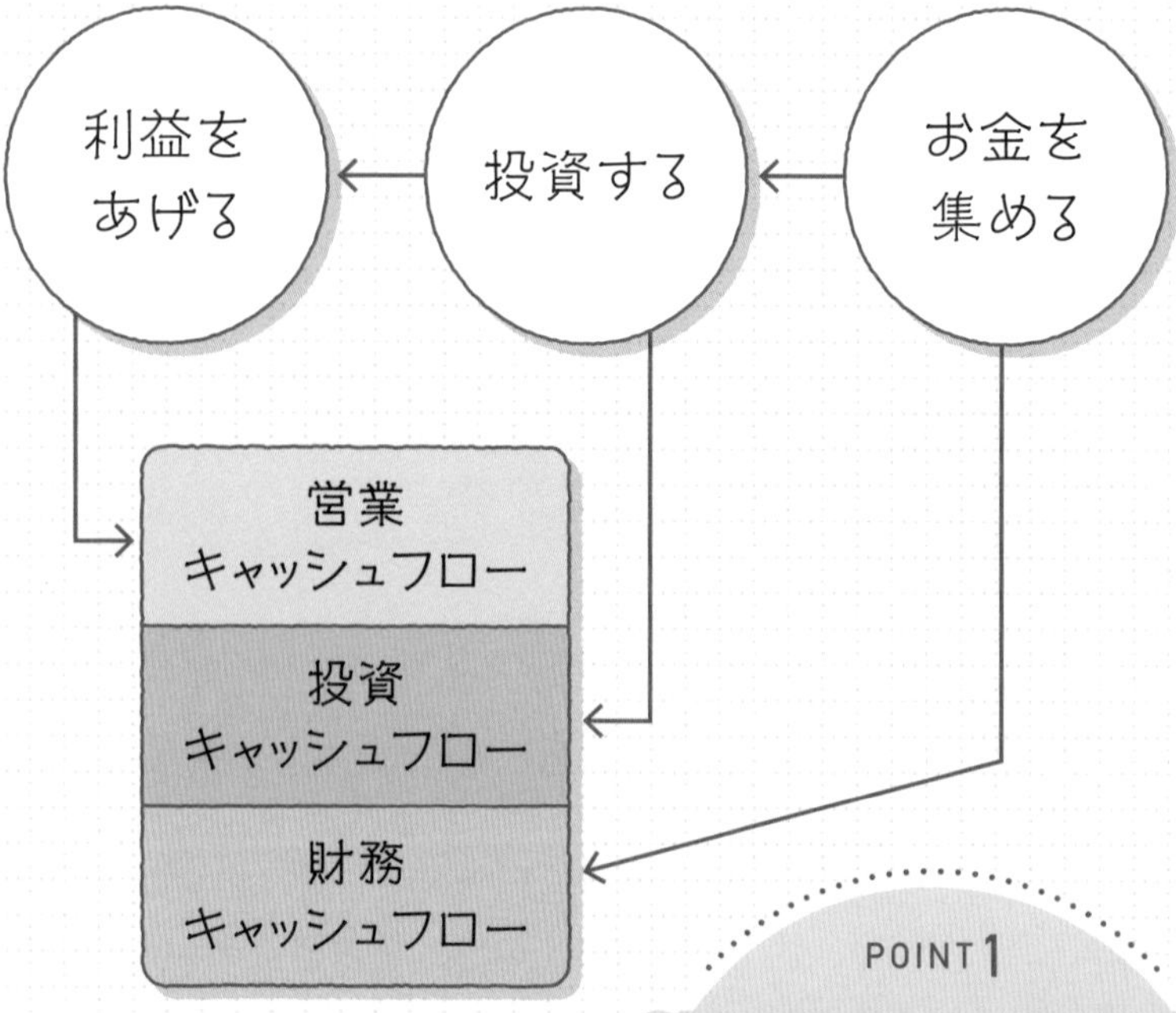

POINT 1

CSは会社の3つの活動による現金の動きをまとめたもの

PL、BS に加えておさえたい会計書類がキャッシュフロー計算書（CS）。3ブロックで構成され、会社の3つの活動における現金の動きが記載される。

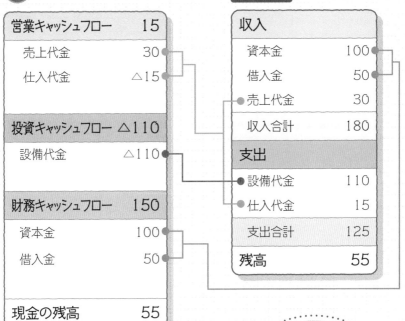

会社も収支計算書に
似たものを
つくるんだね

CS

営業キャッシュフロー	15
売上代金	30
仕入代金	△15
投資キャッシュフロー	△110
設備代金	△110
財務キャッシュフロー	150
資本金	100
借入金	50
現金の残高	55

収支計算書

収入	
資本金	100
借入金	50
売上代金	30
収入合計	180
支出	
設備代金	110
仕入代金	15
支出合計	125
残高	55

POINT 2

数字は＋か－で記載する

収支計算書は+の数字のみを記載するが、CSでは会社に入ってくるお金は+、出ていくお金は－で記載する。

POINT 1

CSは会社の3つの活動による現金の動きをまとめたもの

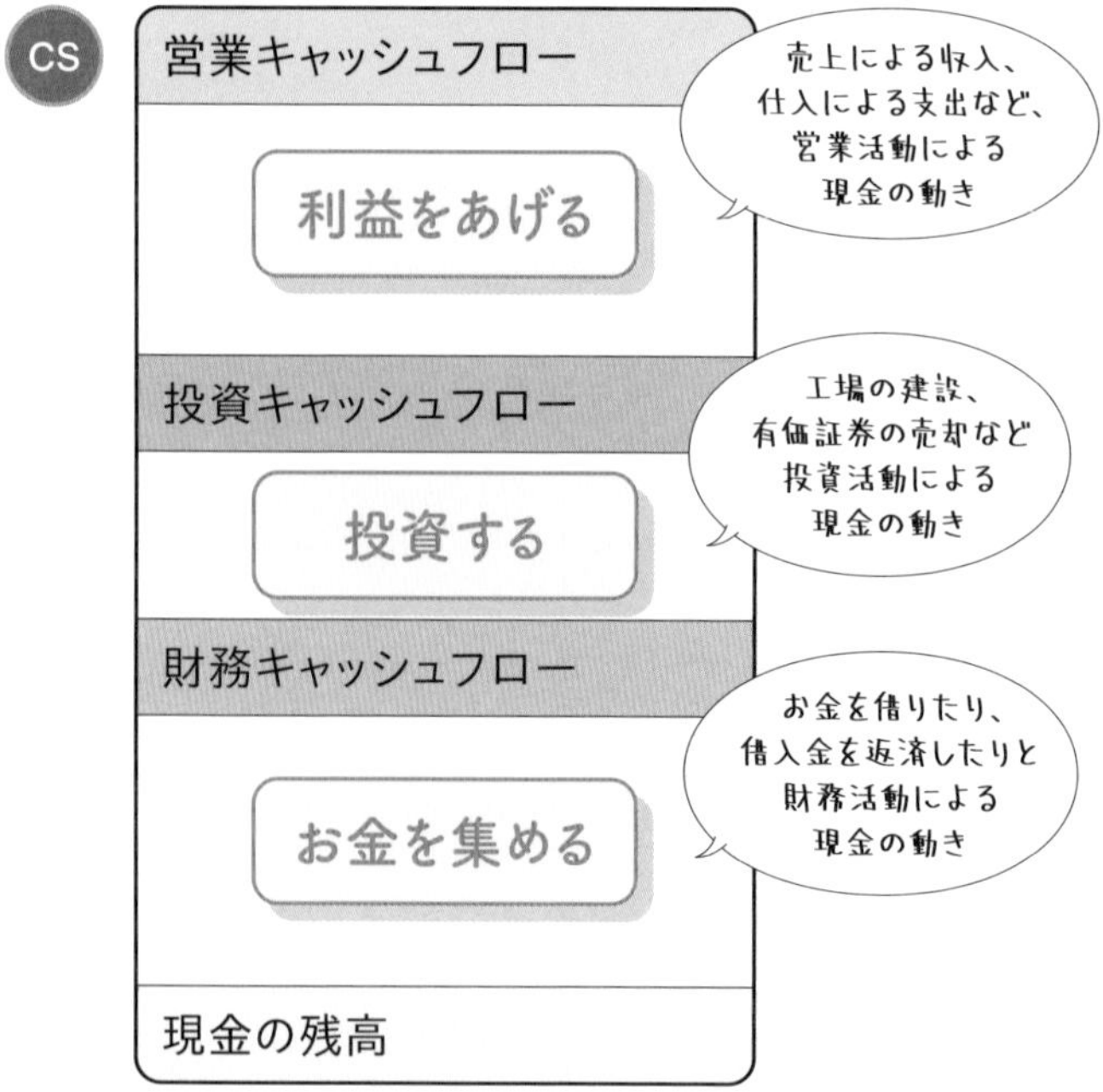
CS
営業キャッシュフロー
利益をあげる
売上による収入、仕入による支出など、営業活動による現金の動き
投資キャッシュフロー
投資する
工場の建設、有価証券の売却など投資活動による現金の動き
財務キャッシュフロー
お金を集める
お金を借りたり、借入金を返済したりと財務活動による現金の動き
現金の残高

PLとBSに加え、もう1つ重要な会計書類があります。CS(Cash Flow Statement、キャッシュフロー計算書)です。この3つを「財務3表」といいます。

CSは現金の出入りを記載する表で、「会社がつくる収支計算書」といえます。

収支計算書は収入、支出、残高の3ブロックで、現金の出入りで整理されます。CSは、営業キャッシュフロー(CF)、投資CF、財務CFの3ブロック構成で、3つの活動に分類して記載されます。営業CFは「利益をあげる」、投資CFは「投資する」、財務CFは「お金を集める」活動です。

POINT 2

数字は＋か－で記載する

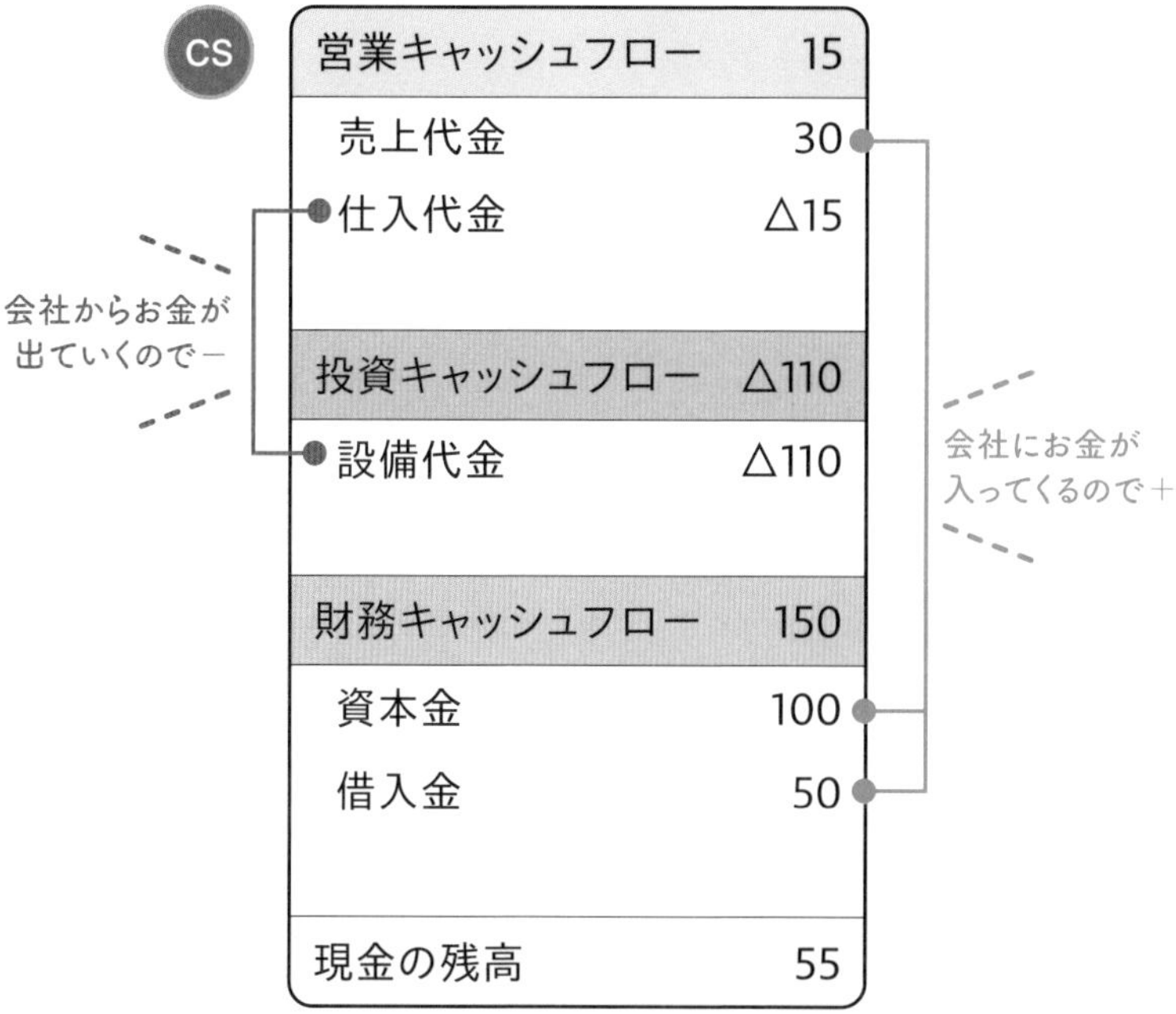
CS
営業キャッシュフロー 15
売上代金 30
仕入代金 △15
投資キャッシュフロー △110
設備代金 △110
財務キャッシュフロー 150
資本金 100
借入金 50
現金の残高 55
会社からお金が出ていくので－
会社にお金が入ってくるので＋

CSで大事なのは、数字をプラスで記載する場合と、マイナスで記載する場合があるという点です。会社にお金が入ってくればプラス、逆にお金が出ていけばマイナスで表記します。

収入と支出で構成される収支計算書、収益と費用で構成されるPLでは、会社に入ってくるお金は収入と収益に、出ていくお金は支出と費用に記載するので、いずれもプラスの数字が一般的です。

CSは構成が異なるため、プラスとマイナスの両方の数字が並ぶのです。当然、各ブロックの合計額も、プラス、マイナスの両方の場合があります。

CSのパターンは8つあり会社の状況を分析できる

パターン				
4	5	6	7	8
＋	－	－	－	－
－	＋	＋	－	－
－	＋	－	＋	－

CS

営業	＋ or －
投資	＋ or －
財務	＋ or －

CASE2

調子の悪い企業

→P149

CHECK4

8パターンのうちどれか

3つそれぞれプラス、マイナスがあるので2×2×2=8パターンある。どのパターンなのかで、会社の概況をうかがえる。

CHECK1

営業キャッシュフロー

合計額がプラスかマイナスかをチェック。本業の調子がいいとプラスになり、本業の調子が悪いとマイナスになる。

CHECK2

投資キャッシュフロー

合計額がプラスかマイナスかをチェック。投資しているとマイナスになり、資産を売却するとプラスになる。

CHECK3

財務キャッシュフロー

合計額がプラスかマイナスかをチェック。借金でお金を集めているとプラスになり、借入金を返済するとマイナスになる。

どのパターンなのかチェックすると
会社の状況を分析できる！

	1	2	3
営業	＋	＋	＋
投資	＋	＋	－
財務	＋	－	＋

CASE1

優良企業

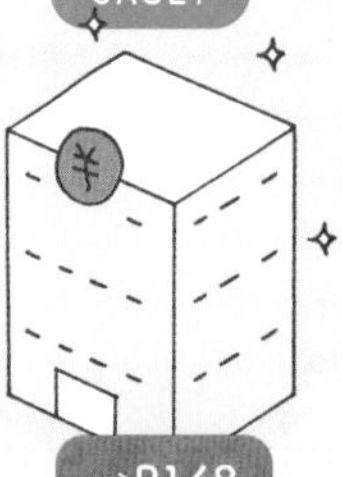

→P148

営業CF

CHECK 1

本業の調子がいいとプラス 本業の調子が悪いとマイナス

本業が好調！
本業がイマイチ…

営業CFは、「利益をあげる」活動に関する項目が記載されます。例えば売上代金や仕入代金、人件費の支払いといった項目です。売上代金などの収入はプラスで、仕入代金などの支出はマイナスで記載します。

営業CFがプラスということは、本業の調子がいいことを意味します。一方マイナスになる場合は、調子が悪い、ということです。

実は、CSには直接法と間接法があります。本書では、初学者がより理解しやすい直接法のみを紹介しますが、直接法をマスターしたら、次のステップとして間接法も勉強してみてください。

投資CF

CHECK 2

投資しているとマイナス 資産を売却するとプラス

土地を売却してお金に

お金をかけて投資

投資ＣＦは、「投資する」活動に関する項目が記載されます。例えば設備代金などです。そのほか、土地などの固定資産、株などの有価証券の売買などもあります。

数字をプラスにするか、マイナスにするかは、会社へのお金の出入りで考えましょう。新たに焙煎機を購入したり、社屋を建設したり、と会社からお金が出て行く場合はマイナスで記載。逆に、土地などの資産を売却して会社にお金が入ってくる場合は、プラスで記載します。

投資ＣＦは、投資をしているとマイナスになり、資産を売却しているとプラスになります。

財務CF

CHECK 3

借金でお金を集めるとプラス 借入金を返済するとマイナス

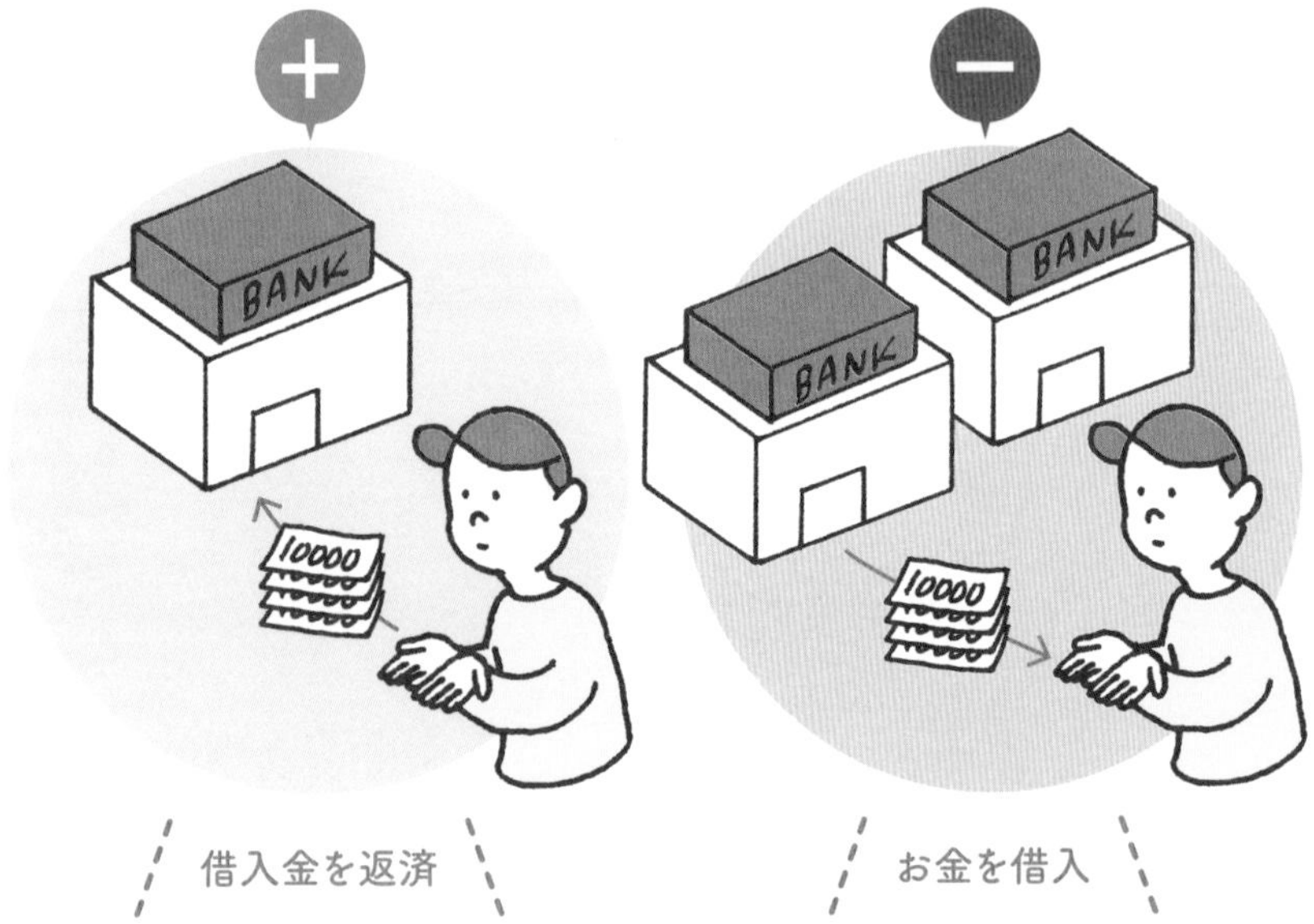

財務CFは、「お金を集める」活動に関する項目が記載されます。資本金や借入金などです。

借入金を返済する場合、利息は営業CFですが、元金は投資CFに記載します。これは、利息はPL、元金はBSに記帳するのと同様ですね。

数字のプラスマイナスについては、借入する場合は会社にお金が入ってくるのでプラス、返済する場合は会社からお金が出ていくのでマイナスで記載します。

財務CFは、借金をしてお金を集めているとプラスになり、借入金を返済するとマイナスになるのです。

CHECK 4

8パターンのうちどれか

	パターン							
	1	2	3	4	5	6	7	8
営業	＋	＋	＋	＋	－	－	－	－
投資	＋	＋	－	－	＋	＋	－	－
財務	＋	－	＋	－	＋	－	＋	－
想定される会社の状況	営業活動で現金を稼ぎ、借入れも行い、資産も売却。今後、大きな投資を行う可能性も考えられる。	営業活動と資産売却で現金を生み出し、借金を返済している。財務体質を改善しているのだろうか。	営業活動が順調で、借入れでさらに現金を増やし、積極的に投資。積極拡大型の優良会社のパターン。	営業活動で生み出した現金を、投資や借金の返済にあてている。潤沢な営業CFがあるとうかがえる。	本業の収支で赤字になっている分を、資産売却や借入れによってカバーしている。調子が悪い会社の典型例。	本業の収支の赤字分と借入金の返済分を、資産の売却でまかない、何とか事業を継続している。	本業の収支は赤字だが、投資を行っており、その分借入れしている。将来に自信があることがうかがえる。	本業の収支は赤字なのに投資もし、借入金の返済もしている。過去に多くの現金を蓄積してきたのだろう。

営業CF、財務CF、投資CFの合計はそれぞれ、プラスかマイナスになるので、CSは2×2×2＝8パターンのいずれかになります。これにより、会社の概況をうかがうことができます。

例えばパターン1は、3つすべてプラス。営業活動でお金を生み出し、資産である設備や土地などを売却しているうえに、借金や新株発行などでお金を集めている、ということです。ここから、将来の大きな投資のためにお金を集めている状況なのだろうか、と推測できます。

気になる会社がどのパターンなのかチェックしてみてください。

優良企業

CASE 1

パターン3は積極投資型の優良企業

	パターン							
	1	2	3	4	5	6	7	8
営業	＋	＋	＋	＋	−	−	−	−
投資	＋	＋	−	−	＋	＋	−	−
財務	＋	−	＋	−	＋	−	＋	−

本業の調子が良く、お金を集め、投資している

営業ＣＦ、財務ＣＦ、投資ＣＦの８パターンのうち、パターン３とパターン５についてもう少し詳しく見ていきましょう。

経営者が明確なビジョンを描き、将来に向けて投資を行っているのが、パターン３。積極投資型の優良企業といえます。

まず、営業ＣＦがプラスなので、営業活動できちんとお金を生み出している状態。財務ＣＦもプラスということは、本業の利益に加えて、借入れなどでさらにお金を集めていることがわかります。投資ＣＦがマイナスということは、これらのお金を投資に回している、ということが推察されます。

イマイチな企業

CASE 2

パターン5は調子が悪い典型例

	パターン							
	1	2	3	4	5	6	7	8
営業	＋	＋	＋	＋	−	−	−	−
投資	＋	＋	−	−	＋	＋	−	−
財務	＋	−	＋	−	＋	−	＋	−

本業がイマイチで、借入や資産売却で何とかしのいでいる

次はパターン5です。

営業ＣＦがマイナスということは、営業活動をやればやるほど現金が出ていく、ということ。営業収入より、仕入代金や人件費の方が多い状況です。

営業ＣＦがマイナスの時点で、好調とはいえません。その場合、金融機関などからお金を借りてしのぐことが多く、財務ＣＦはプラスであることが大半です。

パターン5は、投資ＣＦもプラスになっています。土地や有価証券など会社の資産を売却して何とかお金を回しているのでしょう。

こんな状況が続けば、会社は経営破綻してしまいます。

CASE STUDY 1

NTTドコモとソフトバンク

5年間いずれも、営業 CF +、投資 CF −、財務 CF −となっている。5 年間の合計では、営業CFの4割以上が財務CFで出ていっている。

(単位：億円)

2021 年	2022 年	5年計
14,667	16,152	71,143
△7,199	△4,928	△25,695
△5,565	△1,042	△32,254

2023 年以外は、営業 CF+、投資 CF −、財務 CF+。5年間の合計は、営業 CF と財務 CF の合計額の大部分を投資 CF に回している。積極的な投資活動がうかがえる。

(単位：億円)

2022 年	2023 年	5年計
27,255	7,413	63,139
△3,0187	5,476	△111,346
6,022	1,915	81,110

NTTドコモと
ソフトバンクの
CSを見ていこう！

NTTドコモ

CS	2018年	2019年	2020年
営業CF	14,986	12,160	13,178
投資CF	△7,055	△2,965	△3,548
財務CF	△6,908	△10,900	△7,839

ソフトバンク

CS	2019年	2020年	2021年
営業CF	11,719	11,179	5,573
投資CF	△29,080	△42,869	△14,686
財務CF	22,023	29,209	21,941

NTT ドコモ

パターン4になっている

（単位：億円）

	2018年	2019年	2020年	2021年	2022年	5年計
営業CF	14,986	12,160	13,178	14,667	16,152	71,143
投資CF	△7,055	△2,965	△3,548	△7,199	△4,928	△25,695
財務CF	△6,908	△10,900	△7,839	△5,565	△1,042	△32,254

借金がないのに財務CFがマイナス。
配当など株主に莫大なお金を使っている

ＮＴＴドコモのＣＳの特徴は、営業ＣＦがプラス、投資ＣＦがマイナス、財務ＣＦがマイナスであること。これはパターン４ですね。

財務ＣＦがマイナスになるのは、一般的には借金を返済している場合です。しかし、第３章で説明したように、ＮＴＴドコモは長い間ほとんど無借金の会社です。では、なぜ、財務ＣＦが５年間で３兆円を超えているのでしょう。

主な要因は、配当金の支払いなど、株主のためのお金です。ＮＴＴドコモの株主はＮＴＴ。ＮＴＴドコモは稼ぎ出したお金の多くを親会社のために使っている会社なのです。

ソフトバンク

パターン3になっている

（単位：億円）

	2019年	2020年	2021年	2022年	2023年	5年計
営業CF	11,719	11,179	5,573	27,255	7,413	63,139
投資CF	△29,080	△42,869	△14,686	△30,187	5,476	△111,346
財務CF	22,023	29,209	21,941	6,022	1,915	81,110

営業CFは半減している

ソフトバンクのCSの特徴は、営業CFがプラス、投資CFがマイナス、財務CFがプラスであること。パターン3で、積極的な投資活動を行っていることがわかります。実際、自分で稼いだお金と外から集めてきたお金の大半を、投資CFに回しています。

ところで第3章で、ソフトバンクは2021年、巨額の利益を計上したことを紹介しました。ただし、これは株式評価益。営業CFを見ると、本業で稼いだお金は前年から半減したことがわかります。

このように、PL、BS、CSの3つを同時に分析することで、事業実態が見えてくるのです。

CASE STUDY 2

ANA

（単位：億円）

2022年	2023年	5年計
△764	4,498	5,293
2,300	△2,040	△11,087
936	△1,429	10,263

次に、ANAのCSです。年によってパターンは異なりますが、5年間の合計はソフトバンクと同じパターン3です。

まず着目したいのは、2021年。営業CFはマイナス2704億円です。新型コロナウイルス蔓延の影響で、現金を稼ぎ出せなかったことがわかります。財務CFは、他の年とは桁違いに多い1兆982億円。これが、3章で説明したコロナ禍に備えた巨額の資金手当です。

ちなみに、投資CFがマイナス5958億円なのは、定期預金への預け入れ（3ヵ月超の定期預金は投資CFになります）と有価証

ANA

CS

コロナ禍

	2019年	2020年	2021年
営業CF	2,961	1,302	△2,704
投資CF	△3,087	△2,302	△5,958
財務CF	△465	239	10,982

コロナ禍の
業績悪化に
対応するため
巨額の資金を調達

券の取得によるものです。調達した資金を現金のまま保有しているのではなく、そのうちの約6千億円は定期預金や有価証券にしているということです。

ここでもう一度、営業CFを見ておきましょう。２０２３年の営業CFは４４９８億円と、コロナの影響が全くなかった２０１９年の営業CF２９６１億円の約１．５倍になりました。コロナ禍が落ち着き、業績が急回復していることがよくわかります。

このように、CSを見ることにより、会社の状況や経営者の意思までもが手に取るようにわかるのです。

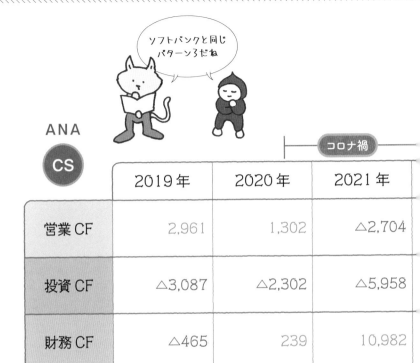

財務3表は
会社の3つの活動を表している

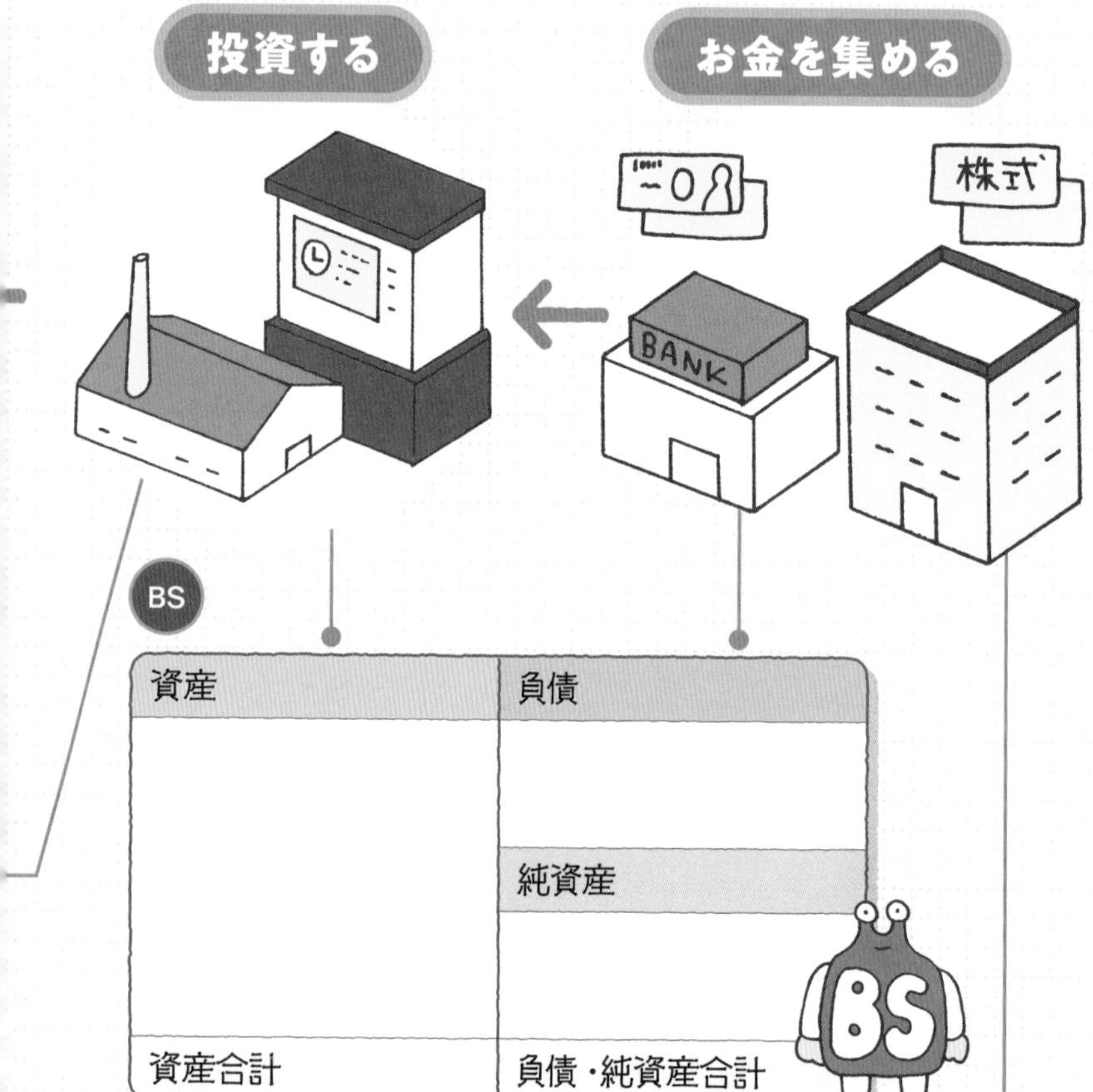

最後に、財務3表と会社の3つの活動の関係についておさらいして締めくくりましょう。

会計の全体像をまとめると、「財務3表は会社の3つの活動を表す」ということ。冒頭のP12と4章のP138を合体したものが、会計の全体像なのです。

3つの活動のうち、「お金を集める」はBSの右側とCSの財務CFに、「投資する」はBSの左側とCSの投資CFに、「利益をあげる」はPLとCSの営業CFに表されるのです。

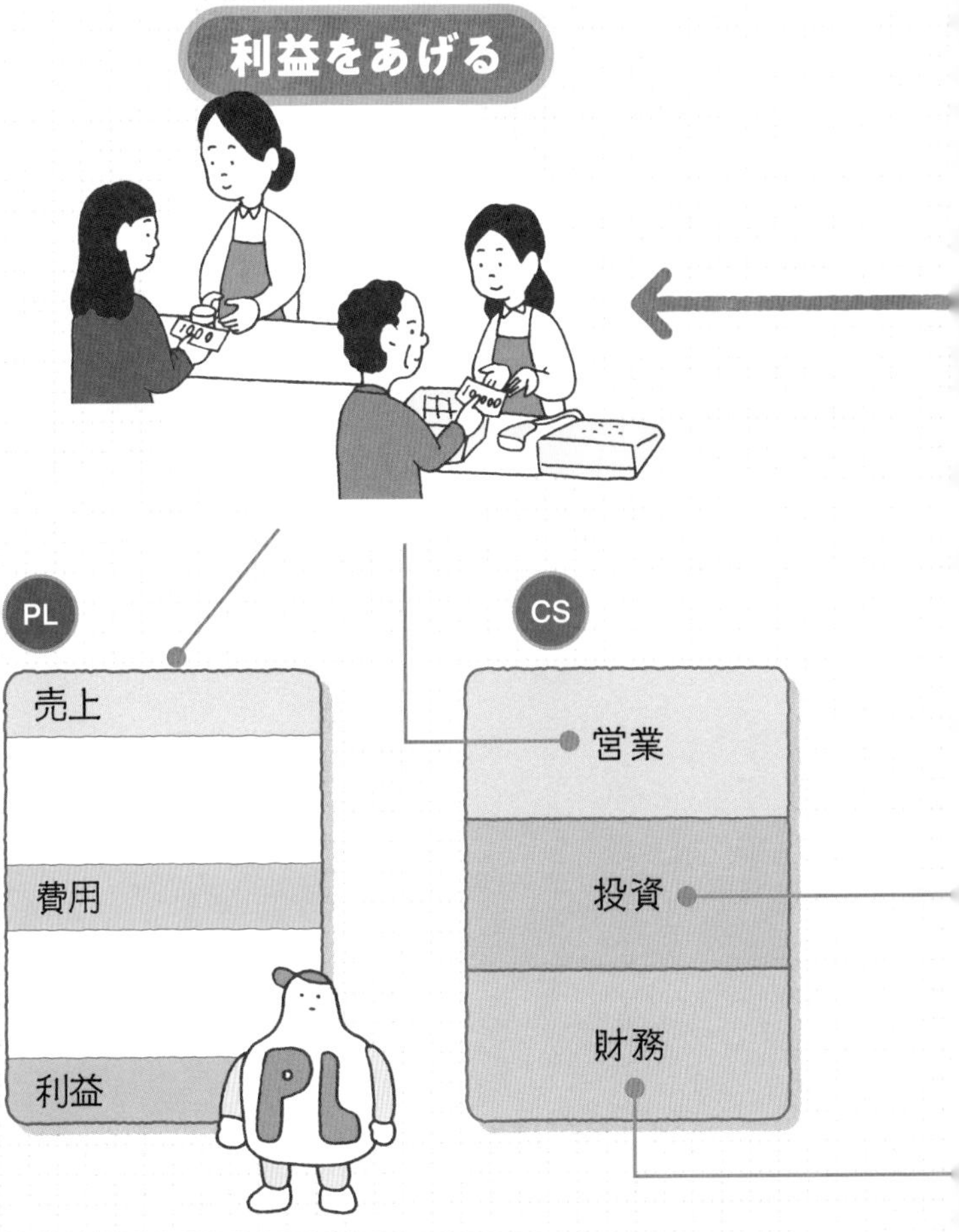

おわりに Epilogue

シンプルに考えれば会計は難しくはない！

最後まで本書を読んでくださり、ありがとうございました。いかがでしたか。「はじめに」で、「収支計算書がわかる人なら会計は誰でも理解できる」と言った理由がおわかりいただけたのではないでしょうか。

すべての伝票を、1つの視点で整理したら収支計算書になり、2つの視点で整理したら試算表になって、それがPLとBSになる。ただそれだけのことなのです。

財務分析について、少し補足説明しておきます。財務分析とは、収益性、成長性、安全性をチェックすることだといわれます。収益性はPLとBSを図にして、デュポン・モデルを使えば直感的にわかります。成長性もPLとBSを図にして時系列で比較すれば、直感的にわかります。そして、安全性はBSの図の流動と固定の位置を見れば直感的にわかるのです。

何事もそうですが、物事の本質は極めてシンプルです。会計もシンプルに考えれば、決して難しいものではないのです。

本書で、会計の全体像と基本的な仕組みは理解できたと思います。本書を読んで会計をもっと勉強したいと思った方は、次に『新版 財務3表一体理解法』（朝日新書）を読んでみてください。かなりのレベルにまで進めると思います。

また、収支計算書を通してPLとBSを理解するという新しい会計勉強法を初めて提案したのは、『ストーリーでわかる財務3表超入門』（ダイヤモンド社）でした。本書の後に、小説仕立てのこの本を読めば、さらに会計の理解が深まると思います。

最後に、本を出版する際に私はいつも思うのですが、一冊の本ができあがって読者に届くまでには、企画・編集・デザイン・イラスト・DTP・校正・印刷・営業・取次・書籍販売など、それぞれの分野のプロの方々の大変なご尽力があります。そのような、表にお名前の出てこないみなさんのご尽力によって、本書がいま読者のみなさんの手元に存在しているのだと思っています。この場をお借りして、本書の出版にご尽力いただいたすべてのみなさんに心より感謝申し上げます。

本書が、読者のみなさんの会計理解の一助となり、会計を仕事の現場で使えるようになることを心から願っております。

國貞克則

監修　**國貞克則**（くにさだ　かつのり）

1961年岡山県生まれ。東北大学機械工学科卒業後、神戸製鋼所入社。海外プラント建設事業部、人事部、鉄鋼海外事業企画部、建設機械事業部などで業務に従事。1996年米国クレアモント大学ピーター・ドラッカー経営大学院でMBA取得。2001年ボナ・ヴィータ コーポレーションを設立。日経ビジネススクールなどで会計研修やマネジメント研修の講座を担当している。著書に『新版 財務3表一体理解法』（朝日新書）、『ストーリーでわかる財務3表超入門』（ダイヤモンド社）、『現場のドラッカー』（角川新書）、訳書に『財務マネジメントの基本と原則』（東洋経済新報社）などがある。

サクッとわかる ビジネス教養　会計学

2024年6月25日　初版発行

監修者　國貞克則
発行者　富永靖弘
印刷所　公和印刷株式会社

発行所　東京都台東区台東2丁目24　株式会社 新星出版社
〒110－0016　☎03(3831)0743

ISBN978-4-405-12026-6